MÉMOIRES

DE

PIERRE THOMAS

SIEUR DU FOSSÉ

ROUEN. — IMP. DE H. BOISSEL

RUE DE LA VICOMTÉ, 55

MÉMOIRES

DE

PIERRE THOMAS

SIEUR DU FOSSÉ

PUBLIÉS EN ENTIER, POUR LA PREMIÈRE FOIS

D'APRÈS LE MANUSCRIT ORIGINAL

AVEC UNE INTRODUCTION ET DES NOTES

PAR F. BOUQUET.

TOME I.

ROUEN

Chez Ch. MÉTÉRIE, succʳ de A. LE BRUMENT

LIBRAIRE DE LA SOCIÉTÉ DE L'HISTOIRE DE NORMANDIE

RUE JEANNE-DARC, Nº 11

M DCCC LXXVI

EXTRAIT DU RÉGLEMENT.

Art. 16. — Aucun volume ou fascicule ne peut être livré à l'impression qu'en vertu d'une délibération du Conseil, prise au vu de la déclaration du Commissaire délégué, et, lorsqu'il y a lieu, de l'avis du Comité intéressé portant que le travail *est digne d'être publié*. Cette délibération est imprimée au recto de la page qui suit le titre du premier volume de chaque ouvrage.

Le Conseil, vu la déclaration de M. Félix, *commissaire délégué, portant que l'édition des* Mémoires de Pierre Thomas, sieur du Fossé, *préparée par* M. F. Bouquet, *lui a paru digne d'être publiée par la* Société de l'Histoire de Normandie, *après en avoir délibéré, décide que cet ouvrage sera livré à l'impression.*

Fait à Rouen, le Lundi 3 Mai 1875.

Certifié :

Le Secrétaire de la Société,

C. LORMIER.

AVERTISSEMENT.

Comme le public pourroit bien estre surpris de voir ces Memoires, sans sçauoir ce qui a pu me porter à les écrire, j'ay cru qu'il auroit effectiuement quelque droit d'exiger de moy que je luy en disse la raison. Je le feray donc, en marquant icy tres sincerement ce qui m'y a engagé, lorsque j'y songeois le moins.

Il y a enuiron dix huit mois qu'il a plu à Dieu de m'enuoyer une infirmité, que je puis bien regarder comme un châtiment de mes péchez (1). Car, quoyque je sois obligé de reconnoistre qu'il m'a préserué par sa grace de ces grands crimes, qui font horreur à ceux mêmes qui les commettent, je ne laisse pas de me sentir beaucoup redeuable à sa justice. Et comme il connoist le ménagement dont j'ay toujours trop usé à mon égard, il a voulu par un effet de sa misericorde prendre soin luy même de me châtier, comme un pere plein d'amour. Aussi il paroist assez par la maniere dont il me châtie, qu'il ménage ma foiblesse, frappant seulement ma langue, et les muscles des enuirons d'une espece de paralysie, qui s'est augmentée d'une maniere insensible, jusqu'à m'oster tout à fait l'usage de la

---

(1) Une paralysie de la langue, dont il fut attaqué, après Pâques 1696. Les Mémoires furent commencés vers la fin de l'année 1697.

parole, et me rendre le manger et le boire tres difficiles, auec quelques autres accidens qui en dépendent. C'est peu de chose pour ce que meritent mes péchez ; et j'en serois quitte à bon marché, s'ils s'expioient par une aussi legere pénitence, qu'est celle de ne point parler pendant quelque temps, après auoir beaucoup trop parlé, pendant l'espace d'un demy siecle. Mais Dieu est si bon, que des peines mêmes destinées à punir nos péchez, il s'en sert pour nous purifier et nous rendre dignes d'estre aimez de luy, et que joignant à quelques souffrances legeres qu'il nous enuoye, les merites infinis de celles de Jesus-Christ, il nous fournit un moyen aisé de satisfaire à ce que nous luy deuons.

Dans cet état d'infirmité où je me suis veû depuis plus d'un an, les medecins et tous mes amis m'ont conseillé de m'abstenir du trauail, où l'on sçait que je m'occupois (1). Et j'ay senti par moy même, quoy que Dieu m'ait laissé une entiere liberté d'esprit, de jugement, et de memoire, que je deuois m'interdire, pour quelques années, une aussi grande contention, que celle dont j'auois besoin pour ces ouurages. Ainsi je suis demeuré longtems sans faire autre chose que de souffrir mon infirmité, de lire quelques liures de piété, de prier Dieu et de luy offrir mes souffrances, dans la veuë de ce que je dois à sa justice, de parler à quelques uns de mes amis par mes lettres, ne le pouuant plus de viue voix, et d'écouter paisiblement les entretiens de ceux qui venoient me rendre leurs visites charitables. Et j'attendois en silence qu'il plust au Seigneur de donner sa benediction aux remedes de differens medecins, que mes amis, par un effet de leur bonté toute singuliere pour moy, m'amenoient de toutes parts. Mais,

---

(1) Une note marginale biffée disoit : « Après la mort de M. de Saci
« il fut choisi pour continuer les explications sur Josué et sur Ruth. »

après auoir consumé inutilement beaucoup d'argent en voyages, et en remedes; après auoir eu recours à l'intercession de plusieurs Saints, et fait diuers pelerinages et plusieurs neuuaines, selon ma deuotion particuliere, ou celle de mes amis, j'ay eu lieu de croire, par l'accroissement continuel de mon mal, que Dieu vouloit que je demeurasse soumis à ce châtiment qu'il m'enuoyoit. Et me trouuant cependant en quelque embarras sur la maniere dont je pourrois occuper mon temps, à cause de la viuacité naturelle de mon esprit, qui demande necessairement une occupation reglée, il m'inspira, autant que j'en puis juger, le dessein de m'appliquer à ces Memoires, dont le trauail est beaucoup moindre que celuy des autres ouurages, où je trauaillois, depuis douze ou quinze années.

Ce qui me donne sujet de juger que cette pensée m'est venuë de luy, c'est l'occasion même et la manière en laquelle elle m'est venuë. Au retour du voyage de Chaudraye (1), où l'on me pressa longtemps d'aller consulter ce medecin si fameux, qui dans une pauureté et une simplicité étonnante, fait diuerses guérisons miraculeuses, j'allay passer un dimanche dans la maison de campagne d'une personne de mes amies, auec ma belle sœur, qui m'auoit accompagné dans ce voyage (2). Lorsque nous nous entretenions tous ensemble, on tomba, je ne sçay comment, sur une histoire, que ma sœur voulut raconter, mais que je sçauois beaucoup mieux qu'elle, comme ayant été present à la chose même (3). Voyant donc qu'elle en omettoit des circonstances considérables, je demanday du

---

(1) Chaudrey (Aube), arrondissement d'Arcis-sur-Aube, canton de Ramerupt.

(2) A Théméricourt, près Pontoise, chez Mme le Sesne de Temericourt, en compagnie de Mme de Bosroger, vers la fin de l'année 1697.

(3) Sa mise à la Bastille, en 1666.

papier, auec une plume et de l'encre. Et je me mis sur le champ à l'écrire dans toute son étenduë, auec une facilité qui les étonna (1). Le jour même, ou le lendemain, ma sœur me dit qu'elle étoit dans l'impatience de me découurir une pensée qui luy étoit venuë, et dont elle n'auoit pu encore s'ouurir à moy. Je luy demanday ce que c'étoit, et elle me témoigna que l'histoire que j'auois mise par écrit, luy auoit fait desirer que j'écriuisse de même beaucoup de choses semblables, qu'elle m'auoit entendu dire, et qui s'oublieroient à l'auenir; que ce trauail paroissoit assez proportionné à l'état où je me trouuois alors, et que la facilité auec laquelle j'auois écrit cette histoire dont j'ay parlé, luy faisoit croire que je n'aurois pas grande peine à executer ce qu'elle me demandoit instamment. Je luy fis entendre le mieux que je pus, que la même pensée m'en étoit aussi venuë, et à l'occasion de la même histoire, que j'auois écritte. Et il est vray que je sentis pour le moins autant d'ardeur qu'elle, pour pouuoir faire ce qu'il sembloit que Dieu même nous eust inspiré également à tous deux, dans le même instant, aussi bien qu'à d'autres personnes de piété qui, sans sçauoir que j'y trauaillois, ou que je dusse y trauailler, m'y ont exhorté d'eux mêmes.

Voila très sincerement l'occasion et la maniere en laquelle je me suis veu engagé à écrire ces Memoires ; qui fait connoistre, que je n'ay pensé d'abord qu'à m'occupper à quelque chose de facile, et à repasser par mon esprit les principaux éuenemens de ma vie, dans la veuë de rendre à Dieu d'éternelles actions de graces, pour tant de faueurs

(1) Ce récit, consigné dans un cahier de quatre feuilles grand format, dont cinq pages seulement sont écrites, a été joint à la fin du Manuscrit des Mémoires. Le petit nombre de ratures prouve bien qu'il a été écrit au courant de la plume. Au dos de la dernière page on lit : *Relation de ce qvi se passa quand nous fusmes arrêtez en* 1666.

singulieres que j'ay receuës de sa bonté. Je puis dire cependant, qu'encore que je ne sois qu'un particulier, et que j'aye mené une vie assez retirée, on trouuera dans ces Memoires beaucoup de choses considerables, où j'ay eu part, soit par moy même, ou par mes amis. On y verra d'étranges bouleuersemens, et bien des exemples qui font connoistre à combien d'épreuues cette vie est exposée, et combien il est necessaire, pour n'estre point ébranlé par tant de scandales, de s'attacher inuiolablement à Dieu seul.

J'ose esperer même qu'on pourra bien en trouuer la lecture assez agreable, par le melange de plusieurs choses curieuses, qui seruiront quelquefois à desennuyer le lecteur. La relation de quelques voyages, des réflexions sur les choses naturelles, et des remarques importantes sur la medecine, auec la description de quelques remedes excellens, pourront ne déplaire pas à ceux qui sont bien aises de s'instruire, sans beaucoup de peine, et qui ne négligent rien de tout ce qui peut entrer dans le commerce de la vie ciuile. Car ces sortes de liures, pour estre receus dans le public, sont redeuables à bien des sortes de genies. Les uns demandent du serieux, les autres de l'agreable; d'autres de l'utile; et presque tous s'accordent ensemble à demander un mélange, et une diuersité, qui donne de temps en temps une espece de repos et de relâche à l'esprit. C'est le caractere que l'on pourra remarquer dans ces Memoires; caractere que je n'ay point recherché, mais qui s'y rencontre naturellement, à l'occasion des choses mêmes dont je me sens obligé de parler.

Au reste, je ne doute nullement que ces Memoires ne soient de la nature, et ne courent le même sort que la pluspart des autres livres, qui ont des censeurs, comme des approbateurs. De quelque ménagement que j'aye usé, et quelque régle que je me sois prescritte, de ne point blesser la charité, il y a certaines veritez de fait qui choquent toujours. Et la crainte de blesser la délicatesse de ces gens qui voudroient qu'on les épargnast, aux dépends de tous les autres, ne doit pas sans doute empescher de dire les choses comme elles sont, ni faire cacher, par une injustice manifeste, la vérité qu'il est nécessaire que l'on connoisse, pour rendre à chacun ce qui luy est dû. Si je m'en suis bien acquitté, que la gloire en soit renduë à celuy, de la plenitude duquel nous auons receu tout le bien qui est en nous. Que si au contraire j'ay manqué en plusieurs choses, c'est un effet presque ineuitable de nostre fragilité. Au moins je puis protester que mon intention est tres droitte ; que je n'ay dessein directement de choquer personne ; et que si quelqu'un se trouue choqué contre mon intention, il ne doit point l'imputer à d'autre qu'à soy ; puisqu'un historien n'est point responsable des fautes d'autruy, et qu'il ne peut estre blâmé, lorsqu'il rapporte simplement les choses, sans en altérer la vérité (1).

(1) Ici s'arrête l'*Avertissement* du Manuscrit que l'éditeur de 1739 avait fondu, dans son chapitre Ier, avec le commencement des Mémoires.

MÉMOIRES
DE
PIERRE THOMAS
SIEUR DU FOSSÉ.

CHAPITRE PREMIER.
— 1589-1640. —

Principes religieux de l'auteur. — Son but en composant ses Mémoires. — M. Le Maître. — Illustres amitiés. — Utilité des présents Mémoires. — La famille Thomas, originaire de Blois. — Sa généalogie. — Dévouement du grand-père, Gentien Thomas, à Henri III et à Henri IV. — Il est nommé maître des Comptes en Normandie. — Son établissement définitif à Rouen. — Détails sur le père de l'auteur. — Son voyage et son séjour en Italie. — Il remplace son père comme maître des Comptes. — Son mariage avec Madeleine Beuzelin, sœur de M. de Bosmelet. — Détails sur cette famille. — Vie de la famille Thomas, à Rouen. — Courage de Thomas père dans l'affaire de Montgommery. — Ses nombreux enfants. — Éducation de Pierre Thomas. — Révolte à Rouen. — Expédition de Gassion. — M. Le Tellier, l'un des commissaires du roi, loge chez la famille Thomas du Fossé.

C'est une parole de l'Ecriture : « Qu'il faut cacher le « secret des Roys ; mais qu'il est honorable de decouurir « les ouurages du Seigneur. » La foiblesse naturelle à l'homme oblige ces princes à ne donner aucune connoissance de leurs desseins, parce que leur pouuoir étant borné, ils craignent auec raison que leurs ennemis ne s'opposent à leurs entreprises et ne trauersent leur politique. Mais Dieu, qui est tout puissant pour accomplir ce qu'il veut, malgré les efforts de tous les demons et de tous les hommes mis ensemble, ne craint pas qu'on le connoisse. Aussy, dès le commencement du monde, et dans les siecles suiuans, il a fait prédire à ses prophetes tous les grands ouurages qu'il auoit dessein d'accomplir si longtemps aprés, afin que l'accomplissement de ces ouurages mêmes, joint à des prédictions si anciennes, deuint une preuue tres éclatante de sa diuinité.

L'esprit de l'homme ayant des mesures si bornées, il n'est donné qu'à peu de personnes de lire dans l'auenir, et de pénetrer dans l'obscurité des desseins de Dieu, auant qu'ils soient accomplis. C'est un priuilege réserué à ceux qu'il remplit de sa lumière, et qu'il destine à éclairer tous les autres par un esprit prophetique. Mais ce qui paroist plus proportionné à la portée du commun des hommes, est de regarder, dans les éuenemens passez, les mysteres de la conduitte de Dieu sur ses seruiteurs, et d'adorer auec une humble piété les differentes démarches de sa justice, ou de sa misericorde, enuers ceux qu'il a eû dessein d'attirer à luy.

Ç'a esté la déuotion particuliere d'un des plus grands hommes de ce siecle (1), auec lequel j'ay eu le bonheur de viure longtems durant ma jeunesse, de se faire raconter par ceux qui venoient se retirer auec luy dans la solitude, la maniere dont Dieu les y auoit amenez. Et il sentoit un plaisir sans comparaison plus grand et plus solide, à entendre ces récits des auantures spirituelles qui regardoient la conuersion des ames, que les gens du monde n'en goû-

---

(1) « M. le Maître. » — Edit. de 1739, en manchette.

tent dans la lecture sterile des plus beaux romans. Car il admiroit le doigt de Dieu dans ces ouurages miraculeux de sa grace ; et il se croyoit heureux de pouuoir se joindre à ses amis, pour luy offrir auec eux un sacrifice de reconnoissance, qui le faisoit souuenir luy même de plus en plus de ce qu'il deuoit à Dieu pour le miracle de sa propre conuersion.

Il seroit utile que chacun instruisist les autres de ce qui le regarde en particulier, afin que l'histoire en fust d'autant plus fidelle qu'elle seroit originale. Et c'est aussy dans cette veuë, et pour entrer dans le dessein de ce grand homme, qui m'a tenu tres longtems lieu de pere, que j'ay cru qu'il pourroit estre d'une assez grande utilité, que je fisse voir de quels moyens il a pleu à Dieu de se seruir, pour me procurer le plus grand bonheur que je pouuois souhaitter. Ce bonheur a consisté, non à faire des connoissances dans le grand monde, et à obtenir ce qui est l'objet de la passion de tant d'autres, c'est à dire des charges considerables à la cour, ou dans les armées ; mais à connoistre des hommes d'un merite singulier et d'une vertu admirable, qui, après auoir quitté les armées, ou la cour, ou des emplois honorables dans le monde, étoient venus se cacher au fond d'un desert, où ils viuoient, non comme des hommes, mais comme des anges ; qui sembloient auoir oublié qu'ils auoient un corps, ou ne s'en souuenoient que pour le mortifier par une tres rude pénitence. Ces Memoires pourront donc estre d'autant plus utiles que l'on y verra beaucoup de choses qui regardent ces grands seruiteurs de Dieu, auec lesquels j'ay eu l'auantage tout singulier d'estre uny tres étroittement (1).

Comme cette grace que Dieu m'a faitte dépendoit, selon les moyens dont il luy plut de se seruir, de l'establisse-

---

(1) Tout ce qui suit (quinze pages du Manuscrit) a été supprimé par le premier éditeur.

ment de nostre famille à Rouën, ainsy que je le feray voir dans la suitte, je crois deuoir raporter, auant toutes choses, comment mon grand pere quitta le païs et la ville de sa naissance, et vint s'établir en cette autre, où Dieu vouloit faire sentir à feu mon pere et à toute sa famille des effets si particuliers de sa grande misericorde. Car s'il est permis de comparer les petites choses auec les plus grandes, je puis dire que, dans l'ordre des desseins de Dieu sur nous, il n'étoit pas moins necessaire pour nostre bonheur que mon ayeul sortist du païs de ses ancestres, qu'il l'auoit esté pour la posterité d'Abraham, que ce patriarche quittast aussy son païs, afin qu'il deuint comme le canal de tant de diuines faueurs que receurent ses descendans. C'est ce qu'on reconnaistra visiblement par la suitte de ces Memoires.

Mon grand pere étoit originaire de Blois, et il se nommoit GENTIEN THOMAS. Ce nom de *Gentien* est aussy peu connu à Paris qu'il est commun en ce pays là, pour la raison que je vais dire, selon que je l'ay apprise dans l'abbaye de St Acheüil, proche d'Amiens, de l'un des chanoines réguliers de cette maison. Car, comme je luy demandois un jour pourquoy le nom de Gentien estoit si commun à Blois, puisqu'il sembloit que ce saint ne dust guere estre connu qu'à Amiens, il m'en rendit ceste raison historique et curieuse à sçauoir. Lorsqu'on fit la translation du corps de saint Firmin, premier éuesque d'Amiens, de l'abbaye de St Acheüil, où il étoit enterré, dans l'église cathedrale, où il est presentement, eleué sur le grand autel, dans une chasse fort prétieuse, le bruit des miracles, qui se faisoient par l'intercession de ce grand saint, se répandit par toute la France. Et le comte de Beaujency, qui étoit malade en ce même temps d'une maladie incurable, fit vœu à Dieu, que, s'il guérissoit par les merites de ce saint martyr, il iroit à Amiens, à son tombeau, luy en rendre ses tres humbles actions de graces, et faire des offrandes considerables à cette église. La foy de ce seigneur fut exaucée. Il guérit miraculeusement de la lèpre dont il était attaqué. Et pour accomplir son vœu, il se transporta à Amiens, où il fit de grandes aumosnes à l'église cathedrale : il s'engagea mesme à y presenter tous les ans un cierge, pesant plusieurs liures, le jour de la feste du saint Martyr, pour seruir de monument à ce grand miracle de sa guérison; ce qui en effet s'est obserué durant plusieurs siècles. Auant qu'il s'en retournast en son pays, on luy donna des reliques de saint Firmin, et le chef de saint Gentien, dont le corps est aussy reueré dans la même église, à costé du grand autel. Et ainsy le bruit des reliques, que ce seigneur aporta à Beaujency, s'étant répandu à Blois, qui n'en est pas éloigné, on commença à donner dès lors le nom de Gentien aux enfans dans le baptême; dont nous auons un exemple dans nostre famille, où il y en a eu beaucoup de ce nom.

Mon grand pere ayant un oncle, nommé comme luy, Gentien Thomas, qui étoit doyen des secretaires du Roy, et oncle par sa femme de Mrs Ribier, l'un Conseiller d'Estat, et l'autre Maistre des Requestes, tous deux fils du Lieutenant General de Blois, prit sa resolution d'aller à Paris, dans le dessein de s'y auancer le plus qu'il pourroit. Et après y auoir esté quelque temps, il se trouua engagé par une secrette conduite de Dieu, qui vouloit accomplir ses desseins dans ses enfans, à aller demeurer à Rouën.

Vers l'an 1589, arriuerent les troubles et les barricades de Rouën, souz le règne de Henry III (1). Et mon grand

---

(1) Le 4 février 1589. — Le 9, les ligueurs, maîtres de Rouen, massacrèrent les protestants.

pere ayant esté choisi par les bons seruiteurs du Roy (1), comme une personne tres attachée à son seruice, pour luy en aller porter les premieres nouuelles, et pour receuoir ses ordres, il fut fait prisonnier en chemin par ceux de la Ligue, depoüillé de tout, et mis souz une garde tres étroitte. Mais, quelque resserré qu'il fust, il trouua moyen de s'échapper de la prison, et d'acheuer son voyage. Il trouua le Roy à Blois : il luy rendit compte de sa commission, et s'en retourna à Rouën auec les dépesches de Sa Majesté (2).

Il continua à fauoriser de tout son pouuoir les interests et le seruice de son prince legitime; jusques là qu'y ayant eû une entreprise secrette pour reduire la ville souz l'obéissance du Roy, comme on l'accusa d'y auoir eû part, il se vit contraint de se sauuer de Rouën, pour éuiter la mort, que les rebelles firent souffrir à quelques autres du party qu'il soutenoit pour son prince (3). C'est ainsy que Dieu le mit à couuert, non seulement de ce peril, mais encore d'une infinité d'autres, qu'il courut par mer et par terre, dans les differens voyages qu'il fit depuis, estant auec M. de Villars, Amiral de France, et Gouuerneur de Normandie. Car il est porté dans des actes publics, qu'il fit paroistre un zèle incroyable pour

---

(1) Les troubles commencèrent en janvier 1589. — Il dut être envoyé par le Premier Président Groulart, qui quitta Rouen, le 3 février, la veille des Barricades.

(2) M. Floquet parle peut-être de ces dépêches, quand il dit : « Des « copies des lettres qu'avait adressées Henri III à ce faible gouver- « neur (de Carrouges) ayant été surprises, tous les prédicateurs de « Rouen en firent retentir les chaires, commentant perfidement ces « ordres du monarque, et excitant hautement les auditeurs à secouer « le joug de Henri III. » *Histoire du Parlement de Normandie*, t. III, p. 288.

(3) Conspiration dite du *Maître des Trois Sauciers*, 7 et 9 juin 1589. — M. Floquet, *ibid.*, p. 331-335.

la réduction de Rouën, du Haure, du Pont de l'Arche, de Laon et de La Fere, souz l'obéissance du Roy Henry IV. L'Amiral, qui connoissoit sa grande capacité, l'employoit dans toutes les grandes affaires, comme un homme qui estoit capable de tout; et il s'y portoit de luy meme auec une ardeur qui fut admirée des officiers, que ce prince enuoyoit traitter auec l'Amiral, engagé au commencement dans le party de la Ligue (1). C'est la raison pour laquelle le Roy, aprèz la fin de la guerre, voulant reconnoistre ses bons seruices, luy fit expédier *gratis*, et sans aucunes finances, les lettres de la charge de Maistre des Comptes de Normandie, dont il s'acquitta longtemps auec beaucoup d'honneur, et de probité (2).

Ce fut proprement cette charge, qui le fixa tout à fait à Rouën. Mais, pour s'établir encore dauantage en cette ville, il se maria, et épousa la niece du celebre M. de Quatresols (3), qui a gouuerné longtemps, auec grande reputation, tout le diocese de Rouën, en qualité de grand vicaire du Cardinal de Bourbon. Et il eut encore le

(1) Le rôle de Gentien Thomas, dans toute cette période de notre histoire, paraît n'avoir pas été signalé par les historiens de Rouen. — Comme de Villars, Gentien Thomas fut ensuite engagé dans le parti de la Ligue; car il fut le secrétaire du défenseur de Rouen, pour revenir, plus tard, et à son exemple, à la royauté légitime.

(2) Ce ne fut pas pour reconnaître ses bons services. Sa nomination, pendant les troubles, par le duc de Mayenne, ayant été annulée, de nouvelles lettres de provision étaient nécessaires, et elles lui furent accordées, le 26 avril 1594, par Henri IV, en remplacement de Jacques Hardouin. Il exerça cette charge jusqu'en 1621. — Voir aux *Pièces justificatives*, I, II et III. Nous devons l'indication de toutes les pièces tirées des Archives de la Seine-Inférieure à l'obligeance de M. de Beaurepaire.

(3) Catherine Quatresols, sa femme en premières noces, morte le 10 février 1607, et enterrée dans l'église de Sainte-Croix-Saint-Ouen, où était la sépulture de la famille Thomas. Voir Farin, *Histoire de Rouen*, édit. de 1731, IIIe partie, p. 152.

bonheur d'entrer par ce mariage dans l'alliance d'un des plus saints hommes qui fust alors, nommé M. Callon, docteur de Sorbonne et curé d'Aumale, dont la vie meriteroit d'estre écritte (1). Ce fut le premier qui commença à former des missionnaires, pour l'instruction des pauures gens de la campagne; qui dressa le plan sur le quel M. Vincent, son ami intime, institua sa Compagnie (2); qui fournit même de sa bourse de quoy commencer cet etablissement; et qui enfin engagea un de ses parents, qui auoit le benefice de St Lazare, à le résigner pour estre le premier fonds de l'Institut des Missionnaires (3).

De ce mariage rempli de benediction naquirent *Gentien* Thomas et *Anne* Thomas. Anne fut mariée à un conseiller du Parlement nommé M. **Dery** (4), qui est mort conseiller à la Grande Chambre, et qui a laissé pour heritier, Jacques Dery (5), conseiller de la Cour, qui est à present doyen des Requestes du Palais, et qui s'acquitte de sa charge auec une grande reputation de probité. Gentien Thomas fut celuy, sur qui Dieu commença à répandre d'une manière toute particulière les richesses de sa grace, et qu'il rendit comme le canal de touttes celles qu'il versa depuis sur sa famille. Mais il

---

(1) Louis Callon, curé de Saint-Pierre et Saint-Paul d'Aumale, de 1611 à 1621. M. Semichon, dans plusieurs chapitres de son *Histoire d'Aumale*, a exposé les nombreux bienfaits de cet excellent prêtre. (Voir le tome II, *passim*.) Il mourut à Vernon, en 1647, et le vœu de Thomas du Fossé a été exaucé par Jean-Marie de Vernon, pénitent, qui a écrit la vie de Louis Callon, dans l'*Histoire du Tiers-ordre de Saint-François*, 1666, p. 603.

(2) Saint Vincent de Paul, fondateur et supérieur de la Congrégation de la Mission.

(3) Tout ceci est confirmé par l'*Histoire d'Aumale* de M. Semichon, où l'on peut lire les générosités de Louis Callon envers l'église, le collége, les écoles et l'hôpital d'Aumale. (Tome II, *passim*.)

(4) Pierre Dery, nommé en 1612.

(5) Nommé en 1652.

ne fut pas du nombre de ceux qu'il met à couuert de la corruption du siecle dez leur enfance, et qu'il fait croistre par degrez jusques à la plénitude l'aage parfait de Jesus Christ, selon la mesure de grace qu'il destine à chacun de ses elûs ; puisqu'il passa sa jeunesse, et une partie de son âge plus auancé, dans l'amour et dans les diuertissemens du monde. Et ce fut même en cela que le Seigneur fit éclatter dauantage la puissance de sa grace, qui l'arracha, pour le dire ainsy, au siecle, lorsqu'il y pensoit le moins : ce que nous differerons à faire voir, aprez auoir dit en peu de mots ce qui regarde sa vie précedente, qui fera comme les ombres de son tableau.

Son pere l'ayant enuoyé à Paris, pour y faire ses études, il y forma une liaison étroitte avec un de ses camarades, nommé Feydeau, et prit auec luy une résolution aussy extraordinaire qu'étoit celle de s'en aller ensemble à Rome. On peut bien juger qu'il ne consulta pas mon grand pere sur ce dessein, et qu'ainsy il ne luy demanda pas l'argent, qui luy estoit nécessaire pour ce voyage. Il se contenta d'attendre qu'il eust receu un quartier, ou une demye année de sa pension; et sans songer à touttes les suittes d'une entreprise si mal concertée, il achette un petit cheual auec son compagnon, et sort de Paris en cet équipage. A peine furent ils arriuez à Lyon que, l'argent commençant à leur manquer, ils se virent obligez de vendre le cheual, qui auoit le plus contribué à vuider leur bourse. Et de l'argent du cheual auec celuy qui leur restoit, ils acheuerent comme ils purent, c'est à dire, auec une tres grande peine, leur voyage jusqu'à Rome. Là il commença à se sentir de plus en plus de la faute qu'il auoit faitte. Il fit mille reflexions, ainsy que l'enfant prodigue, sur le bonheur qu'il auoit perdu en sortant d'un lieu où il ne manquoit de rien, pour venir repaistre vainement la curiosité de ses yeux en un autre, où il se mouroit de faim. D'une part la grande necessité où il se trouuoit, et de l'autre l'indignation de son pere qu'il auoit si fort offensé, le tenoient dans une étrange suspension d'esprit, et il ne sçauoit à quoi se résoudre. Enfin, neantmoins, le besoin pressant où il se voyoit, l'emporta sur la crainte qu'il auoit de la colere de son pere, dont il connoissoit d'ailleurs la tendresse et l'excellent naturel. Il se résolut à toutes les plus grandes soumissions, et luy écriuit de la maniere du monde la plus touchante, pour s'accuser de sa faute, et pour l'engager à luy pardonner. Il luy fit même connoistre que, depuis qu'il estoit à Rome, il n'auoit point tout à fait perdu son temps, et que s'il vouloit luy faire la grace de luy pardonner cette faute, pour laquelle Dieu l'auoit deja beaucoup puni, il pourroit auec son agrément acheuer ses études en Italie, où il feroit encore mieux qu'en France; Bologne estant surtout fort renommée pour celles de droit. Mon grand pere, qui auoit esté dans les dernieres inquiétudes sur son sujet, fut raui d'en apprendre des nouuelles par luy même. Quoyque d'abord il entra en une grande colere contre luy, à cause de ce mépris qu'il auoit fait du respect qu'il luy deuoit, il supputa neantmoins tout ce qu'il auoit souffert depuis sa sortie de France. Et jugeant bien par la maniere dont il luy écriuit, que la penitence qu'il auoit faitte étoit une espece de satisfaction pour sa faute, surtout lorsqu'elle se trouuoit jointe au regret sincere qu'il témoignoit de l'auoir offensé, il se laissa aisément fléchir à ses soumissions. Il luy écriuit cependant, comme un pere y est obligé dans ces rencontres. Il luy fit sentir d'abord, autant qu'il put, l'excès de sa faute. Puis se laissant adoucir par ses prieres, et se rendant même en quelque sorte à ses raisons, il consentit qu'il continuast ses études en Italie, à condition qu'il satisferoit à sa promesse, en recompensant le temps perdu, par l'ardeur auec laquelle il s'attacheroit à tous ses deuoirs. Mais comme il sçauoit de quelle importance il est de veiller sur la jeunesse, et combien Rome estoit une ville dangereuse pour un écollier abandonné à luy même, il l'adressa à un de ses amis, homme de merite et d'authorité, qui fut depuis vice legat à Auignon, nommé M. l'abbé du Noyzet, à qui il luy ordonna de rendre compte de sa conduitte et d'obéir comme à son pere. Il écriuit en même temps à cet abbé, et le pria de vouloir bien tenir lieu de pere à son fils, en veillant sur sa conduitte, pour empescher qu'il ne se gastat en un lieu si corrompu; en prenant soin de ses estudes, afin que son temps fust toujours utilement occupé, et en fournissant à ses besoins, de telle sorte que le nécessaire ne luy manquast point, mais qu'il n'eust pas de quoy satisfaire à des diuertissemens inutiles ou dangereux. Ainsy il eut la consolation, après s'estre humilié deuant son pere, de rentrer dans ses bonnes graces, et de trouuer dans M. l'abbé du Noyzet un autre pere, qui l'aima et le regarda comme s'il auoit esté son propre fils, et qui veilla sur ses mœurs et sur ses études, autant que ses occupations le luy permettoient.

Il demeura trois ans en Italie, où il apprit à parler italien, comme les originaires du païs, et où il continua ses études auec beaucoup d'application. Mais lorsqu'il étudioit en droit à Bologne, il receut vers l'an 1621, et en la vingt et unième de son âge, les nouuelles de la mort de mon grand pere(1) : ce qui l'obligea à partir promptement d'Italie. Comme M. l'abbé du Noyzet auoit esté nommé vice legat à Auignon, et qu'il y étoit, pour lors, il l'y alla

(1) Gentien Thomas, écuyer, conseiller du Roi et maître ordinaire de sa Chambre des Comptes de Normandie, seigneur du Bas Boscroger, du Fossé en Bray et de la Pigeonnerie, décédé le 22 novembre 1621, fut inhumé dans l'église de Sainte-Croix-Saint-Ouen. — Voir Farin, *Histoire de Rouen*, IIIe partie, p. 152.

saluër en passant, et luy témoigner sa reconnoissance de toutes les marques qu'il auoit receuës de sa bonté en Italie. Le grand nombre de trouppes qui estoient alors répandues partout (1) le porterent à demander au vice legat une escorte de quelques caualiers, pour le mettre en seureté contre les insultes de ceux qu'il rencontreroit. Il luy donna cinq Allemans. Mais ceux qui l'accompagnoient pour sa seureté, songerent à l'assassiner (2), dans la pensée que celuy que le vice legat faisoit ainsy escorter deuoit auoir de l'argent. Par bonheur, un guide qu'il auoit pris, et qui sçauoit l'allemand, ayant découuert leur dessein, l'en auertit. Il prit donc son temps pour les congédier et les remercier, qu'il se vit en lieu seur. Et il continua ainsy son chemin en s'abandonnant à Dieu pour sa conduitte, après auoir éprouué que celle des hommes étoit si peu seure. Il est en effet bien visible que c'étoit sur Dieu qu'il se deuoit appuyer principalement, puisque, même dans ses égaremens, il prit un soin si particulier de le protéger dans le dessein qu'il auoit de luy faire enfin une miséricorde plus particuliere, comme je le feray voir bientost après.

Estant arriué à Rouën, il songea à se faire receuoir dans la charge de son pere (3), et ensuitte à s'établir. Il épousa la sœur d'un conseiller du Parlement, nommé M. de

---

(1) A cause de la révolte des Calvinistes, dans le Midi, et du siége de Montauban, leur place de sûreté.

(2) Une aventure à peu près pareille arrivait, la même année, sur l'Elbe, au célèbre Descartes. Des mariniers de la West-Frise voulurent l'assassiner, et il ne dut la vie qu'à son courage. — Voir *Eloge de Descartes*, dans les œuvres complètes de Thomas, édit. de 1822, t. III, p. 349.

(3) En 1621, le père, peu de temps avant sa mort, avait résigné cet office en faveur de son fils, qui paya 2,000 livres de frais de résignation, le 15 février 1622, et fut pourvu, le 30 mai suivant. — Voir aux *Pièces justificatives*, IV et V.

Bomelet(1), qui estoit un juge d'une grande probité, que je me souuiens, que lorsqu'il mourut (2), l'un des plus grands seruiteurs de Dieu qui fust alors, dont je parleray dans la suitte, me dit, en m'apprenant cette mort, que j'auois perdu un oncle, qui pouuoit passer pour le modelle des magistrats, et que l'on auroit esté heureux, si tous les juges auoieut pu luy ressembler. Et sa probité étoit encore releuée par ses alliances, puisqu'il épousa la sœur de M^{rs} des Hameaux et de Miroumesnil, tous deux conseillers d'Etat, dont le premier fut ambassadeur à Venise, et qu'il eut de ce mariage plusieurs enfans, dont l'un qui est aujourd'huy président au mortier (3), a épousé une des filles de M. de Chauigny, ministre et secrétaire d'Etat, et a marié depuis peu sa fille unique au duc de Caumont, fils aîné du duc de la Force; une autre a épousé le marquis de Haucourt de la maison de de Mailly : et une troisième, ayant choisy le meilleur party, se consacra à Jesus Christ, dans la celebre abbaye de Poissy, où elle vit encore dans une piété, qui édifie toute la maison.

Jusqu'à present nous ne voyons dans celuy, dont Dieu vouloit se seruir, pour faire éclatter sur nous tous sa misericorde, rien que d'humain. La maniere dont il vécut dans son mariage, et dans l'exercice de sa charge, ressentoit plus son homme d'honneur qu'un vray chrestien, tel qu'il fut depuis. Il est vray qu'il n'étoit point engagé, comme beaucoup d'autres, dans le desordre. Il viuoit dans une grande union auec son epouse. Il se faisoit beaucoup d'amis par ses manieres honorables et magni-

---

(1) Mlle Madeleine Beuzelin, sœur de Jean Beuzelin, sieur de Bosmelet, conseiller au Parlement de Normandie, en 1625.

(2) Le 15 mai 1647, son corps fut déposé dans un caveau de l'église des Carmes déchaussés (aujourd'hui Saint-Romain), à Rouen.

(3) Jean Beuzelin, sieur de Bosmelet, président en 1661.

fiques. Il joüoit auec eux. Il donnoit souuent à manger et toujours fort splendidement. Enfin la vie qu'il menoit, luy, et sa femme, les faisoit distinguer de telle sorte dans la ville, qu'on les appelloit communément, le prince et la princesse Thomas. Il auoit l'esprit fort vif, l'humeur agreable, le cœur ouuert, la parole d'un homme de poids et d'authorité; et l'on peut dire, que, selon le monde, tout paroissoit grand dans luy. L'amour naturel qu'il auoit pour la justice, lui donnoit une extrême auersion de mille injustices qu'il voyoit commettre tous les jours deuant ses yeux, sans qu'il pust s'y opposer. Et je sçay de sa propre bouche que la raison, pour laquelle il ne voulut point achetter la charge de Procureur general de sa Compagnie, lorsqu'on l'en pressa, c'est qu'il jugea bien qu'il ne pourroit s'engager dans cette charge, sans se faire une infinité d'ennemis, en s'acquittant de son deuoir. Il ne manquoit pas neantmoins de courage pour cela. Mais il ne crut pas estre obligé sans necessité, et sans un engagement particulier, de prendre une charge, qui ne l'eleueroit que pour le rendre plus odieux à ceux qui ne veulent point de surueillant. Il auoit d'ailleurs une assez grande indifference pour s'éleuer plus qu'il n'étoit, en sorte que ses amis luy proposant de luy faire auoir un breuet de Conseiller d'Etat, comme on en donnoit alors, il ne voulut point y songer. Et pour faire voir que le courage dont j'ay parlé, et qui est si necessaire pour s'acquitter, comme il faut, d'un employ public, ne luy manquoit pas, il suffit de rapporter en ce lieu ce qui se passa dans l'affaire du comte de Mongommery.

Tout le monde sçait qui étoit ce comte, et la conduitte qu'il auoit tenue (1), qui obligea le Roy Loüis XIII d'ordon-

---

(1) Gabriel Montgommery, comte de Lorges, un des fils du fameux Montgommery, décapité en 1574, prit part aux guerres de religion et

ner par un arrest de son Conseil qu'on raseroit Pontorson, qui luy appartenoit, et qui étoit comme le siege de toutes les violences qu'il exerçoit dans le païs, et de donner la confiscation des fossez à M. Moran, que Sa Majesté voulut bien en gratifier. Cet ordre du Roy ayant esté enuoyé à la Chambre des Comptes de Normandie, il s'agissoit de trouuer un officier qui se chargeast d'exécuter une telle commission. Le comte estoit extrémement redouté, et les menaces qu'il auoit faittes, du moment qu'il auoit appris que l'ordre du Roy étoit enuoyé à la Compagnie, auoient tellement intimidé tout le monde, que nul ne se présentoit pour s'en charger. Chacun en enuisageoit les suittes, et se persuadoit qu'un seigneur, aussy emporté que celuy là, ne pourroit jamais souffrir que l'on démolist un lieu, où il trouuoit seureté, et l'impunité de ses crimes, et qu'à moins qu'on y allast à main forte, il n'auroit aucun respect pour les officiers de la justice. Le sieur Thomas, qui auoit naturellement le cœur grand, ne put voir, sans beaucoup de peine, que l'on mist en compromis l'execution des ordres de Sa Majesté, et jaloux en même temps de l'authorité et de l'honneur de sa Compagnie, il dit d'un ton assuré : « qu'il étoit prest d'accepter la commission,
« et qu'il n'auoit rien à craindre, lorsqu'il seroit reuestu
« de l'authorité du Roy. » Tous agréerent son offre. Il se prépara pour son voyage, et partit accompagné seulement des officiers qui sont nécessaires pour de semblables commissions (1).

Le comte de Mongommery en fut auerty, et connut en même temps le caractere de l'esprit de celuy que la

tenta deux fois de s'emparer, par surprise, du Mont-Saint-Michel. En 1621, il remit à Louis XIII la place de Pontorson, qu'il commandait.

(1) Maintes fois, Pierre Corneille, Maître des Eaux et Forêts, avait déployé le même courage, de 1610 à 1618, contre ceux qui dévastaient la forêt de Roumare.

Compagnie auoit deputé. Jugeant donc bien que les menaces et les violences n'étoient plus alors de saison, il aima mieux prendre le party de se soumettre. Il enuoya même audeuant du commissaire du Roy, pour luy faire ses ciuilitez, et luy témoigner qu'il trouueroit en sa personne un fidelle seruiteur de Sa Majesté. Il l'alla voir aprèz qu'il fut arriué. Et comme si la presence d'un homme, qui auoit osé ne le pas craindre, l'eust désarmé, il souffrit auec une patience qui étonna toutte la prouince, que l'on démolist les fortifications, et qu'on rasast les fossez d'un chasteau, qu'il auoit jusques alors regardé comme une espèce d'azile pour luy. Ce qui fut encore plus humiliant pour ce seigneur, c'est qu'il se vit obligé de ceder la confiscation de ces fossez, qui auoit esté donnée, comme je l'ay dit, à M. Moran.

Dieu répandit sa benediction sur le mariage du sieur Thomas, si c'en est une au temps de la loy nouuelle, d'auoir grand nombre d'enfans. Il en eut jusques à quinze. Mais il en mourut plusieurs, et il en vit neantmoins, pendant un temps considérable, neuf tous viuans. C'est de ceux là seulement que je parleray (1). L'aînée se nomma MARIE THOMAS et est encore viuante (2). Elle a esté mariée à un gentilhomme du païs de Caux, nommé le sieur de Durdent, et elle a eu de ce mariage plusieurs enfans, dont quelques uns se sont faits religieux, l'un desquels est chanoine regulier de St Augustin, de la reforme de Friadel, et est à present prieur de l'abbaye de Saint Laurent de Lions (3); et d'autres sont dans le

---

(1) Cinq garçons et quatre filles.

(2) En 1696, à l'époque où du Fossé se mit à composer ses Mémoires.

(3) « André de Durdent a esté prieur de Saint-Laurent depuis 1696, « jusques et compris 1703. » Note marginale du Manuscrit, postérieure à la révision de du Fossé. — C'était un monastère de chanoines régu-

seruice, dont l'un nommé le sieur de Pretot, est aujourd'huy lieutenant de vaisseau, et une fille qui a esté mariée à un gentilhomme d'auprès du Haure de Grace, nommé le sieur de Tourneuille. Le second enfant du sieur Thomas s'appelloit MADELAINE THOMAS, qui a esté religieuse, ainsy que je le diray dans la suitte. Le troisième se nommoit GENTIEN THOMAS, commé son pere, et le quatrième, HENRY THOMAS. Je parleray de tous les deux, en parlant de nostre establissement dans la maison de Port-Royal. Je fus le cinquième de ceux dont j'ay à parler : je naquis au mois d'auril de l'année mil six cent trente quatre, et je receus le nom de PIERRE, sur les saints Fons du baptême (1). Le sixième s'appelloit ANNE THOMAS, qui est morte religieuse, comme je le feray voir. Le septième se nommoit CATHERINE THOMAS, dont Dieu exerça la patience d'une maniere étonnante, pendant l'espace de vingt cinq années, par des maux et des douleurs incroyables, comme on le verra aussy dans la suitte. Enfin les derniers de tous furent deux jumeaux, l'un nommé JOSEPH, et l'autre, AUGUSTIN THOMAS, dont le premier mourut à Beauuais, âgé de seize à dix huit ans, pendant le cours de ses études, et dans une piété qui charma son maistre, et tous ceux qui le connoissoient, comme je le marqueray plus particulierement dans la suitte. Le second est celuy dont je parleray à diuers endroits de ces

---

liers, situé sur la paroisse de Beauvoir-en-Lions, dont le prieur était à la nomination du Roi. — Voir la *Description de la Haute-Normandie*, par D. F. Duplessis, t. II. p. 522 et 611.

(1) L'éditeur de 1739 a mis, dans la *Vie de M. Pierre Thomas du Fossé*, le 6 avril 1634. On lit : le 6 *août*, dans les *Vies choisies et abrégées de MM. de Port-Royal*, placées à la suite de la *Nouvelle Histoire abrégée de l'abbaye de Port-Royal* (1786), 4 tomes, en 2 vol. in-12 — Un fait certain, c'est qu'il fut baptisé, dans l'église Sainte-Croix-Saint-Ouen, le 11 avril 1634. Ce XI a bien l'air d'avoir eté pris pour VI. — Voir l'acte de baptême aux *Pièces justificatives*, VI.

Memoires, et qui a épousé la petite niece de M. d'Andilly, du celebre euesque d'Angers son frere, de l'illustre M. Arnauld, et niece de M^{rs} le Maistre et de Sacy.

La connoissance qu'auoit mon pere de la corruption des colleges luy donna toujours un fort grand éloignement d'y enuoyer ses enfans. Il eut d'abord un precepteur dans sa maison, pour prendre soin de nos estudes. Mais y ayant esté trompé, il ne sçauoit plus à quoy se resoudre. Et je puis dire qu'encore que nous ne connussions point le mal, nostre éducation estoit fort mauuaise, par la grande liberté que nous auions, mes deux freres ainez et moy, d'aller partout seuls, c'est à dire, sans maistre, et sans suruéillant de nostre conduitte. C'est ce qui nous exposa même, tous jeunes que nous étions, à des querelles qui auroient eu des suittes fâcheuses, à cause de la grande viuacité de nostre naturel, si le Seigneur, qui nous préparoit, dans sa misericorde, un azile contre tant de périls qui nous menaçoient, ne nous eust pris en quelque sorte dès lors sous sa garde. Il est vray que, lorsque mon pere et ma mere sçauoient quelque faute que nous auions faitte, ils nous châtioient seuèrement. Et entre autres choses, ils auoient une si grande auersion du mensonge, que je ne sçaurois assez reconnoistre le soin qu'ils prirent de nous en inspirer aussi la plus grande horreur. Car rien en effet n'est plus indigne d'un homme d'honneur, et encore plus d'un chrestien, dont toute la gloire, et toute la profession est fondée sur la vérité, que ce plaisir malheureux que prennent dans le monde tant de gens, à mesler dans leurs discours des fictions et des mensonges, qu'ils regardent comme l'assaisonnement des belles conuersations. Et ce que j'ay remarqué depuis, par l'experience que Dieu m'a donnée du monde, c'est qu'on méprise à la fin ces personnes, qui font ainsy les agreables aux dépends de la vérité; n'y ayant rien effectiuement de plus méprisable qu'un homme, sur les paroles duquel on ne peut faire aucun fonds ; ce qui est tout le fruit qu'il remporte de son bel esprit, si neantmoins on peut appeller bel esprit, un esprit faux, qui se repaist de mensonge.

Ce fut dans ce temps que nous étions encore à Rouën, et que j'auois sept à huit ans (1), qu'il y arriua un fort grand soulèuement de la populace contre quelques officiers établis pour leuer quelques imposts sur la ville. Le tumulte alla si loin, que les maisons de ces officiers furent pillées, et leurs meubles brûlez auec la derniere insulte, dans la place de Saint-Ouën (2). Les magistrats ayant voulu arrêter un si grand desordre, ils n'en furent pas les maistres, n'osant même trop se commettre à la fureur d'un petit peuple ainsy mutiné : ce qui donna lieu de les accuser, en cour, d'auoir été en quelque sorte complices de cette rebellion. Le Roy, pour punir la ville, y enuoya le marechal de Gassion auec des trouppes (3), et deux commissaires pour informer des desordres qui auoient été commis, et faire le procès à ceux qui étoient coupables. Ces commissaires étoient M. Letellier et M. Tallon (4). Il interdit en même temps tout le Parlement, et

---

(1) Il était dans sa sixième année, puisque la révolte éclata à Rouen, les 21, 22 et 23 août 1639 et qu'il naquit en 1634.

(2) La maison de l'arsenal, la maison de Hugot, receveur général des francs-fiefs, et l'Hôtel du Luxembourg, dans la rue de l'Oratoire (rue de l'Hôpital). M. Floquet, *Histoire du Parlement de Normandie*, t. IV, p. 601-604.

(3) Il y entra, le 31 décembre 1639, avec 6,000 hommes de pied et 1,200 hommes de cavalerie.

(4) M. Talon, conseiller d'Etat, et M. Le Tellier, maître des Requêtes, avaient informé, depuis deux mois, des affaires de Rouen, avant d'accompagner le chancelier Séguier à Rouen. Voir le *Diaire ou Journal du chancelier Séguier en Normandie, après la sédition des Nu-Pieds* (1639-1640). Il donne tous les détails du résumé contenu dans ces Mémoires.

luy donna ordre de se rendre incessamment à la suitte de la cour, voulant luy faire sentir sa faute, de n'auoir point employé toute son authorité pour arrêter le tumulte, dès les premiers mouuemens. Mais pour empescher que la prouince ne souffrist de cet interdit, par la cessation de tous les jugemens, Sa Majesté enuoya à Rouën un certain nombre de Conseillers d'Etat et de Maistres des Requestes, afin que, dans cet interualle, ils jugeassent, comme le Parlement même, toutes les affaires qui se pourroient presenter. Ce fut une affliction et une désolation incroyable dans toute la ville, qui se trouua à peu près dans le même état où auoit été autrefois la ville d'Antioche, selon la description qu'en fait saint Jean Chrysostôme, lorsque les officiers de l'empereur Théodose leuant aussy un tribut auec de grandes inhumanitez, cette ville se souleua auec beaucoup d'insolence, et s'emporta à tous les excès, dont est capable une populace mutinée. Car ce prince voulant faire ressentir tout le poids de sa colere à ses habitans, y enuoya de la même sorte ses officiers pour y porter ses effroyables menaces, auec le General de ses armées et le Prefet du Prétoire, qui jetterent toutte Antioche dans une consternation uniuerselle. « Et alors, dit saint Chrysostome, on voyoit les
« cytoyens fuir leur ville comme le gibet. L'image tra-
« gique de la mort se presentoit continuellement aux yeux
« non seulement des coupables, mais des innocens, qui
« apprehendoient de passer pour criminels. Et chacun
« craignoit pour soy en craignant pour tous les
« autres (1). »

Dans l'affliction generale où se trouua la ville de Rouën, nous eûmes nous autres une consolation toute particuliere, qui fut de loger chez nous M. Le Tellier, l'un

---

(1) « Chryst. ad popul. Anthioch. Homi., 2. » Ms.

des commissaires (1); ce qui procura à mon pere l'occasion d'en faire son amy; et un amy tres sincere, qui ne manqua jamais, depuis qu'il fut paruenu à cette grande faueur, où l'a veu toute la France (2), de luy donner et à nous aussy, des marques d'une bonté et d'une protection singuliere, ainsy que je le diray en son lieu. Aussy mon pere, qui étoit tout rempli de cœur, sceut gagner le sien par ses manieres grandes et genereuses qui luy étoient naturelles; en sorte que dans l'espace de trois mois, ou enuiron, qu'il fut chez nous, il y viuoit comme dans sa propre famille, cordialement, librement et honnestement : ce qui fait voir en passant combien le sçauoir viure est de consequence pour se faire des amis. Il eut la bonté, depuis qu'il fut secrettaire d'Etat, d'exemter toujours le Fossé du logement des trouppes pendant les guerres : et il fit même retenir la paye des officiers d'un regiment de caualerie, pour payer un quartier de la taille de la paroisse, à cause qu'ils y auoient logé deux jours sans ordre.

(1) Le quartier de Saint-Ouen, où devait habiter la famille Thomas, puisque sa paroisse était Sainte-Croix-Saint-Ouen, « avoit été reservé « pour mon dict seigneur le Chancelier et pour le Conseil qui est en « sa suite. » *Journal du Chancelier Séguier*, p. 31.

(2) — Michel Le Tellier fut intendant de l'armée d'Italie, secrétaire d'Etat de la guerre, en 1643, ministre d'Etat, enfin chancelier gar le des sceaux, le 28 octobre 1677.

CHAPITRE II.

— 1638-1643. —

Du Verger de Hauranne, abbé de Saint-Cyran, et la famille Thomas du Fossé. — Eloge de cet abbé. — Avances que lui fait Richelieu. — Sa brouille avec lui. — Sa prison à Vincennes. — Un Mémoire en est la cause. — Origine et contenu de ce Mémoire. — Rigueurs de sa captivité. — Historiette de Jean de Werth. — L'abbé de Saint-Cyran et le baron d'Ekenfort. — Intervention de M. de Chavigny. — Mise en liberté. — Lettre à ce sujet. — Nécessité de tous ces détails sur l'abbé de Saint-Cyran.

Lorsque mon pere se trouuoit dans l'embarras sur le sujet de nostre éducation, et qu'il ne songeoit cependant luy même qu'à mener une vie agreable, comme les honnestes gens du monde, en satisfaisant neantmoins, par principe d'honneur et de probité, aux deuoirs de son état, selon les lumieres qu'il auoit alors, Dieu fit luire dans son cœur un rayon de sa misericorde, pour l'éclairer d'une maniere plus auantageuse sur ce qu'il auoit à faire, et pour luy donner la connoissance de ceux qui étoient capables de l'instruire du véritable esprit de nostre religion, si peu connu de ceux même qui se picquent souuent de connoistre tout et de ne rien ignorer. Mais le moyen dont il se seruit, pour luy faire cette grace, est ce que j'ay toujours regardé comme une espece de miracle, et comme une de ces voyes cachées, que son Esprit Saint se prepare à luy même, pour se donner entrée dans le cœur de ceux qu'il veut arracher au monde, sans que le monde, qui croyoit les tenir à luy le plus fortement, s'apperçoiue en quelque sorte qu'ils luy échappent.

Il n'y a guere de personnes dans ce siecle qui n'ayent ouy parler de M. (1) du Verger de Hauranne, abbé de S. Cyran. Le cardinal de Richelieu, qui ne se trompoit guere dans le discernement des esprits, et qui eut une connoissance particuliere de cet abbé, en porta d'abord un jugement aussy auantageux que veritable. Il le regarda comme un des plus grands genies de l'Europe, et comme le premier homme de France, soit pour la viuacité et l'éleuation de l'esprit, soit pour la profondeur de l'érudition. Et parce que son ambition étoit d'attirer à soy tout ce qu'il y auoit de grand dans le royaume, il jetta la veuë sur luy pour en faire sa creature, comme de tant d'autres, qu'il achettoit, pour le dire ainsy, aux dépends de tout, tant pour les ôter à ceux auprès de qui ils se seroient attachez, que pour s'en seruir luy même dans les occasions qui se presentoient. Il auoit d'ailleurs une veuë particuliere sur ce grand homme. Tout le monde a sceu la forte passion qu'il eut de faire rompre le mariage de M. le duc d'Orléans, pour luy faire ensuitte épouser sa nièce connuë souz le nom de la duchesse d'Aiguillon. Il auroit bien souhaité pouuoir se seruir du ministere de l'abbé de S. Cyran pour écrire contre le mariage de ce prince, en faire voir les nullitez prétenduës, et mettre dans tout leur jour les raisons qu'il croyoit ou qu'il vouloit

(1) Il y avait primitivement, dans le texte : « du S^r, » et du Fossé l'a biffé, pour le remplacer, de sa main, par « M^r, » se conformant ainsi à l'habitude constante des écrivains de Port-Royal. « Lancelot, « parlant de M. de Saint-Cyran, et Fontaine de M. de Saci, ne sé- « parent jamais leurs noms vénérés de cette qualification de *Monsieur*, « qui est le seul titre en usage à Port-Royal, et qui constitue comme « le signe respectueux de la personne humaine. » M. Sainte-Beuve, *Port-Royal*, t. III, p. 71. Le mot *sieur* sera donné, dans les Mémoires, quelquefois aux parents et aux amis, et toujours aux indifférents.

qu'il y eust pour cette rupture. Il pressentist cependant qu'il n'approuuoit point ce dessein, et toute son appréhension étoit qu'il n'écriuist contre, persuadé qu'il étoit de la force de sa plume (1).

Il est vray que ce cardinal ne se trompoit pas, en jugeant de l'eminence de l'esprit du sieur de Hauranne, supérieur aux autres de sa connoissance, et de sa profonde érudition, qui n'auoit guere d'égale alors. Mais il se trompa, en ce qu'il portoit de luy un jugement trop humain; et que ne connoissant pas autant sa solide piété, qui le tenoit attaché à Dieu et à son deuoir, preferablement à toutes choses, que l'excellence de son genie, qui l'éleuoit au dessuz de la pluspart de ceux qui passoient alors pour les plus grands hommes, il le crut capable de seruir à ses interests contre ce qu'il deuoit à la vérité et à l'Eglise. On prétend même qu'il luy fit offrir l'éuesché de Bayonne; mais que le refus que ce vertueux abbé en fit, s'en jugeant indigne, choqua Son Eminence, qui auroit bien souhaitté l'attacher à soy. Le trouuant donc en quelque sorte inaccessible, luy qui remarquoit dans tous les autres beaucoup d'ardeur pour luy plaire et pour rechercher ses bonnes graces, il trauailla, autant qu'il put, à amollir cette grande fermeté, qui ne pouuoit s'accorder auec les veuës intéressées de sa politique; et jugeant que les louanges et les témoignages publics d'une estime singuliere, estoient les moyens les plus asseurez pour gagner les cœurs les plus durs, il crut que le sien ne seroit point à l'épreuue des éloges, qu'un premier ministre, aussy puis-

(1) La fin de ce passage est sur une bande détachée, de la main de du Fossé. — C'est à tort que les écrivains jansénistes ont transformé cette opposition soupçonnée en protestation solennelle et régulière. « Il n'est pas exact que M. de Saint-Cyran ait positivement refusé « d'approuver ce divorce; on ne l'avait pas formellement consulté à « ce sujet. » M. Sainte-Beuve, *Port-Royal*, 2ᵉ édition, t. I, p. 342.

sant qu'il estoit, luy donneroit deuant tous ceux qui formoient sa cour. Ainsy l'ayant fait venir un jour, auec ordre qu'on le fist entrer dans son cabinet, aussitost qu'il paroistroit, il l'entretint en particulier, et le sonda de nouueau sur le dessein qu'il auoit. Et aprez cet entretient, le reconduisant dans sa chambre; et parlant de luy publiquement deuant tous ceux qui estoient presens, il leur dit : « Voyla le plus grand esprit, et le premier homme de « France. » L'abbé, qui sçauoit où tendoient ces loüanges, s'abbaissa profondément deuant Dieu, encore plus que deuant les hommes; et il n'eut que de l'horreur d'une parolle, qu'il regardoit comme un trait empoisonné, dont on vouloit luy percer le cœur. Il se retira tres resolu de ne se plus engager au milieu d'une cour où tout conspiroit à le perdre aux yeux de Dieu. Et le cardinal sentit bien de son costé qu'il n'auoit rien à esperer de la part d'un homme qui ne desiroit rien dans le monde, et sur qui l'ambition ne prenoit point.

Dès lors ce Ministre ne put plus le regarder de bon œuil. Et comme à la cour tout est plein de gens, qui ne cherchent qu'à abbattre tout à fait ceux qu'ils voyent deja ébranlez, il y eut des personnes mal intentionnées, et entre autres un religieux fort consideré du Cardinal (1), qui trauaillerent à luy rendre de mauuais offices auprez de son Eminence. De mesme donc qu'on auoit veu dans les premiers siècles quelques princes, aprez auoir tenté inutilement d'ebranler la fermeté de quelques vierges, qui auoient consacré leur cœur et leur corps à Jesus-Christ, se venger ensuitte sur elles, en les attaquant sur leur foy, et en les faisant passer pour rebelles à la religion de l'empire; aussy ce ministre, frustré de ses esperances, et conuaincu qu'il n'y auoit plus à se flatter de pouuoir corrompre

---

(1) « Le P. Joseph, » en marge du Manuscrit, où ce nom a été effacé.

celuy dont il souhaittoit passionnément de se rendre maistre, songea, en étant aussy sollicité par quelques uns qui l'approchoient et qui n'aimoient pas l'abbé de S. Cyran, comme ils le firent bien voir dans la suitte, à rendre sa foy suspecte, et à le traitter comme un homme qui enseignoit une doctrine nouuelle, pernicieuse et contraire au concile de Trente, surtout touchant le sacrement de Penitence. Ce fut sur ce pretexte specieux qu'il l'enuoya arrêter en l'année 1638 et conduire au bois de Vincennes (1). Il fit enleuer en même temps tous ses papiers, dont ses ennemis ne manquerent pas de se seruir pour le décrier dans l'esprit des peuples, en luy imputant des choses qu'il n'auoit jamais écrittes, ou en falsifiant et interprettant malitieusement d'autres, contre le vray sens auquel on deuoit les prendre. Mais comme plusieurs personnes de qualité, qui l'estimoient, et qui honoroient son merite, en parlerent au Cardinal, et qu'il ne pouuoit alleguer aucun sujet raisonnable de sa detention; se souuenant d'un memoire que l'euesque de Saint Malo luy auoit donné (2), il le mit exprès sur sa table, et le faisoit voir à ceux qui luy en parloient. Quant à ce memoire, il est bon de dire icy ce qu'il contenoit, et à quelle occasion il fut donné à son Eminence. Lorsque les religieuses du St Sacrement furent établies à Paris (3), le pape ordonna qu'elles seroient conduittes par l'archeuesque de Paris, l'archeuesque de Sens et l'euesque de Langres (4). Cecy causa du chagrin à l'archeuesque de Paris, qui auoit peine à souffrir cette entreprise dans son diocese, et dans la ville de sa résidence episcopale. Aussi l'archeuesque de Sens eut la consideration pour son confrère de renon-

---

(1) Le vendredi, 14 mai.
(2) Achille de Harlay.
(3) En mai 1633.
(4) Paul de Gondi, Octave de Bellegarde et Sébastien Zamet.

cer à cet employ. Mais l'autre éuesque, usant de l'authorité que le pape luy auoit donnée, conduisit ces religieuses comme ses filles, et les logea assez cherement en une maison proche St Eustache (1), où elles étoient fort incommodées. La bulle du pape pour cet établissement portoit aussi, qu'on prendroit des filles de Port-Royal, pour en commencer l'institut. Ainsi la Mere Marie Angelique Arnauld, dont je parleray beaucoup dans la suitte, ayant été choisie pour estre leur superieure, laissoit la Mere Agnès, sa sœur, en sa place à Port-Royal. Mais ennuyée et fatiguée de la conduitte du prelat dont j'ay parlé, elle retourna à Port-Royal (2), après auoir mis une bonne fille pour superieure, qui trouua moyen de se remettre entierement souz l'obéissance de l'archeuesque de Paris. Comme l'euesque de Langres leur auoit donné la connoissance de l'abbé de S. Cyran, pour qui il auoit eu jusqu'alors une grande estime, il accusa cet abbé d'auoir preuenu l'esprit de ces filles contre luy, et surtout celuy de la Mere Marie Angélique Arnauld, leur première superieure. Ainsi le considerant comme celuy qui les auoit détachées de sa conduitte, il passa de l'estime qu'il auoit euë jusqu'alors pour luy, en un grand éloignement de sa personne, et luy imputa bien des choses, dont la charité et l'amour de la vérité l'auroit du faire abstenir. Un jour, se trouuant auec l'euesque de St Malo, il luy déchargea son cœur, et luy fit une histoire, comme il luy plut, de cette affaire. Sur quoy ce prelat le pria de luy donner un memoire de ce qu'il venoit de luy dire, pour en diuertir son Eminence, ainsy que toute la cour sçauoit qu'il auoit accoutumé de faire aux dépends de plusieurs personnes. Il luy donna donc celuy duquel j'ay

(1) Rue Coquillière.
(2) En février 1636.

parlé, où il accusoit l'abbé de S. Cyran d'auoir plusieurs sentimens contraires à ceux de l'Eglise (1).

Ceux qui ont lu le catechisme composé par cet abbé, et ses lettres spirituelles données au public par M. d'Andilly, et dédiées aux euesques de France, peuuent juger par ces témoignages assurez de sa doctrine, de la verité de ce memoire. Aussi on y fit une réponse que l'on mit entre les mains du premier président (2), pour faire voir au Cardinal le contraire de ce qui étoit auancé. Cependant, quoyque d'abord son Eminence n'eust ajouté aucune foy à ce memoire, ainsi qu'il le témoigna au Premier Président, il ne laissa pas dans la suitte de s'en seruir, comme je l'ay dit, en le mettant sur sa table, et l'exposant à la veuë de toutes les personnes qui luy parlerent pour l'abbé de Saint Cyran, lorsqu'il l'eut fait arrêter, parce qu'il n'auoit en effet aucune raison à leur rendre de sa détention. Mais s'étant depuis apperceu que ce memoire n'étoit pas signé, et qu'il n'étoit d'aucun poids, il fit mander le prelat qui étoit à son euesché, et l'obligea de le signer : ce qu'il ne fit qu'auec une grande peine, comme un autre euesque, de qui on l'a sceu, en fut témoin (3). Et, après auoir ainsy donné malgré luy sa signature, il en eut un tel chagrin qu'il ne reuint plus à Paris; quoyqu'il y eust achetté une tres belle maison, dans le faubourg Saint Germain, proche l'hopital de la Charité; tant il est

---

(1) « M. Zamet composa un mémoire qui, remis au cardinal de » Richelieu, contribuera fort à l'emprisonnement. » M. Sainte-Beuve, *Port-Royal*, t. I, p. 342. Il s'agit de l'affaire du *Chapelet secret du Saint-Sacrement*, Paris, 1632. — Voir *ibid.*, p. 336 et suivantes. Les détails donnés par du Fossé étaient inédits.

(2) Nicolas Lejay, premier président du Parlement de Paris.

(3) « L'Euesque de Pamiers, qui a esté depuis Euesque de Chartres. » Ces mots ont été biffés. Henri de Sponde fit d'actives démarches pour obtenir la liberté de l'abbé de Saint-Cyran.

de conséquence de reprimer les premiers mouuemens de sa colere, qui engagent, sans que l'on y pense assez, à faire des pas dangereux dont on ne peut reuenir, et dont on a d'éternels remords.

L'abbé de S. Cyran ayant donc été mis en prison, comme je l'ay dit, dans le Château du bois de Vincennes, on l'y traitta auec les dernieres rigueurs. Ceux qui le gardoient auoient ordre d'entrer à toute heure, la nuit comme le jour, dans sa chambre, pour empescher qu'il ne pust écrire, et qu'il n'eust communication auec qui que ce fust : ce qui l'empeschoit de reposer, et le tenoit dans de continuelles inquietudes. On luy refusa pendant plus de quatre ans la consolation de voir ses amis, et même d'auoir commerce auec aucun d'eux. Il ne fut jamais si malade, si foible et si abbattu de tout le corps, que pendant le cours des cinq années de sa prison, s'estant veu même plusieurs fois dans de si grandes foiblesses que, s'en allant à la messe, il ne sçauoit s'il auroit la force de reuenir mourir dans sa chambre.

Cependant, comme Dieu est vrayment admirable dans sa conduitte sur ses seruiteurs, c'étoit dans cette même prison qu'il vouloit faire éclatter dauantage et sa haute pieté, et sa profonde érudition, et sa lumiere éminente pour le gouuernement des ames. Ses propres gardes, et les compagnons de sa captiuité deuinrent eux mêmes des temoins irreprochables de sa vertu. Les generaux d'armée, qui étoient prisonniers dans le même lieu, l'appelloient publiquement : *Un Saint*. Jean de Werth, ce fameux general des ennemis, qui fut échangé contre un de nos generaux (1), ayant assisté,

---

(1) Fait prisonnier, le 3 mars 1638, par Bernard de Saxe de Weimar, devant Rhinfeld, ce général allemand fut envoyé au donjon de Vincennes.

auant son départ, à un grand balet que le cardinal de Richelieu fit representer dans son palais (1), où le sieur Desmarest auoit épuisé toutes les forces de son esprit, plus propre sans doute à ces sortes de niaiseries, selon que les nomme l'Ecriture, qu'aux matieres de deuotion (2), comme on demanda ensuitte à ce general ce qu'il luy sembloit de tout cet appareil, qui surpassoit tout ce que l'on auoit veu en ce genre jusqu'alors, il répondit que « tout luy en auoit paru merveilleux; mais qu'il y « auoit une chose qui l'auoit encore plus surpris que tout « le reste. » Cette réponse excita de nouueau la curiosité de celuy qui luy parloit. Et il le pria de vouloir bien luy marquer ce que c'étoit : « C'est, dit-il, de voir qu'en un « royaume tres chretien, comme la France, les euesques « soient à la comedie, pendant que les saints sont en « prison. » Il parloit de l'abbé de St Cyran, dont il auoit admiré la piété dans le chateau de Vincennes (3).

Aussy, dans le temps même que ses ennemis vouloient

(1) Le *Ballet de la prospérité des Armes de la France*, à trente-six entrées, divisé en cinq actes, fut représenté devant la cour, au Palais-Cardinal, le 7 février 1641, d'après la Gazette de 1641.

(2) Du Fossé se souvient que Desmarets, de libertin devenu fanatique, se signala par sa haine contre les jansénistes, et fit la comédie des *Visionnaires*; une très médiocre traduction en vers français de l'*Imitation de Jesus-Christ*; le *Combat spirituel*, traduit en vers; les *Psaumes de David*, paraphrasés en vers français, sans compter son poème de *Clovis* et ses nombreuses pièces de théâtre, dont Richelieu lui fournit quelquefois le canevas.

(3) On avait fait venir de Vincennes, pour assister à cette représentation, les prisonniers de Werth et Ekenfort, afin de les éblouir. Le mot du premier fit fortune; mais de Marolles, qui a parlé de ce Ballet en spectateur satisfait, placé près de la loge des prisonniers, s'est bien gardé de le rapporter (*Mémoires*, 1755, t. I, p. 237-239). Du Fossé a jugé à propos d'en faire le récit, de sa main, sur une bande de papier collée dans le Manuscrit, et le premier éditeur n'avait fait que le résumer.

le faire passer pour un homme qui auoit corrompu la pureté des sentimens de l'Eglise, on vit un grand nombre de toutes sortes de personnes, soit du peuple, soit des Religions, soit de la Cour, soit du Clergé, soit de la Sorbonne, soit des pays étrangers, s'adresser à luy par une inspiration visible de Dieu, qui vouloit, ou les conuertir, ou les instruire, ou les sanctifier et les consoler par l'entremise de ses lettres. On regarda comme une espece de miracle, de ce que les hommes luy ayant refusé de quoy écrire durant tout le temps de sa prison, il n'a jamais neantmoins écrit tant de lettres spirituelles, qu'en ce peu d'années, quoyqu'auec mille incommoditez, manquant de tout et estant veillé à toutte heure par les gardes qui auoient ordre de l'observer. Chacun se disoit, quoyque tout bas et à l'oreille, par la crainte du ministre, dans l'admiration où l'on estoit de la vertu de ce prisonnier, et de ses éminentes qualitez, et dans la veuë d'un tel traittement :
« Quoy donc! Est ce là la recompensé de ce zele aposto-
« lique, qui l'a porté à deffendre si hautement l'honneur
« du Clergé contre ceux qui prétendoient l'auilir (1)?
« Comment celuy que de celebres prélats honoroient si
« particulierement de leur estime, et qu'ils ont même
« souhaitté auec ardeur de voir auec eux sur le thrône de
« l'Eglise, est il traitté si indignement? N'est ce pas là
« cet abbé si éclairé, que de tres pieux euesques auoient
« choisy, pour mettre leur conscience entre ses mains,
« et pour prendre ses aduis dans la conduitte de leurs

---

(1) « Tout le monde attribuoit à l'abbé de St Cyran le livre de
« *Petrus Aurelius*. » Ms. — M. Sainte-Beuve pense : « qu'il fut au
« moins l'inspirateur du livre et qu'il le dicta, et que très probable-
« ment son neveu, de Barcos, l'écrivit sous sa direction, en digéra le
« corps et le mit en latin. » *Port-Royal*, t. I, p. 328. Il prenait la défense de la hiérarchie ecclésiastique dans ce gros in-folio latin, recueil de ce qui se publia d'abord, en quatre ou cinq fois, de 1632 à 1633.

« diocèses; de qui ils ne craignoient pas de dire, que
« c'étoit un homme apostolique, que Dieu leur auoit
« enuoyé, pour leur augmenter l'idée qu'ils auoient deja
« de la grandeur du Sacerdoce, et des deuoirs de l'Épis-
« copat; et dont ils admiroient les prédications, croyant
« entendre parler les Saints Pères de l'Eglise, par l'or-
« gane de son disciple ? »

Comme il n'est en aucune sorte de mon dessein, ny de ma portée, de faire un écrit dogmatique et un ouurage de science, et que je m'attache simplement à composer des memoires historiques, je me contente de renuoyer les curieux à la lecture des lettres spirituelles de ce grand homme, pour connoistre la doctrine de celuy que ses ennemis s'efforçoient de faire passer pour un nouateur (1). Ce qu'il y a de certain, c'est qu'elles seruirent à une infinité de personnes pour les détacher de l'amour du monde, et les faire viure dans une vraie pieté ; qu'elles reueillerent l'esprit de Religion dans beaucoup d'ames, où il estoit comme éteint, et qu'elles seruirent comme de flambeau aux sçauants mêmes, pour les faire entrer dans l'intelligence des diuines Ecritures, et des maximes de l'Euangile, ou ignorées entierement, ou deguisées par les adoucissemens d'une morale relachée.

Mais il arriua une chose bien remarquable, que je ne puis m'empescher de mettre icy, pour faire connoistre

---

(1) « On trouve particulièrement toute sa théologie (sur le Sacer-
« doce), dans ses lettres écrites du donjon de Vincennes, à M. Guille-
« bert, à M. Arnauld, à M. de Rebours : il y dessine et y dépeint en
« traits réitérés, et d'une plume souvent éclatante et vraiment glo-
« rieuse l'idée du Prêtre, que de très belles pensées résument à part
« et achèvent de couronner. » M. Sainte-Beuve, *ibid.*, p. 448. Il y eut
une édition de ces *Lettres spirituelles écrites de la prison*, au XVIIe siècle,
complétées par des *Lettres chrétiennes et spirituelles de messire Jean
du Verger de Hauranne.... qui n'ont point encore été imprimées*, 1744,
2 petits vol. in.12.

combien la lumiere des étrangers, qu'une enuie maligne n'aueugloit point, sçauoit discerner le vray merite, et combien la diuine prouidence est admirable enuers ceux que le Seigneur veut combler de ses graces. L'un des generaux des ennemis, nommé le baron d'Ekenfort, ayant été près de deux ans à Vincennes (1), il fut resolu de l'échanger contre M. de Feuquieres, qui étoit prisonnier à Thionville, Mais dans le temps qu'il étoit libre dans Paris, où il faisoit ses adieux à quelques uns de ses amis (2), entre lesquels M. d'Andilly ne tenoit pas le moindre rang, tant parce que cet officier le consideroit comme proche parent de M. de Feuquieres (3), que parce qu'il auoit été charmé de ses manieres si obligeantes, en quelques occasions où il l'auoit veu à Vincennes, il fut bien surpris, un jour qu'il sortoit de chez luy (4), de trouuer un exempt qui luy dit qu'il auoit ordre de le remener à Vincennes, parce qu'on auoit receu la nouuelle de la mort de M. de Feuquieres. Cependant, ce qu'on regarda comme un grand malheur pour cet officier general qui rentra dans la prison, la même semaine que le prince Palatin et le prince Casimir en sortirent, fut pour luy la source d'un grand bonheur. Car penetré de sa disgrace et touché interieurement de la grace de celuy qui menageoit cette occasion pour son salut, il prit une telle confiance en l'abbé de S. Cyran qu'il se mit sous sa conduitte, et fit un renouuellement general de toute sa vie entre ses mains.

(1) Général allemand détenu à Vincennes, depuis le mois de mai 1638.
(2) M. Arnauld (de Philisbourg), chargé de l'échange, le mena coucher chez M. d'Andilly, le 16 mars 1640. Ce nom lui vint de ce que, maitre de camp des carabins, et major dans Philisbourg, il s'y laissa surprendre, en 1635.
(3) Mme de Feuquières était la sœur de M. Arnauld (de Philisbourg) et la cousine germaine de M. d'Andilly.
(4) Ce fut le lendemain, 17 mars, où il fut ramené, le soir, à Vincennes.

Tel étoit cet illustre prisonnier, destiné de Dieu à tirer tant d'ames de la captiuité du demon, et à éclairer les tenebres de tant d'aueugles, ou abandonnez à leur propre égarement, ou conduits par d'autres aueugles.

Ce fut donc aussy à la lumiere de ce flambeau euangelique, que mon pere découurit, auec tant d'autres, et les ténebres de l'égarement où il auoit vécu jusqu'alors, et la voye étroitte de l'Euangile, dans laquelle il deuoit marcher, pour asseurer son salut. Mais la maniere dont il connut ce saint abbé, et dont il apprit de sa propre bouche les veritez qui le regardoient particulierement, est quelque chose de singulier, et qui merite que nous n'en omettions pas une circonstance; puisque le doigt de Dieu y paroist visiblement. Il faut seulement parler icy de la sortie de prison de l'abbé de St Cyran; puisque ce fut aprez son élargissement que mon pere eut le bonheur de le connoistre.

Le cardinal de Richelieu estant mort vers la fin de l'année 1642(1), M. Arnauld d'Andilly, qui estoit alors à la cour, et qui auoit une liaison tres étroitte auec cet abbé de qui je parle, s'entretint auec le sieur de Chauigny, secretaire et ministre d'Etat, sur le sujet de sa prison; et ce ministre, auec le premier président Molé, demanda son élargissement au Roy(2). On sçauoit que le Cardinal étoit celuy qui l'auoit fait mettre en prison, et qu'il s'étoit seulement seruy pour cela de l'authorité du Prince. On sçauoit aussy quelles étoient les dispositions du saint prisonnier, qui ne se mettoit nullement en peine de sa liberté, et qui croyoit, comme il le dit à un de ses

---

(1) 4 décembre, « le jour même de la fête de saint Cyran, » comme le remarquèrent les Jansénistes.

(2) La lettre que M. Molé écrivit, à ce sujet, à l'un des secrétaires d'Etat, qui paraît être M. de Chavigny, a été publiée dans les Mémoires de Mathieu Molé, t. III, p. 39. — 1856.

amis (1), que c'estoit à Dieu à la luy rendre, s'il le vouloit, et en la maniere qu'il l'entendoit, comme c'estoit luy seul qui la luy auoit ostée. Car il assuroit « qu'il n'en
« accusoit personne, ajoutant que les complaisances, qui
« témoignoient trop de flatterie, ou de timidité, lui dé-
« plaisoient, et qu'il ne pouuoit souffrir qu'on s'en seruist
« en sa cause; comme par la grace de Dieu il ne s'en
« étoit point seruy luy même, et qu'il eust mieux aimé
« mourir que de le faire, n'ayant veu que trop de moyens
« de se tirer de prison par cette voye. » Aussy il témoigne, dans quelques unes de ses lettres, qu'il lui eust été très facile d'obtenir sa liberté, s'il auoit voulu, n'ayant besoin pour cela que de dire seulement un mot, c'est à dire, autant qu'on en peut juger, que de consentir à la volonté du Cardinal. Il falloit donc, ainsy qu'il le dit, que Dieu même le fist sortir de prison, et qu'il inspirast pour cela à ses amis de solliciter sa liberté. C'est ce que firent tres genereusement ceux que j'ay nommez, et surtout M. de Chauigny, en se rendant même caution auprès du Roy, et repondant à Sa Majesté, tant de sa personne, que de sa doctrine, que des ennemis couuerts voulurent lui rendre suspecte.

Pour juger de la disposition dans laquelle ce grand homme receut la nouuelle de son élargissement, il faut l'entendre parler luy mesme à une Dame de qualité, qui luy en auoit écrit (2). « Quoyque je pense, luy dit-il,
« pouuoir dire véritablement que Dieu seul m'a deliuré
« de captiuité, cela n'exclut pas l'obligation que j'ay au
« principal entremetteur de ma deliurance. J'ay sujet de
« croire que Dieu s'en est seruy, et qu'il luy a donné
« cette forte affection qu'il m'a temoignée, parce qu'au
« fonds de mon ame, j'auois toujours eu une ferme réso-

(1) « T. II, lettre 9. » Ms.
(2) « T. II, lettre 10. » Ms.

« lution de n'y contribuer rien de mon costé, et de finir
« très volontiers ma vie dans une prison, si Dieu ne
« m'en retiroit, sans que je m'en misse en peine. Ce que
« je sçay de l'Euangile m'a appris à en user ainsy, et je
« suis plus consolé de la grace que Dieu m'a faitte de
« m'auoir fortifié jusques au bout dans ce dessein, que
« de la liberté qu'il m'a donnée, en un temps où tous mes
« amis auoient commencé à ne l'esperer plus. »

Il étoit si accoutumé à ne regarder que Dieu seul dans tous les éuenemens de sa vie, que la mort du marquis de Feuquieres, prisonnier chez les ennemis, ayant empesché, comme j'ay dit (1), l'élargissement du baron d'Ekenfort, il dit sur cet éuenement impreueu ces belles parolles, dans une lettre qu'il écriuit à un de ses intimes amis : « La rencontre de M. d'Ekenfort fait assez voir
« que Dieu est maistre de la vie et de la liberté. Mais
« pour moy, je puis dire qu'elle ne m'a rien appris de
« nouueau, sa toute puissance m'ayant toujours paru
« aussy visible dans les maux dont il nous afflige, que
« dans les biens dont il nous console. Gardons nous
« seulement de faire la moindre lâcheté. Cela est indigne
« de luy et de nous, puisque nous sommes de sa cour,
« en qualité de prestres. Je dis à ce seigneur, à son retour
« au bois de Vincennes, que l'Empereur le vouloit mettre
« en liberté, et que le premier Roy du monde le vouloit
« aussy. Qui l'a donc empesché ? Le seul Roy, qui est
« par dessuz eux dans le Ciel et dans le monde (2). »

Je crois qu'il n'est pas contre le dessein de ces Mémoires, d'auoir mis icy quelques unes des parolles de ce grand homme, qui comme des traits enflammez sortoient de son cœur, ainsy que d'un brasier ardent de l'amour

---

(1) Voir plus haut, p. 33.
(2) « T. II, lettre 9. » Ms.

de Dieu qui le brûloit interieurement, et qui font juger beaucoup mieux que tout ce qu'on en pourroit dire, de la cause de ces effets si surprenants que produisoient ses discours pour la conuersion des ames.

Ce fut M. Arnauld d'Andilly, qui voulut l'aller querir luy même dans son carrosse à Vincennes (1) : et l'on ne peut exprimer l'affection et l'estime que luy temoignerent à sa sortie tous ceux du Chateau. Chacun pleuroit de joye et de tristesse, tout ensemble, étant affligez de le perdre, et rauis en même temps de le voir en liberté, après une si longue et si injuste prison. Ses gardes, qui auoient été les plus fidelles témoins de sa vertu et de sa bonté, étoient aussi les premiers à releuer son merite. Et tous les autres soldats ne luy temoignerent pas moins leur respect et leur joye, s'étant mis en haye, pour le laisser passer, au bruit des mousquetades, des fifres et des tambours; Dieu le permettant ainsy, pour honorer d'autant plus la pieté de son seruiteur, qu'il auoit tâché luy même de se cacher et de s'humilier dans la prison.

Etant sorty de Vincennes, il vécut libre de même qu'il auoit vécu prisonnier, c'est à dire, toujours attaché à Dieu, à l'Eglise, à la vérité et à ses deuoirs. Mais la liberté qu'eurent ses amis de le voir alors, et la grande estime que sa prison même lui auoit acquise (2), lui attira une infinité de visites, qu'il songeoit principalement à rendre utiles pour le salut de tous ceux qui s'empres-

---

(1) M. de Saint-Cyran sortit de Vincennes, le 4 février 1643, où il était depuis le 14 mai 1638 : c'est-à-dire presque cinq ans.

(2) De Marolles dit dans ses Mémoires : « On rendit la liberté aux « abbés de Foi et de Saint Cyran, le premier attaché aux intérêts de la « maison de Guise, et le dernier, un exemplaire de douceur, de pa- « tience et de piété, dont les soldats mêmes qui le gardoient dans sa « détention, et les autres prisonniers, entre lesquels étoient Jean de « Weerth et Ekenfort, ont rendu des témoignages considérables de « sa vertu. » T. I, p. 256-257.

soient de le venir voir. Et sa haute pieté, jointe à sa profonde connoissance de l'Ecriture et des Peres, dont il s'étoit nourri pendant l'espace de quarante années, étoit en lui comme un aimant spirituel d'une vertu admirable, qui attiroit des differentes prouinces du royaume un grand nombre de personnes, sur qui Dieu vouloit faire éclatter sa diuine misericorde. On voit donc presentement que non seulement il n'étoit pas inutile, mais qu'il étoit même necessaire de dire ce que j'ay dit jusqu'icy de l'abbé de Saint Cyran, pour faire juger quel étoit cet homme, dont Dieu vouloit se seruir pour arracher du milieu du monde mon pere et ma mere, auec toute leur famille, d'une maniere qui me donne de l'admiration toutes les fois que j'y songe, et qui me fait écrier dans la veuë des richesses infinies de la bonté de nostre Dieu : *O profondeur de la sagesse et de la science du Seigneur! Que ses jugemens sont incomprehensibles, et ses voyes impenetrables!*

CHAPITRE III.

— 1643. —

Le Père Maignart, de l'Oratoire, curé de Sainte-Croix-Saint-Ouen, consulte l'abbé de Saint-Cyran. — Il se démet de sa cure. — Déplaisir qu'en ressent Thomas le père. — Son voyage à Paris pour en faire des reproches à cet abbé. — Il est converti à son tour. — Leur entretien. — Résolutions de Thomas du Fossé père sur l'éducation de ses enfants. — Visite de son épouse à l'abbé de Saint-Cyran et à la mère Marie-Angélique Arnauld. — Sa conversion. — Etonnement de toute la ville de Rouen.

Nous auions en ce temps là à Rouën pour curé de nostre paroisse de Sainte Croix Saint Ouën, un Pere de l'Oratoire, nommé le Pere Maignart, de la famille de Mrs de Bernières (1), à laquelle mon pere s'étoit allié par son mariage. C'étoit un bon prestre, qu'il aimoit beaucoup, et auec qui il auoit fait une liaison tres etroitte. Car il a toujours aimé les bons ecclesiastiques et les bons religieux. Et auant même qu'il connust les grandes veritez de la Religion, dont il eut depuis la connoissance dans les entretiens qu'il eut le bonheur d'auoir auec l'abbé de Saint Cyran, son respect pour les dignitez de l'Eglise étoit tel que le vice legat d'Auignon, dont j'ay parlé (2), s'estant dechargé sur luy de la nomination de beaucoup de bene-

---

(1) Cette famille, fort considérée à Rouen, fournit plusieurs présidents et conseillers au Parlement de Normandie.

(2) L'abbé du Noyzet. Voir plus haut, p. 11.

fices, dependans de l'abbaye de Saint Martin d'Aumale, dont il étoit reuestu, il ne put jamais se résoudre de nommer à aucun. La crainte de blesser l'Eglise, en donnant la conduitte des ames à des gens, qui n'en auroient pas toute la capacité le porta luy même à choisir un excellent prestre sur qui il se dechargea de ce soin si important. Et de quelque obligation qu'il se sentist redeuable enuers le prélat, qui l'auoit prié de se charger d'un tel soin, il se crut encore plus obligé de ne rien faire contre sa conscience, qu'il apprehendoit de blesser, en appellant à la conduite de l'Eglise ceux que le Seigneur n'y auroit peut estre pas appellez. C'étoient deja d'excellentes semences de piété qui se remarquoient en luy.

Le R. Pere Maignart, son amy et son curé, ayant donc, comme beaucoup d'autres, entendu parler de l'abbé de Saint Cyran, dont la reputation se répandoit dans toutes les prouinces, et le bruit de sa sortie de prison étant venu jusqu'à luy, il résolut de l'aller trouuer et de consulter une si grande lumiere, sur quelques difficultez de conscience qui le troubloient. Il n'en parla point à mon pere. Et quelque union qu'ils eussent ensemble, il partit de Rouën, sans s'ouurir à luy de son dessein.

Ayant trouué le moyen de parler à cet homme si éclairé, il luy ouurit tous les secrets de sa conscience, et il répandit son cœur dans le sien, pour y trouuer le secours qu'il cherchoit. L'abbé luy parla sur le sacerdoce, sur la vocation aux charges ecclesiastiques et sur la conduitte des ames, en cette maniere excellente, qui se fait sentir au cœur, encore plus qu'à l'esprit, et luy découurit ces grandes veritez de l'Ecriture et des Peres, qu'on voit repanduës dans quelques unes de ses lettres, et particulierement dans la 56e et dans la derniere du IIe volume. Le Pere Maignart n'écouta pas d'une maniere indifferente ce que luy disoit l'abbé. Mais il paroit qu'il auoit ces oreilles interieures, dont il est parlé dans l'Ecriture, et que Jesus Christ demandoit pour entendre les veritez qu'il prêchoit aux peuples. Il prit feu à ce qu'on luy dit. Et ne se contentant pas d'admirer speculatiuement ce qui l'étonnoit, il se l'appliqua à soy meme. Il crut, comme S. Antoine, que c'estoit pour luy que l'esprit de Dieu auoit enseigné à son Eglise les regles de la conduitte chrestienne qu'on luy annonçoit. Il fit une serieuse réflexion sur tout ce qui regardoit l'intérieur de sa conscience. Il y condamna ce qui jusqu'alors auoit échappé à sa lumiere. Et il résolut de réparer à l'auenir, par un changement de conduitte, ce qu'il pouuoit y auoir eû de defectueux dans sa vie précedente. Il prit resolution, en même temps, de se defaire de sa cure, qu'il remit entre les mains des Peres de l'Oratoire, pour en pouruoir, par sa demission, celuy qu'ils en jugeroient plus capable. Et il se choisit une retraitte, pour y passer le reste de ses jours dans la penitence (1).

Ce n'est point à moy de pénetrer dans les raisons qu'eut ce bon Pere de quitter ainsy sa cure, où il s'étoit fait aimer de tout le monde et de se confiner tout d'un coup dans la retraitte. C'est à l'Esprit du Seigneur, qui souffle là où il luy plaist, et qui conduit ceux qui sont à luy, par des routes que luy seul connoist, qu'il faut demander pourquoy il le conduisit par cette voye, qui chocquoit si fort le raisonnement humain des gens du monde. Ce que j'ay à dire seulement, c'est que mon pere n'eut pas plustost sceu cette résolution si extraordinaire du Pere Maignart, qu'il en fut chocqué, non pas seulement

---

(1) « Après avoir demeuré cinq ans en l'abbaye de S. Cyran, il vint « à Port Royal des Champs au mois de mai 1649 et y mourut le 15 jan- « vier 1650. » — Premier éditeur.

comme tous les autres, mais beaucoup plus, et d'une maniere sans comparaison plus sensible. Car, comme il étoit son amy intime, et qu'il l'aimoit tendrement comme son pasteur, et que d'ailleurs il étoit d'un naturel vif et boüillant, il ne put se voir ainsy arracher cet excellent homme, sans une tres viue douleur. Et il prit luy même une résolution aussy extraordinaire qu'étoit celle d'aller chercher à Paris celuy qui luy échappoit. Mais disons plutost que c'étoit Dieu véritablement qui, par un effet tout singulier de sa bonté, l'appelloit luy même, sans qu'il y pensast, pour luy faire part d'une semblable misericorde. Et lorsque la breby s'en alloit chercher, en la personne du Pere Maignart, son pasteur qui l'auoit abandonné, le souuerain Pasteur, qui est Jesus Christ, attiroit par une vocation interieure cette breby même, pour luy donner une nourriture sans comparaison plus solide et plus excellente que celle qu'on luy auoit donnée jusqu'alors.

Mon pere étant arriué à Paris tout pénetré de la douleur de sa perte, s'en alla chercher l'abbé de Saint Cyran, qu'il en accusoit, et qu'il regardoit comme l'unique autheur de la retraitte de son curé. On luy dit qu'il n'étoit point à Paris. Il s'informa auec un tres grand empressement où il pouuoit estre. Et comme on ne put luy cacher qu'il estoit à Port Royal des champs, il vouloit dans le moment y aller aussy, tant il se sentoit pressé de luy décharger son cœur. On l'en empescha néantmoins, en luy disant qu'on alloit y enuoyer, et qu'il reuiendroit à l'heure même à Paris. On manda donc à l'abbé de Saint Cyran qu'un officier de Rouën demandoit auec un grand empressement à le voir et à luy parler d'une affaire de consequence, et qu'il vouloit absolument l'aller trouuer à la campagne, s'il ne reuenoit sans delay. L'affaire étoit en effet tres importante, et beaucoup plus qu'il ne le croyoit luy même, puisqu'il s'agissoit de son propre salut, et de celuy de sa famille, pour lequel la grace de Dieu qui le sollicitoit interieurement, sans qu'il y songeast, le pressoit de recourir au medecin de son ame, qu'il luy auoit destiné dans sa misericorde. L'abbé s'étant hasté de reuenir, mon pere l'alla saluër. Et comme il étoit d'un naturel tres boüillant et d'un esprit vif, et que la douleur dont il se sentoit pénetré le rendoit encore plus éloquent, il commença à luy parler auec une grande force du sujet qui l'amenoit. Il s'exaggera, en des termes les plus pathetiques, la perte que faisoit toute une parroisse, aussy considerable qu'estoit celle de Sainte Croix Saint Ouën de Rouën (1), par la retraitte d'un si bon curé, qui y estoit tres aimé de ses parroissiens, et en qui ils auoient tous une particuliere confiance. Il representa qu'il n'étoit pas trop aisé à un curé de s'acquerir cette confiance de tout un peuple, sans laquelle pourtant on ne pouuoit esperer qu'il fist un grand bien dans sa parroisse ; qu'au lieu donc de séparer, comme il auoit fait, de son Eglise un tel pasteur, il faudroit l'aller chercher bien loing, pour le luy rendre, comme son thresor qu'elle auoit perdu ; et que c'étoit là aussy la raison qui l'auoit obligé de partir en diligence de Rouën pour venir luy redemander son curé, au nom de tous ses parroissiens.

L'abbé, qui le vit ému, le laissa parler autant qu'il voulut ; car il jugea bien, au ton de sa voix, qu'il ne falloit pas s'opposer à cette premiere chaleur. Et d'ailleurs, il ne put sans doute ne point admirer ce zele extraordinaire, qui l'auoit porté à venir solliciter si ardemment le retour de son pasteur, qu'il regardoit comme necessaire, par rapport aux besoins de sa parroisse qu'il auoit quittée.

(1) « Vers les années 1460 et 1470, elle avait « 1,200 communians. » *Description géogr. et hist. de la Haute-Normandie.* (Dom Toussaint Duplessis.) T. II, p. 139.

Mais après qu'il luy eut laissé jetter son plus grand feu, il commença à luy parler à son tour des raisons que le P. Maignart pouuoit auoir de demander à se reposer, et à songer à luy même, après auoir trauaillé long temps pour son peuple. Il loüa le zele qu'il faisoit paroistre pour procurer l'auantage d'une parroisse considérable. Mais il luy fit voir, qu'il y auoit des occasions où un curé pouuoit bien apprehender ce qui auoit fait le sujet de l'apprehension d'un apostre même, et d'un des plus grands apostres, qui craignoit d'estre reprouué, après qu'il auroit prêché aux autres : que la conduitte des ames étoit quelque chose de si grand, et de si dangereux, qu'on ne deuoit point trouuer mauuais que ceux qui peut estre n'en auoient pas jusqu'alors si bien connu l'importance et les perils, eussent recours à la retraitte, pour se purifier des fautes passées; qu'on ne pouuoit condamner ce qu'auoit fait le P. Maignart, qu'on ne se mist en danger de condamner le mouuement que l'Esprit de Dieu luy auoit donné d'en user ainsy; puisqu'il paroissoit qu'il auoit suiuy sa lumiere interieure, et que si les hommes luy auoient parlé, il auoit plus neantmoins ecouté Dieu que les hommes, dans ce qu'il venoit de faire.

Le saint abbé accompagna tout ce qu'il disoit d'une si grande onction, et la charité dont son cœur étoit remply se fit sentir de telle sorte à celuy à qui il parloit, que des plaintes qu'il étoit venu luy faire, il commença peu à peu à passer à l'admiration des choses qu'il entendoit; car il ne se souuenoit point d'auoir jamais oüy parler de la sorte. Et les grandes veritez qu'il entendit dans tout le temps de ce premier entretient le desarmérent entierement, jusqu'à luy faire oublier qu'il étoit venu redemander son curé, et à le faire rentrer seulement en luy, pour réfléchir serieusement sur soy même. L'abbé, qui connut facilement, par la maniere dont il l'écoutoit, ce qui se passoit au fonds de son cœur, ajouta aux veritez qui regardoient plus particulièrement le P. Maignart, aussy bien que tous les pasteurs, quelques unes de celles qui étoient pour tous les fidelles. Et il le fit d'une maniere si touchante et si pénetrante, que mon pere luy dit à peu pres les mêmes choses, quoyque dans une disposition beaucoup plus sincere, que ceux de l'Areopage dirent à S. Paul, aprez qu'il leur eut parlé de la veritable religion qu'ils ignoroient : *Audiemus te de hoc iterum* (1). « Vous voulez bien, Monsieur, « que j'aye encore l'honneur de vous entretenir. Je « croyois être venu pour mon curé ; mais je vois bien que « c'est pour moy même et pour mon propre salut que je « suis venu vous trouuer. » Il le quitta de la sorte et il put bien, en s'en retournant à son auberge, dire en soy même, comme ces deux disciples d'Emaüs, aprez que leur diuin maistre eut disparu de deuant leurs yeux : « N'ay-je pas senty mon cœur s'embraser d'un feu « céleste, dans le temps qu'il me parloit. »

Il le quitta donc, se sentant blessé interieurement par la grace dont il auoit plu à Dieu d'accompagner des paroles si salutaires. Et le feu qui le brûloit ne luy permettant pas de differer beaucoup à retourner chez celuy dont le Seigneur s'étoit seruy, pour luy ouurir les oreilles du cœur, et oster de dessus ses yeux le voile qui l'empeschoit de decouurir la verité, il luy rendit, auec un empressement bien different du premier, une seconde et une troisieme visite, dans lesquelles il s'instruisit plus à fonds de ses deuoirs, et s'affermit de plus en plus dans la connoissance et dans l'amour des veritez qu'il n'auoit point connuës jusques alors. Il commença donc à faire une serieuse reflexion sur sa vie passée, et à comprendre que ce n'étoit pas assez pour un chrestien de viure comme

(1) *Actes des Apôtres*, XVII, 32. Ms.

un honneste homme, et selon les seules regles de la probité, que peut inspirer l'honneur du monde ; que l'Euangile, dont il faisoit profession, l'engageoit à bien d'autres choses, auxquelles il auoit manqué, n'en ayant pas même la connoissance.

Il résolut, dans le même temps, de faire une reueuë generale de sa vie passée, et de s'en ouurir à celuy à qui Dieu l'auoit enuoyé visiblement, comme à un habile medecin des ames. Et pour ne pas allonger trop ces Memoires, il suffira de marquer icy deux choses essentielles, dont le saint abbé luy parla ; l'une, qui regardoit l'acquisition legitime du bien, et l'autre, qui regardoit l'education chrestienne des enfants. Car il luy fit connoistre, par l'exemple de Zachée, que la premiere justice que se deuoit une personne, que Dieu attiroit à son seruice, étoit de rendre au prochain ce qui luy appartenoit, et qu'il falloit que la restitution du bien mal acquis, précedast toute autre chose, n'y ayant rien de plus difficile que de s'acquitter de cette obligation, lorsqu'on y a manqué d'abord. Il luy fit voir, par S. Paul, la nécessité indispensable qu'ont les peres et les meres, de s'appliquer auec tout le soin possible à procurer à leurs enfans une éducation, non pas seulement conforme à leur naissance, à quoy ils ne manquent gueres, mais beaucoup plus à leur baptême, et à cette glorieuse qualité qu'ils y ont acquise d'enfans de Dieu même ; ce que cependant ils negligent presque toujours.

Mon pere, qui estoit un homme franc et d'un cœur ouuert, luy fit un plan de l'état et de la nature de son bien, et de la maniere dont il auoit esté acquis : ce qui donna lieu à celuy qu'il consultoit sincerement, de luy declarer qu'il étoit heureux de ce qu'il pouuoit luy dire qu'il ne trouuoit point en luy un des grands obstacles au salut, qui étoit le bien mal acquis ; parce que l'obligation de restituer empeschoit beaucoup de personnes de pouuoir entrer dans la voye étroitte de l'Euangile. Il l'exhorta neantmoins à reparer le plus qu'il pourroit, par ses aumônes, l'abus qu'il pouuoit auoir fait des biens que Dieu luy auoit donnez, en les prodiguant dans des depenses superfluës, et à rachetter par ses bonnes œuures les fautes de sa vie passée. Quant à l'education de ses enfans, comme il témoigna à l'abbé le grand desir qu'il auoit de s'acquitter en cela de son deuoir, et l'extrême difficulté qu'il y trouuoit, à cause de la corruption des colleges, il fut rauy de l'ouuerture excellente qu'il luy fit, et qui a été la cause de notre bonheur. Ce fut de nous enuoyer en l'abbaye de Port Royal des champs, afin d'y estre eleuez auec le cadet des enfans de M. d'Andilly, nommé M. de Villeneuue (1), par des personnes qui prendroient de nous tout le soin possible, soit pour la pieté, soit pour les études. Mon pere entra donc de tout son cœur dans cette pensée, resolu de faire toutes choses pour se sauuer, et de ne rien épargner pour sauuer aussy ses enfans. Et après qu'il eut demeuré à Paris assez de temps pour s'instruire de tous ses deuoirs, et pour se bien établir dans les fondemens d'une solide pieté, il s'en retourna à Rouën, plein de consolation, songeant plus à l'heureuse découuerte qu'il venoit de faire d'un homme si admirable, qu'à la perte qu'il auoit faitte de son curé, qui luy fut une occasion de decouurir un si grand thresor.

Pour bien juger de l'excès de sa joye, il suffit de dire qu'à son arriuée à Rouën il en fit une transfusion de son cœur dans celuy de son épouse, par la maniere dont il luy conta tout ce qui luy étoit arriué depuis qu'il l'auoit quittée. S'il ne luy dit pas comme la Samaritaine de l'Euan-

---

(1) Le tout jeune fils de M. (Arnauld) d'Andilly, appelé aussi le *Petit Jules* ou M. de Villeneuve.

gile : *Venez voir un homme qui m'a dit tout ce que j'ay fait en ma vie* (1); il luy dit au moins : « J'ay vu un homme,
« mais un homme tout à fait admirable, qui m'a donné
« lieu de découurir le fonds de mon cœur, qui m'étoit ca-
« ché à moy même, et qui m'a appris tout ce que je dois
« faire dans la suitte de ma vie pour assurer mon salut.
« Jamais homme n'a parlé comme cet homme. C'est un
« thresor de lumiere et de charité. C'est une éloquence
« toute de feu, qui se fait sentir au cœur, et qui l'embrase
« dans l'instant qu'elle frappe les oreilles. Enfin, au lieu
« que j'étois allé pour le quereller, et pour me plaindre
« de la perte que j'auois faitte, je suis reuenu tout comblé
« du gain que j'ay fait, en retrouuant dans sa personne
« beaucoup plus que je n'auois perdu dans celuy pour
« lequel je l'étois allé trouuer. »

Mais si l'on ne peut assez admirer la bonté de Dieu, sa sagesse et la puissance de sa grace, dans toutes les circonstances d'un changement si subit, arriué en la personne de mon pere, l'effet que ses paroles produisirent sur l'esprit et sur le cœur de ma mere, n'est guere moins etonnant. C'étoit une jeune femme tres bien faitte, alliée de la plus grande partie des premieres personnes de la ville, aimée de ses proches, et s'aimant autant elle même qu'elle étoit attachée au monde. Il s'agissoit, non de connoistre, par une simple curiosité, un homme d'esprit et d'un agreable entretient, tel qu'il pust flatter la vanité d'une femme; mais d'entendre un homme tout remply de l'esprit de Dieu, qui ne parloit que de penitence, que de voye etroitte, et que des maximes de l'Euangile, et incapable de flatter les ames de la mollesse d'une vie mondaine. Cependant le recit que luy fit mon pere de tout ce que j'ay rapporté, s'imprima si fortement dans son cœur, qu'elle prit re-

---

(1) « S. Jean, IV, 29. » Ms.

solution, à l'heure même, d'aller voir aussy cet homme, par qui Dieu faisoit de si grands miracles, non sur les corps, mais ce qui est beaucoup plus considerable, sur les ames, qui se sentoient salutairement blessées par les paroles de vie et de grace, qu'elles entendoient de sa bouche. Il n'y a que ceux qui sentent quelque chose de cette joye toute céleste, que cause la conuersion d'une ame aux Esprits bienheureux, qui soient en état de bien conceuoir quelle fut la joye de mon pere, en voyant la disposition de son epouse. Non seulement il ne la retarda pas dans le desir qu'elle auoit d'aller trouuer l'abbé de Saint Cyran, mais il l'exhorta à obéir promptement à la voix de Dieu qui l'appelloit.

Elle partit donc pour s'en aller à Paris. Et la Mere Marie Angelique Arnauld, abbesse de Port Royal, dont je parleray plus particulierement dans la suitte, voulut, par une singuliere bonté, qu'elle a toujours conseruée depuis à ma mere, luy donner un logement dans sa maison au dehors, en la chambre où la princesse Marie auoit logé, auant qu'elle fust choisie pour estre l'epouse du roy de Pologne (1). Je peux dire même qu'elle ne la logea pas seulement dans sa maison, mais qu'elle luy donna une bonne place dans son cœur; car elle luy seruit veritablement de mere, dans les six semaines de temps qu'elle demeura à Paris. Et c'étoit principalement par son canal que l'abbé de Saint Cyran luy parloit, et luy disoit tout

---

(1) Marie-Louise de Gonzague, fille aînée de Charles de Gonzague et de Clèves, duc de Nevers et de Mantoue, et de Catherine de Lorraine. Ayant lu aux Eaux de Forges, quelques feuillets du livre *de la Fréquente Communion*, qu'on acheuait d'imprimer (juin-juillet 1643), elle s'était convertie. Elle épousa, en 1645, Wladislas VII, roi de Pologne, et, en 1649, en secondes noces, Jean Casimir, son beau-frère, également roi de Pologne. *Mémoires de Marolles*, t. I, p. 272 et suiv.

ce qu'il jugeoit à propos, pour la faire entrer dans la voye
nouuelle où elle se disposoit de marcher à l'auenir. Car
elle auoit peine à entendre cet abbé, dont le discours étoit
fort concis et plein d'une sainte vehemence, moins proportionnée à la portée de son esprit. C'est pourquoy la
Mere Marie Angelique, dont le cœur étoit un thresor de
charité, digeroit, pour le dire ainsy, les veritez qu'il falloit qu'elle connust, et en formoit ce laict spirituel dont
parle l'Apostre, qui deuoit seruir à la nourriture de son
ame. Aussy elle a regardé toute sa vie cette sainte Mere
auec un respect et une reconnoissance qui alloit au delà
de tout ce qu'on en peut dire. Car elle sentoit plus viuement que personne de combien elle luy étoit redeuable,
n'y ayant rien dans le monde que l'on puisse comparer à
la grace du salut. Et ce sentiment n'est jamais party de
son cœur.

Après qu'elle se fut comme renouuelée par une confession generale, et qu'elle eut appris suffisamment tous
ses deuoirs, tant à l'egard d'elle même que de ses enfans
et de ses domestiques, la Mere Marie Angelique luy dit
de s'en retourner pour prendre soin de sa famille, selon
que Dieu l'y obligeoit. Elle auoit fait une liaison si
étroitte auec cette excellente Mere, qu'elle en sentit la
separation auec beaucoup de douleur. Et ce fut un des
premiers sacrifices qu'elle offrit à Dieu, pour l'expiation
de ses offenses. Car elle sentoit combien cet appuy luy
eust esté nécessaire pour la soutenir dans ces premiers
commencemens. Mais il falloit qu'elle s'addressast à Dieu
et mist en luy sa principale confiance, après qu'il s'étoit
serui des hommes, pour la faire entrer dans la voye
étroitte de l'Euangile. Et d'ailleurs, elle trouuoit dans
son époux un exemple, qui pouuoit beaucoup l'affermir
dans ses bons desseins, puisque, comme ils auoient été
unis dans l'amour du monde, ils l'alloient estre beau-

coup dauantage dans l'amour de Dieu, et dans la prattique des bonnes œuures.

Elle retourna donc à Rouën, et fit part à son mary de toutes les consolations qu'elle auoit receuës dans les entretiens de la Mere Angelique, et des bontez extraordinaires qu'elle luy auoit marquées. Ils rendirent conjointement graces à Dieu d'une misericorde si singuliere, qu'il leur auoit faitte, dans un temps où ils ne songeoient qu'à l'offenser par une vie toute mondaine. Et dans l'admiration où ils étoient de ce regard fauorable qu'il auoit jetté sur eux, sans qu'ils eussent pu le meriter en aucune sorte, ils firent une ferme résolution de rompre toutes les chaisnes qui les tenoient attachez au monde. Ils eurent besoin, comme mon pere me le dit un jour, en m'ouurant son cœur, d'un courage et d'une force extraordinaire, pour changer ainsy de conduitte dans une ville, où ils étoient si considerez, et où ils auoient de tres fortes liaisons auec les personnes les plus distinguées. Mais enfin, qu'y a t il d'impossible à celuy qui nous inuite à auoir confiance en sa grace, puisqu'il a luy même vaincu le monde, pour nous meriter la force de le vaincre auec son secours? Ils commencerent d'abord à se retirer des compagnies, et à demeurer chez eux dans l'occupation et dans la priere, ne sortant que pour aller à l'Eglise, ou pour rendre quelques visites absolument nécessaires. Ils renoncèrent au jeu et aux festins. On voyoit, dans leur conduitte et dans tout leur exterieur, un certain air de modestie et de pieté qui tenoit lieu de langage, pour faire connoistre au monde qu'ils ne vouloient plus auoir de commerce, comme auparauant, auec luy. Celle qui étoit vêtuë magnifiquement, n'auoit plus que des habits qui témoignoient qu'elle auoit changé d'esprit et de cœur. Enfin, on ne voyoit plus chez eux ni assemblées ni festins, et tout y respiroit le christianisme, et le renoncement aux pompes du monde, qu'ils auoient promis dans leur baptême, quoyque si mal obserué. Mon pere vendit sa vaisselle d'argent, régla sa maison et sa dépense, pour estre plus en état de rachetter ses pechez, et d'attirer la benediction de Dieu sur sa famille par ses aumônes ; et il résolut dez lors de vendre sa charge, pour estre plus libre de ne penser qu'à son salut, apres s'estre dissipé durant tant de temps dans les affaires du siècle. Mais il ne l'exécuta qu'après qu'il nous eut menez à Paris, et de Paris, en l'abbaye de Port Royal des champs, ainsy que je le diray bientost.

Cependant toute la ville demeura fort étonnée d'un tel changement, et chacun l'interpretta à sa maniere. Les uns en parlerent comme d'une chaleur de deuotion qui ne dureroit pas longtemps. D'autres s'en moquerent, comme de l'effet de quelque scrupule mal fondé, et d'une foiblesse d'esprit. Quelques uns, connoissant la solidité de celuy dont un changement de vie si peu attendu les étonnoit, se disoient les uns aux autres : « Attendons pour voir ce que tout « cela deuiendra. » Et quelques autres, admirant la grace et la misericorde de Dieu enuers ses élus, étoient dans la joye de voir un exemple qui pouuoit beaucoup contribuer, dans la suitte, à retirer de la corruption du siecle ceux qui y étoient le plus engagez. Il ne faut pas s'étonner que, lorsque le monde et le demon se voyent arracher quelques uns de ceux qu'ils tenoient dans leurs liens, ils ne fassent leurs efforts, ou pour les y rengager de nouueau, par les railleries de ceux qui font gloire de leurs desordres, ou au moins pour les troubler ou les trauerser dans leurs desseins. Mais l'edifice de Dieu, qui est fondé sur la pierre, c'est à dire sur la grace de Jesus Christ, et non sur le sable, ou sur l'inconstance de l'esprit humain, demeure ferme au milieu de toutes ces differentes secousses, et s'affermit même de plus en plus par la violence dont on use pour l'ébranler. Ce fut la disposition dans laquelle se trouuerent à la fin mon pere et ma mere qui, après auoir essuyé d'abord tout ce qu'ils eurent à souffrir de la part de leurs amis et de leurs ennemis, eurent enfin la consolation de se voir au large, et de marcher, comme le prophete, auec plus de facilité et de liberté dans la voye de leur salut, à proportion que Dieu étendoit leur cœur par une plus grande charité : *In viam mandatorum tuorum cucurri, cùm dilatasti cor meum* (1). Mais laissons là pour quelque temps ce qui se passoit à Rouën, au sujet du changement de conduitte de mon pere et de ma mere, pour dire presentement ce qui nous regarde en particulier.

(1) « Pseaume CXVIII, 32. » Première édition.

CHAPITRE IV.

— 1643. —

M. du Fossé met ses enfants Gentien, Henry et Pierre à Port-Royal des Champs, pour y faire leur éducation. — Voyage de Rouen à Paris. — Les Grottes de Saint-Germain. — Les motifs pour aller à Paris. — Détails sur M. Singlin. — Situation de l'abbaye de Port-Royal des Champs. — Solitude affreuse. — Séparation pénible. — Le sieur Selles, précepteur des jeunes du Fossé. — Le sieur Bascle les instruit dans la piété. — Historique de l'abbaye de Port-Royal des Champs. — Marie-Angélique Arnauld en devient abbesse, à onze ans. — Rigidité précoce de son caractère et combats intérieurs de la future réformatrice. — Elle réforme aussi l'abbay de Maubuisson. — Les religieuses affluent à Port-Royal des Champs. — L'insalubrité du lieu porte l'abbesse à les établir à Paris. — Elle y connaît l'abbé de Saint-Cyran et M. Singlin.

En l'année 1643, au mois de juin, après la mort du roy Loüis XIII (1), dont je me souuiens d'auoir assisté à la pompe funebre, qui se fit à Nostre Dame, et qui me frappa viuement l'imagination, quoyque je n'eusse encore que neuf ans (2), mon pere ayant résolu d'executer le dessein qu'il auoit pris auec l'abbé de Saint Cyran de nous mener

(1) Le jour de l'Ascension, 14 mai 1643.
(2) Ce service eut lieu, dans la cathédrale de Rouen, le jeudi 21 et le vendredi 22 mai, et fut des plus solennels. Dom Pommeraye en a conservé le détail dans son *Histoire de l'Eglise cathédrale de Rouen*, p. 666, c. xx : *Cérémonies observées au service du feu Roy Loüis XIII.*

à l'abbaye de Port Royal des Champs (1), mes deux freres ainez, Gentien et Henry, et moy, nousfit prendre congé de nos principaux parens, qui nous témoignèrent beaucoup de tendresse en cette rencontre, et nous partîmes ensuitte auec luy. Mais, comme le lieu auquel il vouloit nous établir, étoit une grande solitude, selon que je la decriray dans la suitte, il voulut auparauant nous procurer quelque diuertissement. C'est pourquoy il ne nous mena pas droit à Paris, mais il nous fit prendre le chemin de Saint Germain, pour nous en faire voir les grottes, qui étoient en ce temps là une des plus belles pieces du royaume. Et nous pensâmes perir dans ce voyage par la negligence du cocher, qui s'endormit sur son siege, lorsque le carrosse étoit pres de la riuiere, et que les cheuaux alloient se précipiter dedans auec le carrosse. Je ne me souuiens point si nous étions aussy endormis nous autres. Mais mon pere, qui s'apperceut du peril, se mist à crier à son cocher, et le reueillant subitement, luy fit tout d'un coup tourner les guides de ses cheuaux. Ainsy Dieu veillant à nostre garde fit voir qu'il vouloit accomplir les desseins de misericorde qu'il auoit sur nous.

Ces grottes de S. Germain contenoient assurément quelque chose de tres curieux, et dont même la connoissance pouuoit estre utile à des enfans qui estudioient,

---

(1) M. Sainte-Beuve a remarqué que les seuls termes dont les historiens et les gens de Port-Royal se servent sont *abbaye* ou *monastére*, jamais *couvent*. *Port-Royal*, t. I, p. 54. Note. Pour expliquer ce fait, il balance entre « l'impropriété du terme ou une légère défaveur. » Ce n'est ni l'un ni l'autre. « *Monastère* s'emploie plus ordinairement pour « les religieux *moines*, hommes ou femmes, qui appartiennent à de « véritables ordres. *Couvent* s'emploie pour toute maison religieuse, « communauté ou congrégation. Une communauté ne pourrait appeler « son couvent un *monastère*, mais on dit des anciennes abbayes in« différemment *monastère* ou *couvent*. » (Dû à l'obligeance de M. l'abbé Loth.)

puisqu'il y étoit representé fort au naturel plusieurs choses de la fable, qu'ils sont obligez d'apprendre dans leurs études. J'en marqueray seulement icy trois ou quatre particularitez qui me frapperent dauantage, et dont l'idée m'est toujours demeurée depuis dans l'esprit. Il y auoit, ce me semble, deux grandes salles dans ces grottes. Et je me souuiens d'auoir admiré dans la premiere une figure de grandeur humaine, parfaitement bien faitte. Je ne sçay plus qui elle representoit. C'estoit une femme assise deuant un orgue, qu'elle touchoit auec ses doigts, et dont elle joüoit admirablement, en joignant, si je ne me trompe, sa voix au son de cet instrument, auec une tres belle harmonie, et battant en quelque sorte la mesure auec un petit mouuement de sa teste, qui faisoit croire qu'elle étoit veritablement viuante, tant ce qu'elle faisoit de sa teste, de ses mains, et de sa voix paroissoit au naturel. Dans la seconde salle, je me souuiens d'y auoir veu en un coin, à main droitte, Orphée, de grandeur humaine, joüant tres bien de sa lire, et differens animaux passer en reueuë, et s'arrester tout d'un coup en sa presence, au son si harmonieux qu'ils entendoient. C'étoient des lions, des ours, des loups, des tygres etc., qui paroissoient si viuans, qu'on n'auroit pu n'en estre pas effrayé, si l'on n'eust sceu que c'étoient seulement des figures de pierre taillée. Au milieu, et dans l'enfoncement de cette seconde salle, je vis ce fleuue celebre de la fable nommé l'Achéron, et le Carron fabuleux paroistre tout d'un coup dans sa barque qu'il conduisoit jusques au bord, pour y receuoir les ames de ceux qui mouroient, et leur faire passer ce fleuue. Puis, quand il s'estoit retiré, et qu'il auoit disparu, l'on voyoit tout d'un coup succeder la vérité à la figure des fables ; c'est à dire un dragon d'airain d'une prodigieuse grandeur, s'éleuer du fonds de l'abîme des eaux, et ouurir une gueule monstrueuse, comme pour engloutir toutes les ames qui sortoient du monde. Mais en même temps, on voyoit dans une autre figure, l'image de la victoire que Jesus Christ a remportée sur ce serpent infernal. Car un ange, qui estoit aussy de grandeur humaine, paroissoit dans le moment audessuz de ce dragon, et auec un sabre, qu'il tenoit en sa main, luy donnoit de grands coups sur la teste, qui l'obligeoient de se renfoncer dans l'abîme. Mais, comme le demon n'est pas encore tellement abbattu, qu'il ne fasse tous les jours de nouueaux efforts pour vaincre l'homme ; aussy l'on voyoit ce même dragon d'airain s'eleuer encore plusieurs fois de l'eau auec la même fureur, et l'ange le renuerser autant de fois auec son sabre, jusqu'à ce qu'il ne parut plus : ce qui figuroit le temps où il sera pour toujours précipité au fond de l'abyme. A main gauche du lieu où étoit cette excellente representation, on voyoit paroistre comme une montagne, qui tenoit toutte la longueur du costé gauche de la même salle, et sur laquelle il paroissoit comme une ville composée d'une partie des differens metiers qui seruent aux diuers besoins des hommes. On y voyoit des maréchaux et des forgerons battre sur l'enclume, des moulins à vent et mille autres choses qui occupoient tellement les yeux qu'on ne sçauoit presque, dans cette agréable confusion, sur laquelle s'arrêter principalement, tant chacune en particulier plaisoit à la veuë et la remplissoit entierement. Après que nous fûmes sortis de cette seconde salle, il s'y fit en un instant un si grand déluge des eaux qui sortoient de toutes les murailles, du plancher et de la voute, qu'il pouuoit estre regardé comme une image de cet ancien et uniuersel deluge, qui inonda toute la terre, lorsque, par l'ordre de Dieu, qui vouloit venger les crimes des hommes, tous les cataractes du ciel furent ouuerts, et toutes les sources du grand abyme rompues, selon qu'il est dit dans l'Ecriture (1).

De Saint Germain nous allâmes à Paris, quoyque le chemin fust plus court sans comparaison d'aller droit à Port Royal. Mais mon pere auoit deux raisons considerables, qui l'obligerent de passer par Paris. L'une étoit qu'il vouloit voir encore et consulter son bienfaiteur l'abbé de Saint Cyran. Et ce fut en cette unique occasion que j'eus le bonheur de voir seulement le visage de ce grand homme (2), qui me demeura si fortement imprimé dans l'imagination, quoyque je ne fusse point encore en âge de connoistre qui il étoit, qu'il ne s'est jamais effacé de mon esprit, et que, depuis que je fus en état de le comprendre, j'ay fait mille réflexions sur l'idée qui m'en restoit, et qui me representoit quelque chose de tres grand. Car il suffisoit effectiuement de voir sa teste et son front, pour estre frappé de je ne sçay quel respect, que sa veuë seule attiroit, et pour conceuoir une grande idée de celuy que l'on voyoit. L'autre raison qui portoit mon pere à nous mener à Paris, étoit qu'il falloit que le sieur de Singlin (3) nous accompagnast et vint luy même nous établir à Port Royal des Champs, selon qu'il en étoit conuenu auec mon pere.

C'étoit un prestre qui auoit des qualitez admirables

___

(1) Du Fossé est peut-être le seul écrivain qui ait conservé le souvenir de ces figures et de ces automates, prodiges de mécanique pour l'époque. Le premier éditeur avait supprimé tout ce passage et le détail du voyage, comme il le fait toutes les fois qu'il s'agit de détails personnels soit à l'auteur, soit à sa famille, qui n'intéressent pas Port-Royal.

(2) Cette visite fut faite, en juin 1643, et l'abbé de S. Cyran mourut le 11 octobre suivant.

(3) « On l'a quelquefois appelé M. *de* Singlin, mais par politesse. » M. Sainte-Beuve, *Port-Royal*, t. I, p. 446.

pour la conduitte des ames, qui excelloit non seulement en pieté, mais en sagesse, et en qui toutes les personnes qui l'ont connu ont remarqué une profondeur de jugement et une justesse de discernement, qui passoit tout ce que l'on en peut dire. Aussy les princesses du sang, les euesques, les ducs, et les marechaux de France, et un tres grand nombre d'autres personnes de tous états et de toutes conditions(1), le consultoient dans les affaires les plus delicates qui regardoient leur conscience : et ils trouuoient dans ses réponses quelque chose de si juste et de si solide, qu'ils ne pouuoient assez s'étonner qu'un homme, qui d'ailleurs n'auoit pas une si profonde science, ny de si grandes études (2), trouuast dans le fonds de sa pieté, de son bon sens et de la lumiere qu'il auoit puisée, et qu'il puisoit encore tous les jours dans la méditation de l'Ecriture, de quoy satisfaire pleinement tous ceux qui venoient à luy. Il auoit été d'abord engagé dans la conduitte spirituelle des pauures de l'Hospital de la Pitié, à Paris. Et suiuant les régles communes du temps, il étoit peu satisfait de ses fonctions; parce que, comme il l'auoua depuis, il voyoit alors tres peu de fruit de la conduitte qu'il tenoit à l'egard des ames, sans que neantmoins il en decouurist la cause. Il eut ensuitte la connoissance de l'abbé de Saint Cyran, qui luy ouurit en quelque sorte les yeux, pour luy faire voir, par les saintes

(1) « Mme de Longueuille. M. de Gondrain, archeuesque de Sens. « M. de Bazas. Les ducs de Schombert, de Luynes, de Liancourt. Le « sieur de Chauigny, secrétaire et ministre d'Etat. » Ms.
(2) Antoine Singlin, né à Paris, vers 1607, fils d'un marchand de vin, mis en apprentissage chez un marchand de drap, demeura en cet état jusqu'à l'âge de 22 ans. M. Vincent (de Paul), supérieur des Pères de la Mission, lui fit alors apprendre le latin, et, après des études expédiées tant bien que mal, il entra dans les ordres, devint prêtre, fut accueilli, en 1637, par l'abbé de Saint-Cyran, qui se l'adjoignit dans la direction de Port-Royal des Champs, surtout à titre de confesseur.

ordonnances du concile de Trente et des conciles prouinciaux tenus depuis par S. Charles Borrhomée, en quoy consistoit le deffaut de sa conduitte, et d'où venoit ce peu de fruit dont il se plaignoit. Et l'abbé de Saint Cyran disoit de luy dans la suitte, qu'il n'auoit jamais veu un fonds mieux disposé que le sien, ny un cœur qui prist feu aux veritez comme celuy là. Aussy il l'employa toujours depuis à conduire les personnes qui s'addressoient à luy, soit pendant le temps de sa prison, soit après qu'il en fut sorti, dans ce peu de temps qu'il suruecut, comme je le feray voir, à son elargissement. Tel étoit donc le sieur de Singlin, qui deuoit nous accompagner, et nous établir en l'abbaye de Port Royal, et se charger de la direction de nostre conscience.

Nous arriuasmes auec luy en cette abbaye, quelques jours auant la feste de Saint Pierre mon patron (1). Et nous nous trouuasmes un peu étourdis de nous voir ainsy confinez dans une affreuse solitude (2), au milieu de gens qui viuoient dans le trauail, dans le jeûne, dans la science, et dans les autres prattiques de penitence ; nous qui sortions du milieu d'une grande ville, accoutumez à viure plus souuent sous nostre bonne foy, et dans une assez grande liberté, qu'on pouuoit même regarder comme une espece de petit libertinage.

La situation de cette abbaye est comme la pluspart de celles des Bernardins, au creux d'un vallon, dominée de plusieurs montagnes (3), dont quelques unes sembloient

(1) Cette fête tombe le 29 juin.

(2) Aujourd'hui l'aspect du lieu a changé ; il paraît embelli et même riant, depuis que le propriétaire, M. Silvy, a desséché l'étang.

(3) Cette situation était conforme au site favori de la plupart des abbayes de l'ordre de saint Bernard. L'ordre se révélait dans le choix du lieu.
                Bernardus valles, colles Benedictus amabat,
        Oppida Franciscus, magnas Ignatius urbes.

Les collines formant la vallée de **Port-Royal**, au nord-est et au sud-

alors touttes prestes à tomber sur la maison. Elle étoit d'ailleurs toute couuerte de bois, ayant deux étangs beaucoup éleuez audessus de ses jardins; sujette à estre innondée des eaux qui, dans les orages et les grandes pluyes, y viennent fondre auec impetuosité par la chutte des montagnes, et à être en même temps enseuelie dans les sables, que les rauines y entraisnent, en sorte que, dans l'espace de deux heures, j'ay veu quelquefois s'amasser dans les jardins une si grande quantité de ces sables, qu'on auoit pour plus d'un mois de trauail à le vider et à reparer le desordre d'un si petit espace de temps. Les jardins étoient dans un friche affreux, pleins de ronces, d'épines et de genets. On trouuoit partout des repaires de serpens, d'orueres et de couleuures, mais particulierement en des masures, qui étoient des restes de vieux bastimens ruinez. L'église étoit tres spatieuse et fort exaucée, mais tres humide à cause de l'enfoncement où elle étoit en terre, y ayant alors neuf ou dix marches pour y descendre. Le chœur des religieuses est un des plus beaux qui soient en France, principalement à cause de l'excellence de l'ouurage de ses chaires(1), qui s'est conserué dans toute sa grande beauté, quoyque tres ancien, et qui est tel que les plus habiles sculpteurs auroient de la peine à entreprendre d'y mettre la main, s'il y auoit quelque chose à reparer, étant comme ces anciens tableaux, ou ces figures antiques des plus fameux peintres ou sculpteurs, auxquels les ouuriers des siecles suiuans n'ont osé toucher. Cet ouurage cependant paroist simple. Mais, dans sa simplicité, il y a quelque chose de si hardy, de si naturel et

ouest, ont 100, 102 et 127 mètres au-dessus de la mer, d'après la carte de l'Etat-Major.

(1) « Lors de la destruction de cette celebre Abbaye, en 1710, elles furent achetées par les Bernardins qui sont à Paris, près de S. Nicolas du Chardonnet, où elles se voient dans leur chœur. » Premier éditeur.

de si acheué, que la veuë en est charmée. Quant aux bastimens, ils estoient alors en un pitoyable état. Car, comme les religieuses n'y étoient plus, s'étant établies à Paris (1), pour les raisons que je diray cy après, le dortoir et plusieurs autres grands lieux, qui seruoient auparauant à des offices publics, paroissoient alors comme abandonnez et exposez à une ruine entiere (2). Voylà à peu pres quel étoit alors l'état de cette abbaye, éloignée de six lieuës de Paris, et deuenuë depuis si celebre dans toute l'Eglise, par le grand nombre et la qualité des personnes qui y ont cherché une retraitte et un azile contre la corruption du monde, d'où ils sortoient comme d'une mer exposée à mille tempestes, pour venir se refugier dans ce port de benediction et de grace.

Mon pere songea à s'en retourner au bout de deux ou trois jours à Paris, où il remena aussy auec luy M. de Singlin, nous laissant dans une grande desolation de son absence, et de nostre établissement en un lieu si desagreable pour sa situation, et si affreux pour sa solitude. Quelque tendre que fust son naturel pour ses enfans, il se surmonta luy même jusqu'à se facher presque contre moy, à cause des larmes qu'il me vit répandre à son départ. Car comme il vouloit s'accoutumer à faire à Dieu un sacrifice de la priuation de toutes les choses qu'il auoit le plus aimées, il vouloit aussy affermir ses enfans contre les tendresses naturelles, qui s'opposoient à leur vray

---

(1) Au commencement de 1626, dans une maison dite *Hôtel de Clagny*, à l'extrémité du faubourg Saint-Jacques. Ce bâtiment, considérablement augmenté, devint le Port-Royal de Paris, aujourd'hui l'hospice de la Maternité, rue de Port-Royal, autrefois rue de la Bourbe.

(2) On n'avait laissé, à Port-Royal des Champs, qu'un chapelain pour desservir l'église, et tout le monde était frappé de la solitude des lieux, qu'on appelait *le Désert*, et l'on s'accorde à le représenter comme *affreux et sauvage*.

bonheur. Nous demeurâmes donc ainsy auec des personnes inconnuës, sous la conduitte d'un précepteur que nous y trouuâmes, tres habile pour les études, pour l'écriture et pour le chant, qu'il sçauoit en perfection, ayant même une tres belle voix. Il se nommait le s^r Selles. Et nous auions aussy auec luy une autre personne qui prenoit le soin de nous instruire dans toutes les choses qui regardoient la religion et la pieté. C'étoit un gentilhomme de Béarn nommé M. Bascle (1), d'une tres haute vertu, et dont j'auray plusieurs choses considerables à dire dans la suitte de ces Memoires. Mais, auant de parler plus particulierement des personnes que nous trouuâmes en ce lieu si solitaire, je crois qu'on sera bien aise de sçauoir quelque chose de la fondation de cette fameuse abbaye, et des raisons qui engagerent la Mere Marie Angelique Arnauld, derniere abbesse titulaire de Port Royal des Champs, de quitter cette demeure pour s'en aller, auec toutes ses religieuses, s'établir dans une maison à Paris.

Il y auoit anciennement au même lieu, où l'on voit presentement cette grande et vaste abbaye dont je parle, une chappelle dediée souz le nom de Saint Laurent, qui étoit apparemment quelque fameux pellerinage, puisque le jour de la feste de ce saint martyr, il s'y tenoit une foire considerable (2); et que comme cette chappelle étoit bastie au milieu des bois, plusieurs cabartiers des villages des enuirons s'y transportoient pour la commodité des pellerins qui y venoient en deuotion de toutes parts. On en juge par le peu qui est resté de cette foire, et par ce que j'ay

---

(1) Etienne Bascle ou de Bascle, s'était attaché à l'abbé de Saint-Cyran en 1637. Le premier éditeur avait mis avec raison (de Querci), puisqu'il « naquit près de Martel en Querci. » *Vies choisies et abrégées de MM. de Port-Royal* (1786), t. III, p. 102.

(2) Le 10 août.

ouï dire sur les lieux, qu'on se souuenoit d'auoir veu au commencement de ce siecle, des cabarets que l'on y établissoit encore le jour de la feste, et d'un grand concours de peuples qui rendoient la foire beaucoup plus considerable. On trouue dans les archiues de cette même abbaye que ça été comme une espece de miracle, qui a donné l'origine à sa fondation. Philippe Auguste, roy de France, s'étant un jour laissé emporter à l'ardeur de la chasse, s'écarta de telle sorte dans le fonds des bois, qu'il se vit abandonné de tous ses gens, sans sçauoir où il étoit et sans pouuoir découurir la routte par laquelle il falloit qu'il s'en retournast. Dans cet extrême embarras, il se trouua pres de la petite chappelle de S. Laurent dont j'ay parlé. Et là, ne pouuant auoir recours qu'à Dieu seul, il fit sa priere, et s'engagea en même temps, par un vœu, de changer cette chappelle en une église, s'il pouuoit retrouuer ses gens. La priere de ce prince fut exaucée ; il vit bientost accourir à luy ceux dont il s'étoit trop écarté : et pour l'accomplissement de son vœu, il chargea l'éuesque de Paris, qui se nommoit Odon de Sully, et qui étoit son parent, de s'acquitter enuers Dieu de ce qu'il reconnoissoit luy deuoir en action de graces, pour l'auoir tiré de ce peril, où il s'étoit mis par sa faute (1).

Ce prelat ne se contenta pas d'exécuter les ordres du Roy, en faisant bastir une grande église en ce lieu ; mais il fut encore inspiré de Dieu visiblement d'y faire bastir un monastere pour des Religieuses Bernardines. C'étoit enuiron cent ans depuis la fondation de Citeaux, et vint cinq ans après la mort de saint Bernard, c'est à dire sous la fin du XIIe siecle (2). Simon, comte de Montfort,

(1) Telle est la tradition erronée, qui transporte à Port-Royal le vœu de Philippe-Auguste, lors de la bataille de Bouvines, en 1214, et qui donna lieu à la fondation de *Notre-Dame-de-la-Victoire*, près Senlis.

(2) Un peu plus tard ; car on fait remonter cette fondation à 1204.

qui a fait la guerre aux Albigeois, voulut que l'on prist dans ses forets tout le bois necessaire pour la charpente. Et un autre seigneur, de l'illustre maison de Montmorency, nommé Matthieu de Marly, qui eut la teste tranchée pour la foy, dans les guerres d'outremer, fournit à beaucoup d'autres frais. Sa mere, nommée Mathilde, qui auoit épousé Matthieu de Montmorency, ayeule de saint Thibauld, abbé des Vaux de Cernay, dont je parleray ensuitte, se chargea du soin de faire bastir l'église, souz les ordres de l'éuesque de Paris, que j'ay nommé, aussy bien que la maison. Et plusieurs autres personnes y contribuerent auec joye de leurs aumônes. Ainsy, quoyque cette abbaye soit censée de fondation royale, à cause que ce fut Philippe Auguste qui chargea Odon d'en faire bastir l'église, pour la raison que j'ay marquée ; et que saint Loüis y donna aussy quelques fonds, elle doit estre neantmoins regardée encore comme l'ouurage de la pieté de plusieurs seigneurs, et particulierement de la maison de Montmorency, qui a eu cet auantage singulier, audessuz de toutes les autres maisons de France, que les chefs de cette maison si illustre se sont principalement glorifiez de la qualité de premiers barons chrestiens du royaume.

On donna à cette abbaye le nom du Port du Roy, *Portus regius*, ou de Port Royal(1), comme on la nomme presentement, en memoire de la grace que Dieu auoit faitte au Roy Philippe Auguste, d'auoir été retrouué en ce lieu, après qu'il s'étoit perdu dans le fonds d'une forest. Les religieuses qui se retirerent vers l'an 1204 dans cette solitude consacrée, selon les termes d'un historien, à la pieté et à la penitence, furent soumises d'abord à l'éuesque de Paris, qui s'appliquoit, auec Mathilde de Montmorency,

---

(1) Seine-et-Oise, arrondissement de Rambouillet, canton de Chevreuse, dans la vallée de ce nom, au sud-ouest de Versailles.

à pouruoir charitablement à tous leurs besoins spirituels et temporels. Mais en 1214, les lieux reguliers étant acheués, la même Mathilde, auec ses petit fils, Bouchart, seigneur de Marly et pere de S. Thibauld, et Matthieu son frere, suplierent Pierre de Nemours, tres digne successeur d'Odon de Sully dans l'euesché de Paris, de donner à ces religieuses une abbesse ; ce qu'il accorda en y établissant abbesse une religieuse nommée Margueritte, qui mourut l'an de J. C. 1238, et en soumettant cette maison à l'authorité de l'ordre de Citeaux, et en particuculier à l'abbé des Vaux de Cernay (1). Mathilde de Montmorency s'y étant depuis faitte religieuse, en fut éluë abbesse. Et l'on croit que ce fut à elle que le pape Honoré III enuoya une bulle (2) fort auantageuse, pour établir dans son abbaye le droit de cure, et pour décharger toutes ses terres de payer les dixmes.

Encore donc que quelques autheurs aient écrit que Matthieu de Marly, pere de S. Thibauld, fut fondateur de cette maison, il ne l'a été que parce que ce fut par son entremise qu'on l'érigea en une abbaye, ou à cause des donations qu'il y a faittes, comme on le voit par diuers actes, en date de 1209 et de 1214 (3). Et peut estre aussy à cause que S. Thibauld son fils, qui deuint depuis le pere de ces bonnes religieuses, en deuenant abbé des Vaux de Cernay, leur témoigna tant d'affection qu'il en prenoit le même soin que s'il eust été le premier fondateur de leur monastere. Ainsy leur premiere fondation eut pour origine une espece de miracle. La chappélle où fut bastie leur église, deuint un azile pour un des plus grands de nos rois, auant de deuenir pour elles un

(1) On écrit aussi : *Vaux de Sernai*, et plus communément : *Vaulx-Cerney* ou *Cernai*.
(2) En 1223.
(3) « *Gall. Christ.* t. IV, p. 747. » Ms.

lieu de refuge contre les dangers du monde. Un seigneur de la maison de Montmorency, qui mourut martyr pour la deffense de la foy, fut un des principaux fondateurs de cette abbaye, où tant de saintes religieuses deuoient viure dans le long martyre de la penitence. Elles eurent, pour un de leurs premiers superieurs et bienfacteurs, un grand saint, en la personne de saint Thibauld, que son éminente pieté rendit encore plus illustre que sa maison, la plus noble du royaume, et ses grands biens qu'il abandonna pour l'amour de Jesus Christ, ou dont il fit part à ce monastere. Enfin l'illustre Mathilde de Montmorency, ayeule de ce grand saint, ne se contenta pas d'auoir contribué de ses soins et de sa boursé aux bâtimens de cette même abbaye. Mais elle deuint elle même dans la suitte l'une des principales pierres viuantes de l'edifice et du temple spirituel que le Saint Esprit forma, en se consacrant à la penitence, dans ce port de grace et dans cet azile des ames degoutées du monde, et blessées heureusement de l'amour de Dieu.

Tout étoit donc grand, tout étoit saint, tout étoit miraculeux dans le premier établissement de cette abbaye. Que si Dieu permit que l'esprit de saint Bernard, qui étoit encore plein de ferueur dans ses premiers enfans, degenera peu à peu dans cette maison, comme en beaucoup d'autres; nous auons eu le bonheur de l'y voir reuiure en nos jours; et il a voulu que j'aye été moy même témoin oculaire du changement miraculeux qu'a produit sa grace en un tres grand nombre de personnes de toutes sortes de qualitez, qui trouuerent un azile contre la corruption du siecle, dans le même lieu où un grand roy auoit trouué sa sureté; où un seigneur, deuenu depuis martyr, consacra une partie de ses biens; où un grand saint donna aussy, en faueur des épouses de Jesus Christ, quelque chose des grandes richesses qui luy échurent de la succession de son pere; et où même l'on auoit veu anciennement plusieurs gentilshommes, distinguez par leur qualité autant que par leur vertu, venir s'y retirer et viure en solitude, dans la priere et la penitence. Ainsy ce port si heureux, qui n'étoit connu que souz le nom de Port du Roy, ou de Port Royal, a bien merité d'estre regardé comme un port de grace, où le Seigneur a répandu auec profusion son Saint Esprit, et où il a fait éclatter sa toute puissance en tant de manieres, comme on le verra dans la suitte de ces Memoires.

Le Roy Henry IV donna en l'année 1602, à Marie-Angelique Arnauld(1), l'une des filles de M. Arnauld, procureur general de la maison de la Reyne Catherine de Medicis, et le plus celebre orateur de son temps, cette abbaye de Port Royal, lorsqu'elle étoit seulement agée de onze ans (2). Elle prit l'habit de religieuse de S. Bernard en l'abbaye de Saint Antoine des Champs, et fit depuis profession dans celle de Maubuisson(3). Lorsqu'elle vint à Port Royal, elle trouua la maison dans un assez grand relâchement, quoyqu'elle fust neantmoins des plus regulieres de l'ordre. Il n'y auoit point en ce temps là de clôture dans l'abbaye; c'est à dire que tous les parens des religieuses y entroient, et qu'elles aussy en sortoient, pour s'aller promener dans les bois, dont la maison étoit toute enuironnée. M. Arnauld, pere de l'abbesse, y venoit voir sa jeune fille, qui auoit une viuacité et un feu d'esprit extraordinaire; et toutes les fois

---

(1) « On écrivait aussi : *Arnaud*, et c'était même la manière de signer « la plus ordinaire dans la famille jusqu'au xvii° siècle. » M. Sainte-Beuve, *Port-Royal*. M. Guilbert a prouvé que cet *l* est une interpolation moderne.

(2) Le 5 juillet 1602.

(3) Le 29 octobre 1600, entre les mains de l'abbé de La Charité, moine de Citeaux, délégué par l'abbé supérieur; elle avait neuf ans.

qu'il y venoit, il mangeoit dans son appartement auec elle, et prenoit bien du plaisir dans son entretient, où il remarquoit beaucoup d'esprit. Comme elle étoit toute jeune et pleine de feu, elle ne songeoit d'abord qu'à se diuertir, ne laissant pas neantmoins de s'acquitter de ses deuoirs, comme une grande personne, et soutenant sa qualité d'abbesse beaucoup mieux qu'il ne sembloit que son âge le pust permettre.

Cependant Dieu, qui avoit de grands desseins sur ce monastere, et qui vouloit s'en seruir pour y faire éclatter sa misericorde d'une maniere admirable, en le rendant un asile pour tant d'ames qui se perdoient dans le monde, commença à regarder fauorablement celle qui deuoit y jetter les fondemens de la reforme, et d'une reforme encore plus interieure qu'exterieure; c'est à dire plus du cœur que des dehors. Il permit qu'un Capucin, qui passoit, et qui eut même le malheur de se peruertir dans la suitte, deuînt, sans qu'il y pensast, l'instrument de la conuersion de la jeune abbesse. Ce religieux prescha deuant elle : et Dieu conduisant sa langue, pour luy faire dire ce qui étoit plus capable d'ouurir les oreilles interieures de celle à qui il parloit, elle en fut touchée jusqu'au fonds du cœur. Elle commença à faire reflexion sur sa vie, et sur celle de ses religieuses : et considerant combien elle étoit eloignée de la regle de saint Benoist, dont elles auoient fait profession, et de cet esprit de retraitte, de silence et de pieté interieure, dont leur saint legislateur desiroit que ceux et celles qui se disent ses enfans et ses disciples fussent remplis ; elle soupira, elle gemit, elle pleura, elle s'humilia beaucoup deuant Dieu, toute penetrée de confusion de sa negligence. Elle fit en ce même temps la lecture de quelques liures de pieté, et entre autres des ouurages de S. Jean Climaque dans l'ancienne traduction, telle qu'on l'auoit alors. Elle y trouua tant de choses qui l'effrayèrent, lorsqu'elle se comparoit, dans la maniere si relâchée dont elle viuoit, auec ceux dont ce saint abbé decrit la vie penitente, et les sentimens d'une perpetuelle componction, qu'elle commença à s'affliger interieurement deuant Dieu, et à estre penetrée de cette tristesse, dont parle saint Paul, qui est procurée par le Saint Esprit, et qui produit le salut. Mais ce qui augmentoit encore son affliction, est que se sentant touchée du desir de la pénitence, et souhaittant tout de bon de changer de vie et d'en mener une plus conforme à la sainteté de sa profession, elle se voyoit seule dans son dessein, et n'osoit presque esperer de pouuoir inspirer les mêmes sentimens, dont elle étoit pénetrée, aux autres religieuses, qui étoient souz sa conduitte et accoutumées à une vie si peu reguliere.

Elle passa plusieurs jours et plusieurs mois dans cette angoisse interieure, qui la faisoit dessecher, n'ayant personne à qui elle pust s'ouurir et auec qui elle pust prendre quelques mesures, pour exécuter ce que Dieu mettoit dans son cœur. Ce n'étoit donc plus la même gayeté qu'à l'ordinaire. Ce n'étoit plus cet enjoüement qui luy étoit naturel, et qui charmoit toutes les personnes auec qui elle viuoit. On la voyoit toute plongée dans la tristesse, et dans une melancholie qui agissoit même sur son corps, et qui surprenoit d'autant plus toutes ses filles, qu'elles connoissoient son naturel, si opposé à ce qu'elles voyoient alors. Comme elles ne pouuoient penetrer dans la cause d'un tel changement, elles s'efforçoient de la diuertir, s'imaginant que ce pouuoit estre quelque indisposition corporelle, ou quelque humeur passagere de melancholie, qu'il étoit besoin de dissiper par la joye. Mais le remede qu'elles pensoient apporter au mal, étoit justement ce qui l'augmentoit. Car plus elle les voyoit enjoüées, plus elle sentoit d'affliction deuant Dieu, de les voir si peu disposées à entrer, comme elle, dans des sentimens de componction et de pénitence. Enfin la douleur qu'elles conceurent de sa tristesse, qui augmentoit tous les jours, au lieu de diminuer, et l'affection tres sincere qu'elles luy portoient, les engagea à luy demander tres sérieusement quelle pouuoit estre donc la cause de cet excès d'affliction où elles la voyoient depuis si longtemps. Et luy marquant toutes combien elles se sentoient touchées de la voir en cet état, elles la conjurerent conjointement de vouloir leur dire, si elles en étoient la cause, et si elle remarquoit en elles quelque chose qui luy donnoit lieu de s'attrister de la sorte; parce qu'elles étoient dans une volonté tres sincere de luy donner toute la satisfaction qui dépendoit d'elles.

La jeune abbesse eut d'abord une extrême peine à s'ouurir sur la cause veritable de sa tristesse; car elle craignoit que ses filles ne fussent pas dans la disposition de se rendre à ce qu'elle desiroit, après qu'elle leur en auroit fait l'ouuerture, sçachant qu'une telle résolution ne pouuoit venir que d'en haut, et que des personnes à qui le relâchement étoit tourné en habitude, pourroient estre également étonnées et rebuttées d'une vie de retraitte, de penitence et de silence, telle qu'étoit la reforme, qu'elle auoit dessein de leur proposer. Cependant, comme elles continuerent à la presser, et à luy faire toutes les instances possibles pour connoistre ce qui l'affligeoit, elle ne put plus resister à tant de prieres, et abandonnant à Dieu le succès de cette affaire, elle leur dit : qu'elles seroient sans doute surprises du sujet de sa tristesse; mais puisqu'elles la forçoient, en quelque sorte, de leur declarer ce qu'elle leur auoit caché jusqu'alors, elle leur alloit ouurir son cœur. « Vous croyez peut estre, mes cheres sœurs,
« leur dit elle, que j'ay quelques plaintes à faire de vous.
« Mais c'est plustost de moy même que j'ay à me plain-

« dre, depuis que Dieu m'a fait faire reflexion sur la place
« que je tiens icy et sur la vie que j'y mene. Etant vostre
« abbesse, je suis obligée de vous montrer, par mon
« exemple, la maniere dont vous deuez viure, pour estre
« de vrayes religieuses de saint Bernard : et je vous suis
« au contraire un exemple de relachement. Ma vie toute
« seculiere, et si éloignée de l'esprit de saint Benoist, et
« de saint Bernard, dont nous nous disons les filles, est
« un piége que je vous tends; et en me perdant moy-
« même, je seray peut être cause que vous vous perdrez
« toutes auec moy. Ayez donc pitié, mes cheres sœurs,
« de vostre abbesse, je vous en conjure; et au lieu que
« j'ay contribué jusqu'à present, autant qu'il a été en
« moy à vous perdre, aydez moy vous mêmes à me sau-
« uer; rendez moy le bien pour le mal. Donnez moy la
« main toutes ensemble, pour me tirer du peril où je me
« vois : et en me sauuant, vous vous sauuerez aussy auec
« moy. »

Un tel discours ne put manquer d'étonner ces religieuses, qui ne s'attendoient pas sans doute que ce fust un tel sujet qui l'attristast de la sorte. Elles ne pouuoient d'ailleurs n'estre pas dans l'admiration de ce qu'une jeune fille de seize ou dix sept ans (1), delicate et de qualité, pust estre entrée d'elle-même dans des sentimens d'une pieté si austere; et que le desir de la penitence eust fait d'aussy violentes impressions sur son esprit, et sur son cœur, que les plus fortes passions du monde en font ordinairement sur ceux qui l'aiment auec plus d'ardeur. Mais le même Dieu, qui auoit changé si miraculeusement le cœur de l'abbesse, pour la rendre susceptible des diuines impressions de son esprit, disposa aussi celuy de ses re-

---

(1) Comme elle est née en 1591, cette scène est donc de l'année 1607 ou 1608.

ligieuses, afin qu'elles fussent touchées sincerement d'un si grand exemple. Et comme elle s'étoit fait aimer de ces filles, dans les enjoüemens et dans les relâchemens de sa vie passée, on peut dire qu'elles ne l'aimerent pas moins et ne la suiuirent pas auec une moindre ardeur, dans sa conuersion et sa penitence. « Quoy donc! Madame, lui
« dirent elles, falloit il ainsy nous cacher le sujet de
« vostre tristesse, nous oster le moyen de procurer vostre
« consolation! Nous sommes prestes de vous tenir la
« parole que nous vous auons donnée, d'oster les sujets
« de plaintes que vous pourriez auoir à nostre égard. Si
« vous estes obligée, comme nostre abbesse, de nous
« montrer à toutes l'exemple, l'âge où nous sommes nous
« donne de la confusion de ce qu'il faut que vous nous
« appreniez, toute jeune que vous estes, ce que vous
« auriez du plutost apprendre de nous, comme de vos
« anciennes. Mais enfin, soyez persuadée que nous vous
« suiurons partout, et que la gloire que vous aurez de
« nous auoir la premiere decouuert la voye, dans la-
« quelle nous deuons marcher, ne seruira qu'à nous
« attacher plus étroittement à vous. Ainsy dites nous,
« s'il vous plaist, ce que vous desirez que nous fassions,
« et vous aurez de la joye de nostre fidelité à l'executer. »

L'abbesse, rauie de voir une telle disposition dans des filles qui n'auoient guere connu jusqu'alors ce que c'étoit que retraitte, que silence, et que penitence, admira le doigt de Dieu dans un si grand changement, et ne douta plus qu'il ne voulust consommer l'œuure qu'il auoit si heureusement commencée. Elle les remercia toutes de la maniere dont elles auoient receu ce qu'elle leur auoit dit, et leur témoigna combien son cœur étoit soulagé par la genereuse disposition du leur. Ayant ensuitte deliberé auec elles des moyens d'executer ce que Dieu leur inspiroit, on conuint qu'il falloit commencer par l'établissement de la communauté et de la cloture, pour fermer ainsy tout d'un coup l'entrée au monde chez elles, et se mettre plus en état d'obseruer leur règle, sans estre troublées par les personnes du dehors.

On executa promptement ce qui étoit résolu, et on donna tous les ordres pour la cloture, et pour les parloirs, afin que toutes choses fussent en état, auant que les parens des religieuses en eussent auis, et pussent les trauerser. Ainsy les ordres que donna l'abbesse furent executez auec tant de diligence et de secret, que son propre pere n'en sceut rien. Etant venu pour la voir, lors que la cloture étoit déjà établie, et voulant entrer à son ordinaire, il fut bien surpris d'apprendre que la cloture auoit été mise dans la maison, et que l'abbesse sa fille le supplioit de vouloir bien monter au parloir, où elle l'attendoit. Quoyqu'il fust un homme d'une grande probité, et qu'il aimast la regularité dans les monasteres, comme le soutient des personnes qui y viuoient, il fut neantmoins si étonné, et même si deconcerté de ce que sa fille auoit fait dans cette maison, où il l'auoit établie, un tel changement, sans le luy auoir communiqué, qu'il prit cela comme un manque de respect, et de confiance à son égard, et qu'il ne vouloit point absolument luy parler. Elle employa toutes les prieres, et toutes les soumissions, et le pressa auec toutes les instances possibles, pour l'engager à la voir. Et ne s'y étant rendu qu'auec peine, elle luy dit tout ce que l'esprit de Dieu luy inspira dans une rencontre si importante, pour luy faire voir et agréer les raisons qu'elle auoit euës d'en user, comme elle auoit fait. Elle sceut enfin si bien luy parler, auec cette éloquence du cœur qui luy étoit naturelle, et qui, comme le sçauent ceux qui l'ont connuë, gagnoit presque tous les cœurs, sans que l'on pust s'en deffendre, que, quelque fâché qu'il fust, il ne put point ne pas admirer luy même, dans sa jeune fille, une si grande résolution, et une foy si ferme et si viue. Elle eut en effet besoin de toute sa fermeté, pour resister à une tentation qui fut pour elle tres violente. Car elle aimoit tendrement son pere. Et la plus sensible douleur qu'elle pouuoit receuoir, étoit de le voir indigné contre elle, pour une chose dans laquelle elle auoit pensé uniquement à plaire à Dieu. Mais ce sont là les trauerses ordinaires que suscite le demon à ceux qui songent à assurer leur salut et à s'affermir contre ses attaques. Et c'est à cette sorte de guerre ou d'épreuue que le Saint Esprit nous prépare dans l'Ecriture, lorsque nous voulons nous engager à son seruice.

Elle fut donc la premiere d'un si grand ordre, qui songea à en reprendre le premier esprit. Mais elle ne fit que peu à peu, ne voulant en aucune sorte forcer l'esprit de ses filles, et desirant les engager insensiblement à tous les points de la reforme, encore plus par son exemple que par ses paroles. C'est pourquoy, après auoir étably la communauté et la cloture en la maniere que je l'ay fait voir, elle fut beaucoup de temps à introduire l'abstinence de la viande, se contentant de la garder elle même, et auec tant de précaution et de sagesse, qu'elle passa pres d'une année, sans que l'on s'en apperceust, parce qu'elle auoit gagné une religieuse qui la seruoit, et qui luy garda un secret inuiolable sur cela. Elle vint ainsy à bout, auec le temps, et auec douceur, de tout ce qu'elle auoit souhaitté. Et ses filles ayant changé tout à fait d'esprit, aussi bien qu'elle, ne trouuoient pas de moindres charmes dans sa conduitte, depuis la reforme, qu'au temps de la vie commune qu'elles menoient auparauant.

Telle étoit la Mere Marie Angelique Arnauld, dès qu'elle commença à reformer son abbaye. Et l'on peut dire que cette grande pieté, et cette foy, qu'elle fit paroistre dès lors, s'augmenta toujours depuis en elle, jusques à la rendre digne d'estre choisie pour aller mettre la réforme dans les plus grandes abbayes du royaume. Je ne pretends point m'étendre icy, pour faire voir combien Dieu répandit de benedictions sur cette abbaye de Port Royal, sous la conduitte d'une si excellente abbesse, et de sa sœur la Mère Agnès de S. Paul Arnauld (1), à qui le roy en donna la coadjutorerie, auant que Dieu leur eust inspiré à l'une et à l'autre de se demettre de leur droit sur cette abbaye, et d'obtenir en faueur de la regularité qu'elle fust renduë électiue (2). Toute la France, et j'ose dire toute l'Eglise, est tellement informée des grands exemples de pieté, de desinteressement et de foy, qui ont éclatté pendant plus de soixante ans dans cette maison, que ce seroit une espèce de temerité à moy de vouloir faire connoistre au public ce qui est connu de tous ceux qui honorent sans préuention la vertu et la sainteté, partout où il plaist à Dieu de l'exposer à leurs yeux. Il me reste seulement à faire voir les raisons qui obligerent la Mere Marie Angelique Arnauld d'aller s'établir à Paris auec ses religieuses, et d'abandonner l'abbaye de Port Royal des Champs, en la laissant dans l'état où je la trouuay, lorsque mon pere m'y mena auec mes freres, ainsi que je l'ay dit auparauant. Et je parleray ensuitte des personnes que je trouuay en cette abbaye, de la maniere dont nous y viuions, et de ce qui nous arriua au bout de quelques mois que nous y fûmes établis. Car toutes ces choses paroistront, non seulement curieuses à sçauoir, mais tres utiles pour tous ceux qui enuisagent la Prouidence, et qui adorent la conduitte de Dieu dans les diuers éuene-

---

(1) Catherine-Agnès de Saint-Paul Arnauld, nommée coadjutrice, en 1619.

(2) En 1628, elles demandèrent et obtinrent que l'abbaye fût mise en élection. On eut alors l'élection triennale; la mère abbesse et sa sœur coadjutrice donnèrent leur démission, en 1630.

mens de la vie des hommes, et surtout de ses seruiteurs.

La reforme que la Mere Marie Angelique établit dans son abbaye, et la grande pieté dont elle montroit la premiere l'exemple, au lieu d'effaroucher les esprits, les attiroit au contraire dans cette sainte solitude. Car la vertu est comme un aimant diuin, qui attire à soy les ames, par de secrets et inuisibles ressorts, que le Saint Esprit fait agir luy même, en sorte que ce qui est aux personnes possédées de l'amour du monde une pierre de scandale, deuient une source de benediction et de salut pour les autres. Le nombre des religieuses commença donc peu à peu à s'accroistre considerablement, sous la conduitte d'une si excellente abbesse. Mais ce qui contribua beaucoup à l'augmenter, c'est qu'ayant été choisie pour aller mettre la reforme dans la celebre abbaye de Maubuisson (1), elle y demeura cinq ans, pendant lesquels elle receut par charité trente filles, qui étoient toutes d'excellens sujets. Et comme, au bout de ce temps, on établit une abbesse en cette abbaye (2), et que la Mere Marie Angelique Arnauld se disposa à retourner à Port Royal, les trente filles qu'elle auoit receuës, dont il y en auoit seulement sept ou huit professes, et les autres nouices, ne purent jamais se résoudre de la quitter. Elle en écriuit aux religieuses de Port Royal, pour sçauoir si leur charité et leur foy seroient assez grandes pour receuoir gratuittement parmy elles un si grand nombre de filles pauures des biens de la terre, mais riches de ceux de la grace. Et elle

(1) Elle se rendit à Maubuisson, le 19 février 1618, et elle revint à Port-Royal, le 11 ou le 12 mars 1623.

(2) Mme de Soissons, fille naturelle du comte de Soissons, et sœur naturelle de « la première duchesse de Longueville. » — Ce passage avait été supprimé et remplacé par un résumé fautif, qui avait nécessité une note rectificative du premier éditeur.

eut la consolation d'apprendre par leur reponse qu'elles les embrasseroient auec joye, comme un present de sa charité et comme un fruit de sa foy. Ainsy la communauté de Port Royal se trouua grossie en un seul jour de trente filles (1) : ce qui est peut estre un exemple de charité et de desinteressement inoüi dans l'Eglise, et capable de couurir de confusion tant d'autres, qui ne craignent pas de marchander quelques fois sou à sou la vocation des meilleurs sujets, comme si, selon l'excellente parole de M. Camus, euesque de Bellay, une fille n'estoit pas toujours assez riche pour faire vœu de pauureté.

Cependant, à mesure que les religieuses se multiplioient, les maladies augmentoient aussy, parce que la situation de ce lieu, alors tout couuert de bois, et enuironné de terres marécageuses et d'étangs, étoit tres malsaine, et que des filles, qui venoient se retirer en une maison si mal scituée, tomboient ordinairement malades auant que de s'estre accoutumées à l'air du païs. Cela donna quelque chagrin à l'abbesse, qui ne songeoit point à faire ce qu'on fit depuis auec beaucoup de succès, qui fut de donner de l'air à la maison, en abattant bien des arbres qui l'étouffoient, et en desséchant des marais qui exhaloient des vapeurs malsaines. Ainsi elle songea à transferer une partie de sa communauté à Paris. Mais n'ayant pu obtenir de M. l'archeuesque (2) de separer en deux maisons sa communauté, qui étoit alors de quatre vingt filles, elle resolut de les mener toutes à Paris, où elle esperoit qu'elles se porteroient mieux, et qu'elle même trouueroit aussy de plus grands secours pour sa conduitte. La Dame sa mere achetta le lieu où se deuoit établir le mo-

---

(1) Les religieuses de Maubuisson arrivèrent à Port-Royal, le 3 mars 1623.

(2) Jean-François de Gondi, archevêque de Paris.

nastere, et l'on y bâtit un tres grand dortoir, qui couta beaucoup d'argent et pour lequel elles s'endettèrent. Cette maison s'augmenta considerablement dans la suitte, par la maniere genereuse dont plusieurs personnes charitables y contribuerent (1). Et une dame de qualité fort riche s'y étant venu retirer, l'acquitta presque entierement de ses dettes. Ce fut là que la Mere Marie Angelique commença à connoistre plus particulierement l'abbé de S. Cyran, et M. de Singlin, qui furent ceux proprement qui luy ouurirent les yeux pour luy faire voir les grandes maximes de l'Euangile et le veritable esprit du christianisme. Ainsi, quoyqu'elle se soit repentie d'auoir quitté son ancienne solitude, et qu'elle n'ait point eu de repos qu'elle n'y soit retournée auec plusieurs de ses filles en l'année 1648 (2), laissant les autres dans la maison de Paris, sous la conduitte de la Mere Agnès de Saint Paul, sa sœur, elle retira neantmoins ce grand auantage de sa demeure à Paris d'y auoir eu la connoissance de ces grands hommes, dont Dieu vouloit se seruir pour la faire entrer auec toutes ses religieuses dans la voye la plus parfaite, et pour la mettre en état de sauuer sous sa conduitte un grand nombre d'ames, qu'il luy enuoya de toutes les prouinces du royaume.

Voilà donc ce qui obligea la Mere Marie Angelique Arnauld de se transporter auec toutes ses religieuses à Paris, et d'y faire cet établissement considerable que l'on y a veu depuis. Mais Dieu, qui conduit secrettement toutes choses selon ses desseins, souuent inconnus aux hommes, preparoit dans cette abbaye, ainsi vuide et abandonnée des religieuses, qui l'habitoient depuis si longtemps, une retraitte à plusieurs personnes touchées du

---

(1) Toute la communauté put s'y loger, au commencement de 1626.
(2) Le 13 mai.

desir de la penitence, qui vouloient quitter tout à fait le monde, et regler plus exactement leur vie selon les maximes de l'Euangile. Il y en auoit déjà quelques unes, lorsque j'allay, comme j'ay dit, en 1643, y demeurer (1). Et il y en vint beaucoup dauantage depuis. Mais je parleray seulement icy de celles que j'y trouuay, me réseruant à parler des autres, en un autre lieu.

(1) Voir plus haut, p. 60.

CHAPITRE V.

— 1643. —

Solitaires que du Fossé trouva à Port-Royal des Champs. — M. Le Maître (Antoine). — Sa conversion par l'abbé de Saint-Cyran. — Rigueurs de sa pénitence. — M. de Séricourt. — Le sieur Bascle. — Ses infirmités, sa guérison. — Le frère Charles de La Croix converti par l'abbé de Saint-Cyran. — M. Choisnel, chapelain de l'abbaye de Port-Royal des Champs. — Leur apologie. — Education des enfants. — Instruction religieuse. — Fausses imputations.

Celuy qui se presente le premier à mon esprit, et qui doit tenir icy, à juste titre, la premiere place, est M. Le Maistre, dont le nom est deuenu si celebre parmi les grands orateurs de nostre siecle ; mais dont il a plu à Dieu de rendre la memoire encore plus illustre, par la pénitence, et par le silence de vingt années, qui ont non seulement édifié, mais étonné ceux qui ont eu le bonheur de le connoistre. Il s'appelloit Antoine Le Maistre (1). Et son pere, qui étoit maistre des Comptes à Paris et tres riche, auoit épousé une des filles de M. Arnauld, (2), dont j'ay parlé et l'une des sœurs de la Mere Marie Angelique Arnauld, abbesse de Port Royal. Il s'attacha au barreau, et y parut auec un si grand éclat, que M. Seguier, chancelier de France, le distinguant de tous ceux qui éclattoient en ce temps là, dans la même profession, le choisit pour le prier de faire les trois harangues, tant au Parlement, qu'au Grand Conseil et à la Cour des Aydes. Il s'en

(1) Né le 2 mai 1608, à Paris.
(2) Isaac Le Maître avait épousé Catherine Arnauld.

acquitta d'une maniere à surprendre tout le monde, puisque ces trois harangues, quoyque faittes sur le même sujet, et sur la même personne, étoient toutes differentes l'une de l'autre, et auoient chacune des caracteres particuliers d'une beauté qui luy étoit propre. M. Seguier, charmé de l'honneur qu'il luy auoit fait dans une occasion si importante, luy procura dans le même temps, c'est à dire, lorsqu'il étoit seulement âgé de vingt huit ans ou enuiron, un breuet de Conseiller d'Etat, auec les appointemens. Mais il ne laissa pas de continuer sa profession comme auparauant. Et il y acquit une si haute réputation, que l'on croyoit voir reuiure, en sa personne, quelques uns de ces anciens orateurs dont saint Jerôme a dit : « Qu'on les regardoit, dans leur temps, comme les roys « de la terre, parce qu'ils régnoient veritablement par « leur éloquence sur les cœurs des hommes, et que les « Cesars mêmes se sentoient contraints, en quelque sorte, « de ceder à la force de leurs paroles et de leurs rai« sons. » Tout Paris couroit pour l'entendre. Et la Grande Chambre étoit trop petite pour contenir toutes les personnes qui assistoient à ses plaidoyers, en sorte qu'il y en auoit beaucoup jusques dans la grande salle, dont on ouuroit la grande porte, parce qu'il auoit une voix tres éclattante, qu'on entendoit de fort loing (1).

Cependant la Mere Marie Angelique Arnauld, ayant sceu cette grande réputation de son neueu, et tous ces

(1) On a neuf plaidoyers de M. Le Maître, imprimés depuis sa conversion, par les soins d'un ami, M. Issali, et revus par le pénitent lui-même. La troisième édition est de 1656, sous ce titre : *Recveil de divers Plaidoyers et Harangves*, prononcez au Parlement, par Mᵉ Antoine Le Maistre. Paris, Henry Le Gras. 1 vol. in-4°. — Les trois Harangues prononcées, lors de la réception de M. Seguier, comme chancelier, en 1636, sont à la suite. Les uns et les autres répondent peu aux éloges donnés ici, le feu, l'action de l'orateur n'étant plus là pour les soutenir.

applaudissemens du public à son égard, fut touchée d'un sentiment bien different de celuy des autres sur son sujet. Comme elle viuoit de la foy, et qu'elle ne regardoit et n'estimoit dans le monde que ce qui pouuoit contribuer au salut des ames, ayant un fort grand mépris de tout le reste, elle enuisagea l'état où étoit M. Le Maistre, comme une forte tentation, et comme un péril tres éuident de se perdre. Et ne pouuant être indifferente à la perte d'une personne qu'elle cherissoit, elle commença à gemir deuant Dieu de ce qui faisoit l'admiration et la joye de tout le public. Elle luy demandoit par de continuelles et instantes prieres, qu'il luy plust de sauuer son neueu d'un si grand danger, et de luy ouurir les yeux pour luy faire voir le neant et la fumée de toutes ces loüanges des hommes, qui ne tendoient qu'à le perdre éternellement. Tant de prieres jointes à celles de la mere de M. Le Maistre, qui auoit aussi renoncé au monde, après la mort de son mary, pour se faire religieuse (1) sous la conduitte de sa propre sœur, firent à Dieu une sainte violence. Il fit luire un rayon de son esprit et de sa grace dans le cœur de celuy pour qui ses seruantes lui offroient le seruice continuel de leurs vœux. Et ouurant les yeux à cette diuine lumiere, il commença à voir, comme elles, le néant de cette vaine réputation, que l'on recherche auec tant d'ardeur et tant de sueurs. Il se dégoûta peu à peu de tous ces applaudissemens du public. Et lorsque ceux qui étoient charmez de son éloquence s'empressoient de luy venir témoigner la part qu'ils prenoient à sa gloire, il sentoit, comme il me l'a dit depuis, un certain vide, et même un fonds de tristesse, qui luy donnoit lieu de conceuoir, que son cœur étoit fait pour quelque chose de

---

(1) Elle prit l'habit de novice, en octobre 1640, et fit profession, en janvier 1644, sous le nom de Catherine de Saint-Jean.

plus grand, et que ces sortes de biens n'étoient point capables de le remplir. Enfin la mort de deux de ses proches (1) l'ayant rempli d'une frayeur salutaire, il se sentit tout à fait ébranlé; et au milieu de sa plus grande reputation, il résolut de rompre tous les liens qui sembloient le retenir pour toujours dans le grand monde (2). Ce fut de l'abbé de Saint Cyran que Dieu se seruit pour acheuer sa conuersion. Il auoit peine d'abord à s'ouurir à luy de sa conscience, à cause, disoit il, qu'il étoit trop son amy. Mais encouragé par sa mere et par sa tante, il leur déclara enfin qu'il l'iroit trouuer, et qu'il luy diroit ces propres paroles : « Ne méprisez pas une ame pour laquelle Jesus « Christ est mort. » Il y alla, en effet, et il éprouua combien la lumiere et la charité de ce grand homme luy étoient auantageuses, pour acheuer ce que Dieu auoit commencé en luy.

S'étant senti obligé de rendre compte de sa retraitte au chancellier, son bienfacteur et son patron, il le fit par une excellente lettre, où il luy représenta les raisons qui l'obligoient de se retirer. Il l'assura qu'en renonçant au monde, il y vouloit renoncer entierement, et qu'il n'auoit pas dessein de faire changer seulement d'objet à son ambition, en recherchant à se dédommager dans l'Eglise de ce qu'il quittoit du costé du siecle; parce qu'il renonçoit à toutes prétentions sur les benefices, et à toute fortune seculiere, pour penser uniquement à son salut (3). Il crut deuoir s'expliquer ainsy tout d'un coup à ce grand

---

(1) La mort de Mme d'Andilly, fille de M. Le Fèvre de la Boderie, en août 1637.

(2) Le 24 août 1637, il prit la résolution de quitter le barreau pour se convertir.

(3) Cette belle lettre, écrite en novembre ou décembre 1637, sur l'avis de M. de Saint-Cyran, a été citée par M. Sainte-Beuve, *Port-Royal*, t. I, p. 391-392.

magistrat, parce qu'il sçauoit la bonté qu'il auoit pour luy, et qui pourroit le porter à vouloir luy procurer quelque établissement considerable dans l'Eglise : au lieu qu'il étoit persuadé que ceux qui sortoient du monde, pour embrasser la pénitence, deuoient estre tres éloignez de songer en aucune sorte à s'éleuer dans les dignitez ecclesiastiques, où ils courroient plus de risque encore de se perdre, que dans les charges du siecle, si Dieu même ne les y engageoit par une vocation bien visible.

On peut juger de la surprise que causa à tout le public cette retraitte d'un jeune homme de trente ans, à qui la fortune sembloit offrir tout ce qu'il y a de plus grand et de plus charmant parmy les hommes ; puisqu'elle choquoit le sentiment et la conduitte de tant d'autres, qui regardant comme une espece de souuerain bien l'estime generale de tout un royaume, ne peuuent enuisager le renoncement qu'on y fait que comme une foiblesse d'esprit(1). Tous neantmoins ne furent pas dans ces sentimens, à l'égard de cette retraitte de M. Le Maistre. Et il y en eut qui jugerent plus sainement, ne pouuant assez admirer la force de cette grace, qui portoit le plus grand orateur de nostre siecle, dans la vigueur de son age, et dans le plus fort de sa reputation, à se condamner ainsy tout à coup au silence, pour tout le reste de sa vie, selon qu'un des plus celebres poëtes du temps (2) l'a dit dans ces quatre petits vers, que l'étonnement d'un tel prodige tira de son cœur, encore plus que de sa bouche :

> Te diray je ce que je pense,
> O grand exemple de nos jours?

(1) On peut le voir par les passages de deux lettres de Chapelain à Balzac, 20 décembre 1637, et 25 janvier 1638, et la réponse de Balzac. M. Sainte-Beuve, *Port-Royal*, t. I, p. 393-394; t. II, p. 64.

(2) « Le sieur de Gomberuille. » Ms. Il fit ces vers, à l'occasion de l'édition des *Plaidoyers*, dont parle la note de la page 82.

> J'admire tes nobles discours :
> Mais j'admire plus ton silence.

C'est cet homme si admirable, que je trouuay en l'abbaye de Port Royal en y arriuant; cet homme qui parloit alors le langage des anges, par son assiduité à chanter de saints cantiques à la louange de son diuin liberateur, par son application perpetuelle à luy rendre ses actions de graces, pour auoir été sauué du milieu de Babylone et par sa fidelité à mediter sa sainte parole pour l'accomplir. La pénitence qu'il prattiquoit étoit capable d'étonner ceux qui ne sçauent pas l'onction secrette dont l'Esprit de Dieu accompagne les plus grandes austeritez de ses seruiteurs. Il se leuoit tous les jours à une heure et demye ou deux heures du matin. Il joignoit à un jeûne tres rigoureux, tel qu'étoit celuy de ne manger, pendant le caresme, qu'à cinq ou six heures du soir, le trauail du corps, se rabbaissant à porter des terres, et à d'autres trauaux penibles, comme faisoient autrefois les religieux de S. Bernard, et S. Bernard luy même. Mais il auoit soin, en même temps qu'il mortifioit ainsy sa chair, de nourrir son cœur, comme je l'ay dit, par la priere assiduë, et par la vérité des Ecritures, où il trouuoit, selon S. Paul, toute sa consolation et la force dont il auoit besoin, pour se soutenir dans une vie si penitente et si opposée à celle qu'il menoit auparauant. Comme c'est auec ce grand homme qu'il plut à Dieu de m'unir si étroitement dans la suitte, je me reserue à parler de luy en plusieurs autres occasions, et je passe aux autres, que je trouuay dans la même solitude.

M. de Sericourt, qui étoit l'un de ses freres, viuoit auec luy, autant uni par l'esprit de Dieu que par les liens de la nature. Il auoit d'abord suiuy la profession des armes, et seruy auec son cousin, M. Arnauld, mestre de camp des carabins. Mais Dieu luy ayant inspiré le dessein de s'enroller dans une autre sorte de milice, plus sure pour son salut, il embrassa auec son frere ainé le party de se retirer en l'abbaye de Port Royal (1), où il viuoit dans une grande pieté, et se distinguoit par une singuliere sagesse, qui édifioit ceux qui étoient témoins de sa conduitte.

Le sieur Bascle, qui voulut bien se charger de nous instruire dans toutes les choses de la pieté, étoit, comme je l'ay dit, un gentilhomme de Béarn (2). Il vint s'établir en ce lieu par un accident bien surprenant, mais qui fait voir d'une manière admirable la profondeur des conseils de Dieu, dans la conduitte qu'il tient sur ses seruiteurs. Ne pensant qu'à s'établir, comme tous les autres gens du monde, il songea à se marier en son païs. Et croyant auoir trouué un party sortable, selon sa condition, il disposa toutes choses pour épouser une demoiselle des plus considerables de sa ville. Il l'épousa en effet. Mais auant que de consommer le mariage, il reconnut qu'il étoit trompé d'une maniere étonnante, puisque celle qu'il auoit épousée auoit si bien sceu cacher son deshonneur, que, la même nuit qui suiuit ses noces, elle se sentit attaquée des douleurs de l'enfantement, et fut reconnuë mere par le fruit qu'elle mit au monde, auant que le sieur son époux l'eût connuë pour sa femme. On peut juger de l'étonnement et du desespoir où il fut de se voir ainsy trompé. Mais après estre reuenu de son premier étourdissement, il prit la resolution de tout quitter, et de s'enfuir à Paris. C'est ce qu'il fit auec une grande précipitation, sans trop songer à toutes les suittes d'un si grand malheur. Mais ce fut l'ange du Seigneur qui le tira, ainsy qu'un autre Loth,

(1) Il se convertit, un mois après son frère ainé (septembre 1637), dans les mêmes circonstances, et touché par son exemple.
(2) De Querci. Voir p. 63. — *Le Supplément au Nécrologe* donne Bayonne.

comme du milieu de Sodome, pour mettre son salut plus en sureté, lorsqu'il songeoit seulement à sauuer son honneur. Etant à Paris, il entendit parler de l'abbé de Saint Cyran, qui étoit encore en prison (1). Et comme l'affliction dispose souuent le cœur à écouter Dieu, au lieu que la grande prosperité le rend d'ordinaire plus sourd à sa voix, il commença à goûter beaucoup plusieurs choses qu'il entendit dire de ce grand homme. Il desira de le connoistre, et d'auoir quelque communication auec luy, par l'entremise de ses amis, pour luy ouurir sa conscience, et receuoir ses conseils sur ce qu'il auoit à faire, dans le desir que Dieu luy donnoit de quitter le monde, après que le monde l'auoit si outrageusement trompé. Enfin, après s'estre instruit à fonds de tous ses deuoirs, et auoir sceu que MM. Le Maistre et Sericourt étoient retirez dans le desert de l'abbaye de Port Royal, où ils viuoient en solitaires, il prit la resolution de s'y retirer auec eux, et de joindre sa penitence à la leur, s'ils vouloient bien agréer sa compagnie (2). Eux qui étoient viuement touchez de la grace que le Seigneur leur auoit faitte, se trouuoient dans la disposition de dire à tous ceux qui auoient des oreilles pour l'entendre, ce que l'Esprit et l'Epoux disent dans l'Apocalypse : *Venez*; et ce qu'un Roy tres éclairé, qui sçauoit mettre la difference entre les biens de la terre et ceux du ciel, qu'il goûtoit préferablement à tous les autres, disoit à tous ceux qu'il desiroit rendre heureux, aussi bien

(1) Dans le récit de M. Le Maître, *Recueil de pièces pour servir à l'Histoire de Port-Royal*, Utrecht, 1740, p. 173 et suivantes, il est dit : « qu'étant venu, encore jeune, à Paris, pour tâcher d'être précepteur « de quelqu'enfant de qualité, il y connut M. de Saint-Cyran en 1635 : « qu'il le revit en 1637 et se donna à lui. » Ce serait donc avant sa prison. — Jeanneton Desnoyers, qu'il épousa en janvier 1630, était grosse de six mois. *Ibid*.

(2) M. de Saint-Cyran l'appelait quelquefois *le troisième des Ermites*; les deux autres étaient MM. Le Maître et de Sericourt.

AVIS.

L'Introduction et la Table générale des Matières seront données avec le dernier volume.

que luy : *Venez auec nous goûter et voir combien le Seigneur est doux* (1). Bien éloignez donc d'enuier la grace que Dieu auoit faitte à ce gentilhomme, de se degoûter du monde d'une maniere si étrange, ils regarderent son bonheur comme étant en quelque sorte un accroissement du leur, et rendirent graces à Dieu de ce qu'il leur enuoyoit, pour estre compagnon de leur penitence, un homme enuers qui il auoit fait éclatter si visiblement sa misericorde. Aussy le sieur Bascle contribua plutost par son exemple à augmenter leur ardeur pour toutes les choses de la pieté, qu'à la diminuer, puisque tous ceux qui l'ont connu ont rendu de luy ce témoignage tres sincere : qu'on ne vit gueres d'exemple d'une personne plus attachée à tous les deuoirs d'une vie vrayment penitente, ny plus continuellement occuppée de Dieu, ni plus constante dans la conduitte toujours uniforme qu'il s'étoit prescritte.

Mais Dieu, qui le connoissoit tel qu'il l'auoit fait par la vertu de sa grace, c'est à dire, fort et courageux, voulut faire que son amour pour la pénitence ne s'étendoit pas seulement à l'égard des choses que l'on pouuoit regarder comme étant l'effet du choix de sa volonté. Il appesantit sa main sur luy, comme sur un autre Job. Et il le frappa dans sa chair de différentes maladies, qui éprouuerent en bien des manieres sa patience, mais qui ne seruirent qu'à affermir sa vertu. Il luy enuoya d'abord une fieure quarte, qui le tourmenta longtemps, et qui fut suiuie d'une si grande foiblesse dans tous ses membres, qu'il ne pouuoit plus se soutenir qu'auec des potences. Il eut cependant une foy si viue et une si ferme confiance dans la vertu des prieres de celuy dont il auoit plu à Dieu de se seruir pour guerir son ame (2), sans comparaison plus malade que son corps, qu'ayant été luy baiser les pieds après

---

(1) Psalm. 33. 8 — Ms.
(2) M. de Saint-Cyran.

qu'il fut mort, il se trouua en un instant assez fort pour pouuoir marcher sans aucun soutient. Et cette nouuelle grace contribua à faire croistre en luy son amour pour la penitence, persuadé qu'il étoit que Dieu ne luy auoit rendu la santé que pour l'employer mieux que jamais à son seruice.

Ce ne fut pas là la seule épreuue dont Dieu se seruit pour le purifier. Il luy enuoya une autre sorte de maladie sans comparaison plus mortifiante et plus humiliante, et qui étoit assez peu connuë des medecins. Lorsqu'il se portoit le mieux, il tomboit en un instant dans des conuulsions si violentes, qu'il est difficile de s'imaginer jusqu'à quel excès elles alloient, à moins que d'en auoir été, comme moy, plusieurs fois témoin oculaire. Quoyqu'il fust l'homme du monde le plus posé, il faisoit alors une ou deux fois le tour de sa chambre, en sautant deux ou trois pieds de haut, et faisant de ses bras et de sa main, de sa teste, de ses yeux et de sa langue, des mouuemens conuulsifs capables de faire peur aux plus assurez. Et ensuitte il se jettoit sur un lict, où pendant l'espace d'un quart d'heure, ou d'une demye heure, il continuoit de s'agitter d'une maniere si violente, sans neantmoins perdre le jugement, que, lorsque le mal commençoit à se calmer, il luy sembloit que tous ses membres étoient brisez, tant il souffroit de douleur.

A voir des symptômes si étranges, on eust pu croire que ç'auroit été une espece de possession, et que Dieu auroit liuré son seruiteur entre les mains du demon, comme il luy liura autrefois Job, pour faire connoistre par quel esprit il le seruoit. Mais la maniere dont il découurit le remede, qui le soulagea d'abord, et qui le guérit tout à fait ensuitte, fit bien juger que sa maladie, quoyque si extraordinaire, étoit naturelle. Voicy donc comment on paruint peu à peu à la connoissance de ce remede, qui deuoit estre infaillible pour le guerir. Comme il se trouuoit dans la derniere foiblesse, après de si longues et de si violentes agitations, on commença à luy donner un peu de vin, pour le fortifier. Et on remarqua que les esprits de ce vin sembloient arrêter les restes de sa conuulsion. Une autre fois on jugea que, puisque le vin produisoit sur luy un tel effet, le vin et le sucre pourroient faire encore mieux. Cela ayant reussy, on crut qu'une rotie au sucre et au vin, demeurant un peu plus longtemps dans l'estomach, auroit encore une plus grande vertu. Et enfin, à force de raisonner, on conclut que l'hypocras auec du biscuit pourroit produire tout l'effet qu'on desiroit, pour abreuer et fortifier doucement les nerfs, qu'une humeur acre et maligne attaquoit alors. On en essaya dans le fort de ses conuulsions, comme je l'ay veu moy même. Et dans le moment que la langue étoit abbreuée de cette liqueur balsamique et spiritueuse, toute cette tempeste se calmoit, comme si Dieu eust commandé dans cet instant à la maladie, auec cette voix toute puissante qui appaisoit autrefois la mer, dans le plus fort de son agitation. Aussy c'estoit luy qui auoit imprimé secrettement dans ces simples une vertu naturelle, capable de dissiper tous ces esprits étrangers, qui produisoient de si étranges efforts. Et l'on pourroit remarquer dans la nature mille effets semblables, qui, pour estre trop communs, sont moins admirez des hommes, quoyqu'ils fassent voir admirablement à ceux qui ont de la foy, la toute puissance du créateur, qui éclatte tous les jours dans les choses surnaturelles. Enfin ce remede ayant été découuert, le sieur Bascle commença à en user, auant même qu'il fust attaqué de ses conuulsions. Et afin de n'en estre point surpris, sans qu'il eust sur soy son remede, il fit sécher au four du biscuit, qu'on mettoit ensuitte en poudre. Il portoit toujours de cette poudre dans une böette et de l'hypocras dans une petite phiole, auec une cuillier, pour s'en seruir dans le besoin. Et par ce remede tres souuent réiteré, il se guerit à la fin tres parfaittement de toutes ses conuulsions. Mais il tomba de nouueau dans une autre sorte de maladie tres capable encore de l'éprouuer et de le purifier, et qui pouuoit estre un effet de ses grandes austeritez. Car il deuint paralytique de la moitié du corps ; c'est à dire que depuis les rheins, jusqu'au bout des pieds il se trouua sans mouuement, et se vit reduit à demeurer dans un lict. Il benit Dieu, comme auparauant, dans ce nouueau temoignage de son amour. Et il attendit, auec resignation à sa volonté, qu'il le deliurast, quand il luy plairoit de cette nouuelle maladie, qui le mettoit dans l'impuissance d'accompagner ceux qui étoient au même lieu, dans les differens exercices de pieté qu'ils prattiquoient. Il fut six mois dans cet estat d'inaction, où les mouuemens de son cœur enuers Dieu se multiplioient, à mesure que son corps étoit plus dans le repos. Mais au bout de ce temps, un homme (1), qui auoit connoissance d'excellens remedes, luy frotta durant plusieurs jours, auec une huile ou un beaume le long de l'épine du dos. Et à mesure qu'il la luy frottoit, il sentoit que l'obstruction, qui empeschoit la communication des esprits, se dissipoit peu à peu, et que ces esprits commençoient à s'y repandre, comme auparauant, en sorte que le sentiment et le mouuement reuinrent bientost à toute cette partie de son corps qui estoit demeurée paralytique, et que ses cuisses et ses jambes s'estant raffermies, il fut en état de marcher et d'agir comme les autres. Je me suis un peu étendu sur ce qui regarde ce gentilhomme, dont la memoire merite d'autant plus d'estre honorée, qu'il a esté moins connu,

---

(1) « C'étoit un nommé *Maistre Jacques.* » Ms. Il en sera question plus loin.

et qu'il a toujours trauaillé à se cacher à la veuë des hommes. Et j'y auois même un engagement particulier, en reconnoissance de l'obligation singuliere que je luy auray toute ma vie, pour auoir bien voulu se charger de ma conduitte, dans le temps de mon enfance, et m'inspirer, autant qu'il a pu, tous ces sentimens d'une pieté solide que l'on admiroit dans luy.

Je trouuay encore à Port Royal un grand seruiteur de Dieu, quoyque dans une condition fort basse, selon le monde. C'estoit un cordonnier que l'on nommoit frere Charles de la Croix, en qui Dieu auoit pris plaisir à faire éclatter les richesses de sa bonté et de sa grace (1). On ne vit guere un corps plus contrefait ny un esprit plus disgracié, selon la nature. Et c'étoit veritablement un sujet digne de compassion. Mais du moment qu'il plut à l'Esprit de Dieu de toucher son cœur de sa grace, et d'éclairer son esprit de sa lumiere, on vit en luy ce que peut le Tout Puissant. L'abbé de S. Cyran pouuoit dire de cet homme, en un sens, ce que S. Paul dit d'Onesime : *Que c'étoit son fils; qu'il l'auoit engendré dans ses liens* (2). Car ce fut pendant qu'il étoit prisonnier au bois de Vincennes, que Dieu se seruit de luy pour faire connoistre plus particulierement à ce pauure garçon ce qu'il deuoit faire pour se sauuer, et pour retracer dans son ame brutte et grossiere, s'il est permis de parler ainsy, les traits de la diuine ressemblance, en luy marquant, selon les diuines maximes de l'Euangile et les regles de l'Eglise, le veritable chemin de la penitence, où il falloit qu'il marchast pour ne se pas égarer. Ayant passé sa jeunesse dans toutes sortes de déreglemens, Dieu, qui fait mise-

(1) Charles de La Croix, neveu d'un des gardes de M. de Saint-Cyran, prisonnier à Vincennes. Il fut le premier de ces domestiques solitaires et pénitents, qui se succédèrent à Port-Royal des Champs.
(2) « A Philémon, V. 10. » Ms.

ricorde à qui il luy plaist, luy ouurit tout d'un coup les yeux, un matin, lorsqu'il se leuoit, et luy fit comprendre l'état funeste où il étoit. Il entra dès lors dans les plus humbles sentimens, et touché d'une tres viue componction, il se condamna à une très rude penitence. Mais comme il étoit sans lumiere, il l'addressa dans la suite à un guide aussy éclairé qu'étoit l'abbé de S. Cyran, qu'il trouua moyen de connoistre par un de ses gardes, qui étoit son oncle. Ce fut donc cet excellent directeur, qui luy donna proprement la connoissance de l'Euangile, et qui luy apprit à seruir Dieu en esprit et en verité. Il fut si fidelle à executer ce qu'il luy auoit prescrit pour son salut, qu'on peut assurer qu'il marcha toujours depuis dans la voye étroitte, et qu'il édifia autant par le rare exemple de sa pieté ceux qui le voyoient agir, qu'ils pouuoient estre choquez exterieurement de la veuë de ses membres contrefaits. Et la charité qui régnoit dans son cœur luy tenoit lieu comme d'un riche vêtement, qui couuroit aux yeux de Dieu, et même de ses seruiteurs, tout ce qu'il pouuoit auoir de defectueux au dehors.

Il y auoit pour chapelain dans l'abbaye un bon prestre qu'on nommoit le sieur Choisnel, dont je n'ay rien de particulier (1) à dire, sinon que, par un esprit d'humilité et de penitence, il se réduisit depuis à estre portier de la Chartreuse d'Orléans. Je fus bien surpris, dans un voyage que je fis longtemps après dans cette ville, de le trouuer à la porte de cette Chartreuse, lorsque j'allois y rendre visite. Il est vray que, comme il y auoit alors beaucoup

---

(1) « On apprend d'un petit Mémoire de M. Le Maître, imprimé à « la tête du premier volume des Mémoires de M. Fontaine, qu'en 1647, « M. Choisnel fut tiré de Port-Royal et mis au Chesnai pour y être « chapelain. » Note du premier éditeur. — Il n'est pas question de lui dans le *Port-Royal*, de M. Sainte-Beuve.

d'années que je ne l'auois veu, et que j'étois encore si jeune, c'est à dire à l'age de neuf ans, quand j'allay à Port Royal, je ne le reconnus point à Orleans, quoyque son visage me frappa d'abord. Mais, me trouuant auec un amy, qui le connoissoit pour auoir demeuré autrefois auec moy à la campagne, il m'en fit ressouuenir ; et ce bon prestre me conta alors auec beaucoup d'humilité ce qui l'auoit obligé de se retirer en ce lieu, et d'y viure dans un estat si rabbaissé ; ce qui m'édifia extremement, en considerant ce que peut l'esprit de Dieu, et l'onction de sa grace, sur les esprits les plus boüillans, pour les anneantir en quelque sorte, et les rendre comme des agneaux. Car je me souuins qu'étant jeune, j'auois fort bien remarqué la promptitude de son naturel, et la violence de son temperamment, et j'admiray qu'il eust sceu ainsy se dompter, jusqu'à se rendre le dernier de tous dans la maison du Seigneur.

Voylà donc quelles étoient ces sortes de gens, que l'on s'efforça depuis de rendre si formidables à l'Etat, et pour lesquels on auoit même déja enuoyé, du temps du cardinal de Richelieu, M. de Laubardemont, maistre des Requestes (1), afin qu'il examinast les caballes qui se faisoient parmy eux : gens qui auoient renoncé à tout, pour se venir confiner dans un desert, et se deuouër entierement à une vie de penitence, de silence et de trauail, en se conformant, autant qu'ils pouuoient, à l'esprit de S. Bernard, dont ils occuppoient alors, quoyqu'en habit de laïques, une des maisons : gens qui passoient une partie de la nuit et du jour dans la priere et dans la lecture des liures saints, qui leur tenoient lieu de toutes les

(1) Après l'arrestation de M. de Saint-Cyran, de Laubardemont vint, en qualité de commissaire, à Port-Royal des Champs, le lundi 5 juillet 1638, pour interroger tout le monde, depuis M. Le Maître jusqu'aux enfants de huit ou dix ans qu'on y élevait.

conuersations du dehors : gens enfin qui auoient si peu de relation auec le monde qu'ils sembloient l'auoir oublié, et que, lors même que cette maison fut plus connuë, et qu'il y venoit des personnes de Paris, M. Le Maistre, qui étoit asseurément le plus capable de les voir et de les entretenir, s'en dispensoit neantmoins presque toujours, à moins qu'il ne crust y estre engagé, et qu'il ne s'y vist forcé pour leur parler de ce qui regardoit leur salut. J'en parle auec pleine connoissance, ayant esté si longtemps témoin de tout ce qui se passoit en ce lieu, y remarquant toutes choses, comme font assez ordinairement les enfans, et n'ayant point d'autre interest que celuy de dire la vérité. C'est aussy le témoignage très sincere qu'en ont rendu tous ceux qui en ont esté témoins comme moy; tels qu'étoient MM. Bignon, le Conseiller d'Estat, et le premier President du Grand Conseil (1), qui ayant esté éleuez un peu auant moy dans cette même abbaye, n'ont jamais manqué de rendre en toutes rencontres des témoignages très auantageux de tout ce qu'ils y auoient veu aussi bien que moy; et tout le public, qui connoissoit leur probité, sçauoit bien que leur témoignage ne pouuoit pas estre regardé comme suspect.

Nous étions, comme je l'ay remarqué, trois freres, auec le sieur de Villeneuue, le dernier des enfans de M. d'Andilly, sous la conduitte du sieur Bascle, qui veilloit sur nos mœurs, du sieur Selle, qui étoit chargé du soin de nos études. Mais, quoyqu'il fust tres habile, et tres capable de nous instruire dans les humanitez, nous n'apprîmes

---

(1) Les fils de Jérôme Bignon, avocat-général, dont l'un, Jérôme II, fut successivement avocat-général, puis conseiller d'honneur au Parlement, conseiller d'Etat, chef du conseil établi pour l'enregistrement des Armoiries, et Grand-Maître de la Bibliothèque du Roi ; et dont l'autre, Thierry, finit par être Premier Président du Conseil. Ils étaient à Port-Royal, dès 1637.

pas neantmoins beaucoup de choses auec luy, parce que nous aimions beaucoup à estre dans la compagnie de Messieurs Le Maistre et de Sericourt, quand ils estoient occuppez à quelque trauail, et que les exercices exterieurs plaisant dauantage à tous les enfans que l'assujettissement à l'étude, qui leur paroist plus dégoutant, on ne croyoit pas, surtout dans ces commencemens, nous deuoir gêner beaucoup sur cela. Ainsy, lorsque ces Messieurs, animez du même esprit que S. Bernard, alloient trauailler, comme ce grand saint, à la campagne, soit pour aouster les foins, soit pour coupper les bleds, soit pour cüeillir les fruits, dont il y auoit une fort grande abondance en cette abbaye, nous priions tant qu'on nous permist de les y accompagner, qu'on nous l'accordoit toujours comme une grace, dont nous nous tenions singulierement obligez. Et je puis dire que c'étoit asseurément une chose tres curieuse, que de voir un aussy grand homme que celuy qui auoit été l'admiration de tout Paris par son éloquence, se porter alors auec plus d'ardeur à fanner l'herbe des prez et à scier les bleds des campagnes, qu'il ne trauailloit auparauaut à attirer les regards et à rendre les oreilles attentives de toute une Grande Chambre occupée à écouter cette voix charmante, qui enleuoit les esprits. A ne regarder tout ce qu'il faisoit alors, que par une veuë humaine, on auroit cru seulement qu'il eust été comme un homme de journée, qui gagnoit son pain à la sueur de son visage; mais à en porter un jugement veritable, c'étoit un saint penitent qui cherchoit à satisfaire Dieu par un trauail penible à son corps; qui achettoit le ciel par l'exercice d'une charité toute gratuite, qu'il prattiquoit en faueur de saintes vierges consacrées à Jesus Christ, et des pauures qu'elles nourrissoient, et qui recüeilloit inuisiblement une tres riche moisson des fruits de la vie éternelle, en même temps que les grosses jauelles de bled *tomboient*, selon l'expression d'un celebre poëte, *à plein poing sous sa faucille* (1). Pour moy, qui estois encore trop jeune, je voyois bien son trauail, mais non l'esprit auec lequel il trauailloit. Je l'ay neantmoins admiré depuis, quand j'ay été en état de voir les choses d'un autre œil, que je ne les voyois alors. Et je me tiens plus heureux que je ne le puis exprimer d'auoir esté témoin oculaire de la vie si sainte et si pénitente de ce grand homme.

Pour ce qui regarde les instructions que l'on nous donnoit touchant la foy et la pieté, elles étoient asseurément bien differentes de ce que quelques personnes mal intentionnées ou mal informées en ont publié dans le monde. On nous donna pour Catechisme celuy qui porte pour titre : *Theologie familiere* (2), imprimé auec priuilege du Roy et approbation des Docteurs. Et l'on nous expliquoit les principaux points de la foy et les veritez de l'Euangile, d'une maniere simple et proportionnée à la portée de nostre esprit. On nous inspiroit sur tout la crainte de Dieu, l'éloignement du peché, et une très grande horreur du mensonge. Aussy je puis dire que jamais je n'ay connu de personnes plus sinceres, et auec qui il fallust viure plus à cœur ouuert. Car elles étoient ennemies de toute sorte de deguisement, et elles auoient dans le cœur fortement grauée cette déclaration de l'Ecriture (3), qui joint ensemble, dans l'etang bruslant de feu

---

(1) Dans une de ses stances, Racan a dit, en chantant le bonheur de celui qui sait se contenter des douceurs de la vie champêtre :

<blockquote>
Il voit de toutes parts combler d'heur sa famille,
La javelle à plein poing tomber sous sa faucille.
</blockquote>

(2) C'était un petit catéchisme, composé par M. l'abbé de Saint-Cyran, à la prière de M. Bignon, pour l'instruction de ses fils, et qui avait paru, un mois environ, avant la sortie du prisonnier de Vincennes.

(3) « Apocal. cap. 21. 8. » Ms.

et de soufre, tous les menteurs auec les execrables, les homicides, les empoisonneurs et les idolatres. Quant à ce que l'on a publié qu'on nous enseignoit dans les Petites Ecoles de Port Royal (1) : que Jesus Christ n'étoit pas mort pour tous les hommes ; que Dieu ne vouloit pas que tous les hommes fussent sauuez ; que ses commandemens étoient impossibles, et autres choses de cette nature, je serois coupable, si je n'attestois qu'il n'y a rien de plus faux. Et je ne crois pas même auoir jamais entendu parler de ces sortes de propositions, dans tout le temps que j'ay employé à mes études ; mais seulement lorsqu'un Almanach fameux et outrageux parut dans Paris (2), dans lequel on en parloit, ou lorsque la Constitution du Pape Innocent X, qui condamnoit ces propositions, fut publiée dans l'Eglise (3). Ceux là sans doute connoissent bien peu quel étoit l'esprit de ces Messieurs, qui s'imaginent qu'ils auoient dessein d'établir une nouuelle doctrine, et qu'ils tenoient dans cette veuë des

---

(1) M. Sainte-Beuve, citant ce passage, dans son *Port-Royal* (t. III, p. 400), fait la remarque importante que voici : « Sur ce nom même « de *Petites-Ecoles*, qui fut de bonne heure adopté et consacré pour « les établissements de Port-Royal, on peut remarquer que c'était une « manière modeste de signifier qu'on ne prétendait point faire con- « currence aux colléges de l'Université, mais en quelque sorte y pré- « parer. Il fallait alors une préparation avant de faire entrer les en- « fants au Collége, dont les classes commençaient par la sixième ; « cette préparation avait lieu d'ordinaire ou chez les parents, ou « dans les Petites-Ecoles proprement dites. Port-Royal, en donnant « à son essai d'institution ce dernier titre, s'en couvrait de la manière « la plus modeste et la moins faite pour donner ombrage. Il est vrai « que les élèves, une fois entrés dans ce régime d'études, se passaient « très-bien ensuite des Colléges ; mais on ne l'affichait pas. »

(2) En décembre 1653, les Jésuites publièrent un *Almanach*, qu'ils intitulèrent : *La Déroute et la Confusion des Jansénistes.*

(3) Elle est du 31 mai 1653, et fut admise par l'Eglise de France, le 11 juillet suivant.

Ecoles, pour y nourrir de leurs sentimens ceux qui y étoient instruits. Jamais enfans n'ont été éleuez dans une plus grande simplicité que nous, et tous ceux qui nous ont suiuis. Jamais on ne parla moins de ces sortes de matieres theologiques que dans nos Ecoles. Et je crois pouuoir assurer, sans crainte d'estre démenty par quelques uns de mes compagnons d'études, qui sont encore viuans et engagez dans le monde, que nous en sçauions beaucoup moins que plusieurs de ceux qui sortoient des Colleges publics de Paris.

CHAPITRE VI.

— 1643-1645. —

Du livre *De la Fréquente Communion*, par Antoine Arnauld. — Comment la princesse de Guemené est mêlée à l'origine de cet ouvrage. — Détails sur sa composition. — Bruit qu'il fait dans le monde. — Intervention d'Anne d'Autriche. — Les évêques et les docteurs en Sorbonne protestent contre la violence des sermons dont il est l'objet. — M. Bourgeois, abbé de la Merci-Dieu, envoyé à Rome par les prélats pour le défendre. — M. d'Asson de Saint-Gilles confond un détracteur de Port-Royal. — Prétendue assemblée de Bourg-Fontaine. — Censure du *Jansénisme confondu*, ouvrage du père Brisacier. — Les enfants quittent Port-Royal des Champs pour le Chesnay. — M. Le Pelletier des Touches, converti par l'abbé de Saint-Cyran, leur donne un asile. — Sa liaison avec du Fossé. — Retour à Port-Royal des Champs.

Lorsque nous étions ainsy éleuez dans la pieté, dans l'innocence et dans la simplicité, dont j'ay parlé, il s'excita de fort grands bruits à Paris, et jusqu'à la Cour, dont un contrecoup se fit sentir jusqu'à nous, comme je le diray cy après, touchant la publication d'un liure, deuenu depuis si celebre, qui portoit pour titre : *De la Frequente Communion* (1), et qui auoit été composé par M. Arnauld, docteur de Sorbonne, le dernier des enfans de M. Arnauld, Procureur General de la Reyne Catherine de Medicis, dont j'ay parlé auparauant. Pour ce qui est de l'autheur

(1) Il fut publié, au mois d'août 1643 ; mais l'auteur y travaillait depuis deux ans environ.

qui composa ce fameux liure, il est si connu, non pas seulement en France, mais en Italie, en Angleterre, en Espagne et dans toute l'Europe, pour ne pas dire dans le Nouueau Monde, où ses ouurages ont penetré, qu'il suffit de le nommer, pour en donner une pleine connoissance, et que ce seroit faire tort en quelque sorte au public d'entreprendre de luy faire connoistre un homme si connu de tout le monde. Et d'ailleurs, comme on a fait imprimer, il n'y a pas longtemps, un abregé de sa vie (1), on peut y auoir recours, si l'on desire d'en connoistre plus particulièrement quelques circonstances. Quant au sujet qui luy donna occasion de composer cet excellent liure, approuué auec de magnifiques eloges, par un grand nombre d'Archeuesques, d'Euesques et de Docteurs de Sorbonne des plus éclairez, et des plus pieux (2) du même temps, voicy quel il fut.

Une personne de grande condition (3), ayant eu la connaissance de l'abbé de S. Cyran, et receu de luy diuers conseils, dans le desir qu'elle auoit de changer de vie et de marcher dans la voye étroitte de l'Euangile, quelques personnes mal disposées luy firent tomber entre les mains un écrit (4), par lequel on s'efforçoit de la détourner de la voye où Dieu l'auoit déja mise, comme d'une voye dangereuse et pleine d'erreur. On ne peut guere

---

(1) *Histoire abrégée de la Vie et des Ouvrages de M. Arnauld.* Cologne, M.DC.XCV. 1 vol. in-12.

(2) « Seize Archevêques ou Evêques, et vingt-quatre Docteurs, lui « donnèrent d'abord les approbations que l'on voit à la tête du livre. » *Histoire abrégée de la Vie de M. Arnauld*, p. 49.

(3) « Madame la princesse de Guemené. » Ms. — Anne de Rohan, femme de Louis VII de Rohan, prince de Guemené. Sa conduite fut loin d'être toujours édifiante.

(4) Du Père Sesmaisons, jésuite. C'était une Réfutation du règlement de conduite donné à la princesse de Guemené par M. de Saint-Cyran.

exprimer l'étonnement où elle fut, de voir qu'on voulust s'opposer ainsy à son salut. Mais, quoy qu'elle eust assez de lumiere par elle même, pour découurir ce piege, que le démon luy dressoit, dès les premieres démarches de sa conuersion, et qu'elle conceust une sainte indignation de ce qu'on vouloit faire passer dans cet écrit pour une conduitte pernicieuse, et pour un stratagême du diable, la prattique de la penitence, qui porte les pecheurs à s'abstenir pour un temps de Sainte Eucharistie, selon l'esprit de l'Eglise, pour trauailler par toutes sortes de bonnes œuures à s'en rendre digne, l'amour qu'elle auoit déja pour la vérité luy fit desirer de voir réparer l'injure qu'on luy auoit faitte. Et la reconnoissance même des graces qu'elle auoit receuës par une conduitte qu'on traittoit d'une manière si outrageuse, luy inspira encore plus d'ardeur pour solliciter une reponse qui éclaircist pleinement une vérité si importante.

Dans cette veuë, on enuoya (1) cet écrit à M. Arnauld, qui eut d'abord quelque peine à se résoudre d'y répondre, en préuoyant assez toutes les suittes, comme il le témoigne luy même (2). Mais outre les obligations generales, qui ne luy permettoient pas, selon qu'il le dit, d'abandonner la deffense d'une doctrine si authorisée par toute l'antiquité, qu'il voyoit traittée si indignement, et la qualité et aussi bien que le zele de la personne qui demandoit d'en estre éclaircie, il y eut encore une consideration particuliere, qui agit plus fortement sur son esprit. Comme les Prélats, qui ont confié aux Docteurs le soin de défendre la doctrine de l'Eglise, que Jesus Christ leur a confiée à eux mêmes, les obligent de jurer sur les autels des Martyrs, en receuant le bonnet, qu'ils seront prests de sou-

---

(1) Mme de Guemené le remit elle-même entre les mains d'Arnauld.
(2) « Préface du liure de la Freq. Comm. » Ms.

tenir la vérité, jusques à mourir pour elle, il crut véritablement estre obligé de témoigner à Dieu et aux hommes en cette rencontre, qu'il n'auoit pas fait seulement cette promesse pour satisfaire à une simple cérémonie, mais dans une ferme résolution de l'accomplir auec une fidélité toute entiere. Il regarda donc, selon qu'il l'asseure, l'obligation même, où il se voyoit d'eclairer cette matière, comme pouuant luy estre, en quelque sorte, une occasion de meriter de receuoir du Seigneur la lumiere, dont il sentoit le besoin, pour instruire ceux qui luy demandoient cet éclaircissement.

Que si le sujet qui le porta à entreprendre cet ouurage fut si juste, si saint et si nécessaire, la maniere dont je sçay qu'il s'en acquitta ne fut ni moins loüable, ni moins sainte. Car on peut dire de ce liure qu'il fut le fruit de sa retraitte, de son silence et de ses prieres. Et l'abbé de S. Cyran, par les aduis duquel il se conduisoit, luy faisoit entendre (1) que le seul moyen d'attirer la grace de Dieu sur les liures qu'il faisoit, étoit de les arroser souuent de prieres, et de garder le silence, lorsqu'il les faisoit, en ne les communiquant qu'à des hommes qui auoient l'esprit de Dieu. « Je me crois, luy écriuoit il,
« obligé de vous dire que les liures qui ont esté écrits
« par l'Esprit de Dieu, ont été ceux qu'on a le moins
« communiquez aux hommes, lorsqu'on les faisoit, et
« qu'on a beaucoup communiquez à Dieu. Les paroles
« de ces liures sont aussy viuantes, après la mort de leur
« autheur, que lorsqu'elles sortoient de sa bouche. La
« plus grande part, luy écriuoit il encore (2), des plus
« beaux ouurages de nostre profession, ne sont comptez
« pour rien deuant Dieu, parce que nous les faisons humainement, et sans les commencer, continuer et finir

(1) « IIe vol., lett. 5. » Ms.
(2) « IIe vol., lett. 6. » Ms.

« auec luy, et par son Esprit. C'est un grand peché, à
« mon aduis, de parler de luy et de ses veritez, sans
« luy demander sa grace, à chaque fois que nous mettons
« la main à la plume. »

Aussy ce grand homme luy recommandoit tres particulièrement d'auoir soin, en écriuant de Dieu, de prier Dieu.
« Car, comme vous sçauez, luy disoit il (1), on n'écrit et
« on n'agit que pour celuy qu'on a dans le cœur, en
« écriuant et en trauaillant. » C'est ce qu'il luy témoignoit, en même temps qu'il l'exhortoit à se souuenir des
dernieres paroles (2), par lesquelles celle qui l'auoit mis
au monde luy auoit recommandé de deffendre la vérité,
et de ne s'en relâcher jamais, puisque Dieu l'y auoit engagé ; mais de la soutenir sans aucune crainte, quand il
iroit de la perte de mille vies.

Ce fut donc dans cet esprit de priere et de pieté qu'il
trauailla à la composition de ce liure. Il n'y suiuit point
son propre esprit, ny ses lumieres particulieres, mais
l'Esprit de Dieu, qui a dicté la Sainte Ecriture et les
lumieres de la Tradition de l'Eglise, qui s'est conseruée
dans les Ecrits des Saints Peres, et dans les Canons des
Conciles (3). Ainsi il ne faut pas s'étonner si un ouurage

---

(1) « IIe vol., lett. 20. Ms.

(2) « Lettre 22. » Ms.

(3) Aussi le titre complet du livre est-il : *De la Fréquente Communion, où les sentiments des Pères, des Papes et des Conciles, touchant l'usage des Sacrements de Pénitence et d'Eucharistie, sont fidellement exposez : pour servir d'adresse aux personnes qui pensent serieusement à se convertir à Dieu ; et aux Pasteurs et Confesseurs zelez pour le bien des ames.* Par M. Antoine Arnauld, Prestre, Docteur en Theologie de la Maison de Sorbonne. Septieme édition. *Sancta Sanctis.* Suivant la copie imprimée à Paris, chez Pierre Le Petit, Imp. et Lib. ordin. du Roy, ruë S. Jacques, à la Croix d'Or, M.DC.LXXXIII. In 8° de 697 pages avec 15 pages de table.

Une des premières éditions, Paris, Antoine Vitré, 1644, était in-4°.

entrepris et executé si saintement, produisit un si grand fruit dans l'Eglise ; et si, après sa publication, on vit ce grand nombre de personnes, qui auoient vécu jusqu'alors sans connoistre les vrayes regles de la pénitence, se résoudre de s'y conformer et de réduire en prattique ce qu'elles venoient d'apprendre.

Mais il n'y a pas plus de lieu de s'étonner du grand bruit qui s'excita en même temps à son sujet. Depuis qu'il a été dit de Jesus Christ même : « Qu'il seroit un sujet de ruine « et de résurrection pour plusieurs », c'est le caractère de tout ce qui appartient à Jesus Christ d'estre exposé à la contradiction de la même sorte. Quoyque ce liure portast son approbation tres authentique auec soy, ayant à sa teste les éloges de tant de sçauans Prélats et Docteurs, on ne laissa pas de commencer, aussitost qu'il eut paru, à le décrier comme un liure très pernicieux, qui ne tendoit qu'à éteindre l'esprit de Religion dans les fidelles, en les detournant de la frequente participation aux Saints Mysteres. Ceux qui étoient les autheurs du petit écrit (1), quy estoit refuté, surprenant la pieté de la Reyne Regente, Anne d'Autriche, luy firent craindre les consequences dangereuses d'un tel liure. Et comme cette Princesse auoit un grand zele pour toutes les choses de la Religion, et qu'elle ne découuroit point le piege qu'on luy dressoit, en luy faisant prendre le mensonge pour la verité, et la verité pour le mensonge, elle se laissa aller à donner un ordre à M. Arnauld d'aller à Rome, pour y rendre compte de sa foy deuant le Pape (2).

Il se disposoit à obéir à cet ordre, lorsque les Eues-

---

(1) Le P. Sesmaisons, jésuite, avait été aidé des PP. Bauny et Rabardeau, ses confrères, dans la réfutation du Règlement de conduite que la princesse de Guemené tenait de M. de Saint-Cyran ou de M. Singlin.

(2) En mars 1644, le cardinal Mazarin se joignit à la Reine-Régente.

ques et Docteurs, qui auoient leu auec une extrême édification le liure dont il s'agissoit, et qui n'y auoient donné leur approbation qu'auec connoissance de cause, representerent à sa Majesté l'injustice de ce décry, que l'on faisoit d'un si excellent ouurage, qui ne contenoit que la doctrine de l'Eglise, appuyée sur l'Ecriture et sur la Tradition des Conciles et des Saints Peres; et ils s'engagerent conjointement à deffendre deuant le Saint Siege ce qu'ils auoient approuué comme une doctrine tres orthodoxe. Car ils regardoient ce liure comme le leur. Et dans la lettre qu'ils écriuirent depuis au Pape Urbain VIII sur ce sujet, ils se plaignirent « de ce que, lorsqu'ils auoient
« voulu trauailler, autant qu'il leur auoit esté possible,
« selon le deuoir de la charité épiscopale, pour arrêter
« le cours d'un mal aussy grand qu'étoit celui de changer
« souuent l'usage des Sacremens, qui doit estre toujours
« tres sàint et tres salutaire, en un abus pernicieux et
« déplorable, quelques personnes auoient eu la hardiesse
« de s'éleuer contre leur authorité par des sermons inso-
« lens, d'exciter des troubles, et d'employer tout leur
« pouuoir pour opposer une rebellion opiniâtre à la puis-
« sance ecclesiastique. »

Ces sermons, dont les éuesques se plaignoient au Pape, étoient ceux qui furent preschez en une église de Paris dans le mesme temps (1), et où l'on parla auec les derniers emportemens contre le liure *De la Frequente Communion*, sans épargner même les prelats qui y auoient donné leur approbation. L'un d'eux, sçauoir l'Archeuesque de Tours, (2) étant present à un de ces sermons, ne

---

(1) En marge du manuscrit : « Le P. Noüet, jesuite. » Mots biffés, mais encore lisibles.

(2) Le manuscrit portait : « *Le sieur Bouleiller ;* » mais ces mots ont été biffés. L'imprimé disait M. *Le Bouthillier*, et on lit *Boutillier*,

put s'empescher de dire à un de ses confreres, dans l'étonnement où il fut de l'excès du prédicateur : « N'est il
« pas étrange qu'il parle ainsy de nous autres, luy qui
« ayant lu d'abord ce liure, m'en parla auec éloges, et
« composa même l'Approbation que j'y ai donnée (1). »

Comme je suis résolu de traitter ces choses historiquement, en m'attachant à la vérité des faits, je ne veux point m'engager à parler du fonds des dogmes, qui sont contenus dans ce liure. Cela passeroit les regles que je me suis prescrittes, en écriuant des Memoires. J'adjouteray donc icy seulement, auant que de reuenir à ce qui me regarde en particulier, deux ou trois choses importantes pour l'éclaircissement de cette histoire. La premiere est que ceux qui auoient commencé à décrier outrageusement le liure *De la Frequente Communion*, ayant entrepris de le faire censurer à Rome, les prelats approbateurs, et ceux de la prouince de Languedoc, au nombre de plus de trente, se déclarerent hautement pour sa deffense. Ils députerent au Pape M. Bourgeois, tres sçauant Docteur et quelques autres (2), qui firent voir auec tant de force et d'éuidence l'injustice de l'attaque que l'on formoit contre un si excellent liure, que nonobstant le credit de ceux qui le decrioient, il ne fut jamais en

---

dans l'*Histoire abrégée de la Vie d'Arnauld*, qui contient ce passage :
« Le Père Noüet, jésuite, déclama d'une manière insolente dans les
« sermons qu'il prêcha dans leur église de S. Loüis, à Paris, contre
« la doctrine de ce livre, jusqu'à dire qu'elle étoit *pire que celle de*
« *Luther et de Calvin*. Et il traita si indignement ceux qui l'avoient
« approuvée, qu'il fut obligé d'en demander pardon à genoux accom-
« pagné de quatre autres jésuites, en présence de Messeigneurs les
« Prélats. » P. 65.

(1) Aussi « reçut-il (de cet archevêque) un refus honteux, lorsqu'il
« alla à Tours pour y prescher le carême suivant. » *Ibid.*

(2) Ce docteur de Sorbonne fut envoyé à Rome en 1645. — « Rela-
« tion de M. Bourgeois, abbé de la Merci Dieu. » Ms.

leur pouuoir de le faire censurer, comme ils l'auroient souhaitté (1).

La seconde chose que j'ay à dire, c'est que, quelque authentique que dust paroistre aux yeux du public la justification de cet ouurage et de son auteur, pris souz la protection des Acheuesques et des Euesques de France, ses aduersaires ne purent jamais se résoudre de reconnoistre qu'ils s'étoient trompez. Mais ils publierent mille choses desauantageuses contre l'autheur, et continuerent à déchirer outrageusement son liure. Un gentilhomme poictevin (2), mon amy intime, homme d'honneur s'il en fut jamais, et tres sincère, me conta un jour ce qui luy étoit arriué à luy même sur ce sujet. Estant en batteau sur la Loire, et descendant d'Orléans à Tours, il se trouua dans le même batteau un religieux, que je ne nomme point, afin d'épargner son ordre (3). C'étoit un homme fort emporté contre M. Arnauld, et contre son livre *De la Frequente Communion*, jusques là qu'estant tombé sur ce sujet, il dit : « Que le sr Arnauld étoit luy
« même si persuadé que son liure ne valloit rien, qu'il
« s'étoit volontairement condamné, selon ses maximes,
« à en faire penitence, et que, pour cela, il s'abstenoit,
« depuis cinq ou six mois, de dire la messe. » Ce gentilhomme, qui connoissoit parfaitement celuy dont il parloit, fut surpris et indigné au dernier point d'un tel discours. Mais dans la résolution qu'il prit, sur le champ, d'en faire la derniere confusion à ce religieux, il se con-

(1) M. Bourgeois réussit, au contraire, à le faire absoudre par le Saint-Office.

(2) « M. Dasson de Saint-Gilles. » Ms. — M. Baudri de Saint-Gilles d'Asson était un gentilhomme de Poitou, vers la Vendée, qui s'était retiré à Port-Royal, et qui fit imprimer une partie des *Provinciales*. Ils étaient cinq frères.

(3) « Un P. Jesuitte. » Ms. A la marge; rayé.

tint, et se contenta de luy dire, que ce qu'il venoit d'entendre l'auoit un peu étonné, parce qu'il auoit ouy parler autrement à bien des gens de ce liure et de son autheur. Puis il adjouta : « Mais êtes vous bien assuré, « mon père, de ce que vous dites ? » Le religieux, qui ne croyoit pas parler à un homme si bien informé, luy dit de nouueau que cela étoit tres vray, et qu'il le sçauoit tres certainement. Ce gentilhomme, qui vouloit que la confusion, dont il deuoit le couurir, fust d'autant plus grande qu'il auoit plus assuré la chose sur laquelle il étoit prest de le démentir, le pressa encore une fois de bien penser à ce qu'il disoit. Et enfin, après que ce religieux eut employé tous les termes les plus forts, pour attester la verité de ce qu'il disoit, il commença tout d'un coup à luy dire, d'un ton de voix qui l'étonna : « Ho bien, mon
« père, vous dittes donc que M. Arnauld est luy même
« si persuadé qu'il a fait un tres méchant liure, qu'il s'est
« condamné, pour pénitence, à ne point dire la messe de-
« puis plusieurs mois ! Et moy, je vous dis, que tous
« ceux qui sont presens doiuent estre persuadez que
« vous estes un tres grand calomniateur, puisque moy
« même, qui vous parle, je vous déclare deuant tout le
« monde que j'ay seruy à sa messe plus de cinquante
« fois, depuis six mois. Et quand je vous parle ainsy,
« c'est auec connoissance de cause ; au lieu que pour
« vous, vous parlez en l'air et assurez ce que vous ne
« sçauez pas. »

Ces parolles, prononcées d'un ton ferme par un gentilhomme qui ne disoit que ce qu'il sçauoit, furent comme un coup de foudre, qui étourdit tellement ce religieux, qu'il eut la voix comme étouffée dans la bouche, et qu'il s'enfuit à l'autre bout du batteau, tout hors de luy. Ayant neantmoins repris aussitost après ses esprits, il eut honte de s'estre ainsy defferré, et il crut qu'un surcroist de hardiesse ou d'effronterie pourroit suppléer au deffaut de la vérité. Ainsy, lorsque le gentilhomme témoignoit au frère de ce religieux, qu'il étoit honteux que ses Pères s'emportassent de la sorte en des calomnies grossières contre des personnes, qu'ils auroient dû honorer, il reuint comme à la charge, et luy dit auec une grande fierté et un ton de voix fort éleué : « Je prétends, Monsieur, que « vous me fassiez tout presentement une réparation « publique du démenty que vous auez osé me donner, « deuant tous ceux qui sont icy. » Mais le gentilhomme, qui se tenoit assuré, ayant la vérité de son costé et qui vit bien que cet air de fierté qu'auoit le Père n'étoit qu'un air emprunté, le prenant d'un ton de voix encore plus haut que le sien, luy repartit, sans s'étonner : « Et moy, « je prétends, mon Père, auec bien plus de justice, que « vous fassiez, deuant tous ceux qui sont presens, une « reparation publique de la calomnie insigne que vous « venez d'auancer publiquement contre M. Arnauld, en « luy imputant une fausseté, dont je vous ay conuaincu « par ma propre connoissance. » Cette nouuelle repartie, par laquelle il le repoussa si rudement, le réduisit au silence. Et il parut combien il est quelquefois auantageux de tenir ferme contre ces sortes de calomniateurs, quand on a de quoy conuaincre leurs calomnies. Car ce même religieux, en descendant du batteau à Blois, rechercha, au moins en apparence, l'amitié du gentilhomme, qui auoit été assez genereux pour deffendre la réputation injustement attaquée d'un sçauant docteur (1).

La troisieme chose que j'ay encore à adjouter, auant que de passer à ce qui nous arriua à nous autres, à l'occasion de ce même liure, c'est que ceux qui auoient en-

---

(1) Cette anecdote a été supprimée par le premier éditeur, ainsi que le passage qui la suit.

trepris de le decrier, se voyant frustrez de tout ce qu'ils prétendoient, par l'impuissance où il furent de le faire censurer à Rome, inuenterent plusieurs calomnies, et contre l'autheur et contre tous ceux qui auoient quelque liaison auec luy. C'est dans cet esprit qu'ils publierent cette fable monstrueuse qui a fait un si grand bruit dans le monde, touchant certaine assemblée qu'ils disoient s'estre tenuë à Bourgfontaine, où M. Jansenius, depuis éuesque d'Ipres, l'abbé de S. Cyran, et M. Arnauld, auoient pris ensemble plusieurs mesures pour corrompre la doctrine de l'Eglise sur le sujet de la penitence, de l'Eucharistie et de la Grace (1). Et quoyqu'on les conuainquit clairement, tant par l'age de M. Arnauld, qui n'auoit alors que six ou sept ans (2), que par d'autres époques aussy certaines, que ny luy ny les autres, qu'on accusoit de ce complot sacrilege, n'auoient pu en aucune sorte se trouuer à cette assemblée prétenduë, en l'année qu'ils marquoient, ils continuerent toujours à répandre la même imposture, comme un fait constant et très aueré (3).

(1) Le P. Sauvage, jésuite, dit qu'il s'agissait de fonder le *déisme* en France. Voir *la Réalité du Projet de Bourg-Fontaine*.

(2) Né le 16 février 1612, Antoine Arnauld était, vers la fin de l'été de 1621, dans sa dixième année.

(3) « Les Jésuites prétendirent qu'à la chartreuse de Bourg-Fon-
« taine, située dans la forêt de Villers-Cotterets, s'étaient réunies se-
« crètement, vers la fin de l'été 1621, six ou sept personnes ayant
« pour but d'aviser à une certaine réforme religieuse. Un des témoins
« et assistants qui s'en repentait, un ecclésiastique, en aurait fait la
« révélation, en 1654, au sieur Filleau, avocat du Roi à Poitiers, pour
« lui fournir un argument de plus dans sa guerre de réquisitoires contre
« les Jansénistes. Le reste des détails, pour le fond, était odieux et
« mensonger. Filleau n'ayant donné que les initiales des personnages,
« on chercha à remplir les noms, on se trompa en intrerprétant A. A.
« par Antoine Arnauld, qui n'avait alors que neuf ans; c'était Arnauld
« d'Andilly, qu'il fallait lire. » M. Sainte-Beuve, *Port-Royal*, t. I, p. 296, note.

Sur le fond de cette affaire, M. Sainte-Beuve ajoute : « Les Jansé-

Comme M. Arnauld auoit sa mère et cinq(1) de ses sœurs religieuses à Port Royal, et qu'il étoit tres étroittement uni à cette maison, par les liens de la nature et de la grace, elle se sentit aussi d'une manière étonnante de l'animosité de ceux qui ne l'aimoient pas. Un d'entre eux (2) fit un écrit diffamant, dans lequel il accusoit les Religieuses de cette sainte maison des crimes les plus énormes, et des plus horribles déreglemens. Il les nommoit, ce qu'on a peine à conceuoir, des *filles impenitentes*, des *asacramentaires*, des *incommuniantes*, des *vierges folles*, des *fantastiques*, des *desesperées, et tout ce qu'il vous plaira :* en sorte qu'il fallut que M. l'Archeuesque de Paris, qui étoit alors M. de Gondy, prist la deffense de ces pauures filles si outragées ; ce qu'il fit par la censure de cet écrit si emporté, et par une justification authentique de leur innocence (3).

Nous nous sentîmes aussy nous autres, tout jeunes que nous étions, de la secousse si violente dont fut attaquée cette maison. Et comme on vit un orage tout prest à fondre sur ceux qui y demeuroient, quoyqu'ils s'occu-

« nistes, triomphant d'une méprise de nom, se sont jetés de côté et
« ont poussé les hauts cris. Quant à moi, je le redis ici, le simple
« fait d'une conférence à Bourg-Fontaine, entre Jansenius, Saint-
« Cyran et (sinon d'Andilly) un ou deux autres peut-être (Camus,
« évêque de Belley, a été accusé d'en faire partie), ne me paraît
« aucunement impossible ni même improbable à cette date. » *Ibidem*.
Du Fossé, à vrai dire, conteste seulement « *l'année qu'ils mar-*
« *quoient.* »

(1) Le premier éditeur a mis « six, » et avec raison. L'aînée, Madame Le Maître, née en 1590 ; la mère Angélique, née en 1591 ; la mère Agnès, née en 1593 ; la mère Anne-Eugénie, née en 1594 ; la sœur Marie-Claire, née en 1600 ; la sœur Madeleine Sainte-Christine, née en 1607.

(2) « Le Père Brisacier. » Ms. Le premier éditeur ajoute : « dans
« son *Jansénisme confondu*, etc. » L'*etc.* doit être complété par : « dans
« l'*Avocat du sieur Callaghan.* »

(3) Le P. Brisacier avait attaqué, en chaire, à Blois, Mac-Callaghan, Irlandais, que Mme d'Aumont avait établi curé, dans une de

passent, comme je l'ay dit, à prier Dieu, à lire de bons liures pour leur propre édification, et à se mortifier par une continuelle penitence, on jugea plus à propos de nous en faire sortir, pour quelque temps, afin que nous ne fussions point exposez à ce qui arriueroit. Nous allâmes donc, le sʳ de Villeneuue (1), mes deux freres et moy, passer quelques mois en une terre qu'on nomme le Chesnay, proche de Versailles (2), qui appartenoit en ce temps là à M. le Pelletier des Touches (3). Et ce fut alors que je commençay à connoistre cet excellent homme, qui a toujours crû depuis ce temps là en bonnes œuures. Dieu s'étoit serui de M. l'abbé de S. Cyran, pour luy inspirer la haine du monde, et le mépris des grands biens qu'il possedoit. Il sceut si bien profiter de ses saints aduis, et faire profiter en même temps pour son salut les richesses auec lesquelles Dieu l'auoit fait naistre, que je puis dire n'auoir jamais connu d'homme si bon ménager de son bien. On en voit assez qui épargnent, tous les jours, sur leur reuenu pour l'augmenter, en constituant en rentes tout ce qu'ils peuuent auoir épargné. Mais on n'a gueres vu un homme plus saintement prodigue que celuy cy, pour faire tous les jours de nouuelles constitutions de rentes, assignées sur le fond de l'éternité et des thresors de Dieu même. Car jamais auare ne fut plus industrieux

---

ses terres, à Cour-Chiverny, aux environs de Blois. Port-Royal avait répondu, et celui-ci avait riposté par le libelle : *Le Jansénisme confondu.* La mère Angélique Arnauld s'était plainte, le 17 décembre 1651, par une lettre pleine de modération et de dignité, à l'archevêque de Paris, qui avait prononcé la sentence, peu de temps après.

(1) Arnauld de Villeneuve, fils d'Arnauld d'Andilly. Cette translation eut lieu, en 1644.

(2) Au nord de Versailles, sur la route de cette ville à Saint-Germain.

(3) Paul Le Pelletier, seigneur des Touches, possesseur d'une grande fortune, ami dévoué de Port-Royal.

pour procurer sur la terre l'accroissement de son bien, que cét homme, vraiment charitable et vraiment sage, l'a toujours esté, et l'est encore, pour augmenter ses reuenus en l'autre monde, en se dépoüillant, par l'exercice de mille œuures de charité, du patrimoine qu'il possedoit en celuy cy (1). Tel étoit ce grand seruiteur de Dieu, qui nous ouurit sa maison pour nous receuoir, dans le temps de cette tempeste, et qui m'a depuis ouuert son cœur d'une maniere si genereuse, que je puis dire n'auoir point eu un meilleur amy. Enfin il a trouué le secret, étant fort riche, de se réduire, par ses aumônes, à un juste nécessaire. Et à l'heure que j'écris ces Memoires (2), il n'y a pas encore un an qu'il donna aux Peres de l'Oratoire un fonds de plus de cent cinquante mille liures, destiné à éleuer de jeunes ecclésiastiques et à les rendre capables de seruir dignement l'Eglise. Il ne faut pas s'étonner si de tels disciples de l'abbé de S. Cyran ont été exposez à la calomnie. Le Fils de Dieu auoit dit à ses apostres que : « le monde les haïssoit, parce qu'ils n'étoient pas du « monde ; et que, s'ils auoient été du monde, le monde « auroit aimé ce qui eust été à luy (3). » Il en est de même de tous ceux qui se rendent les imitateurs des Apostres, en méprisant, comme eux, le monde et les biens du monde. Et c'est la gloire d'un chrestien d'estre assuré par la bouche de Jésus Christ que : *Si le monde le hait, Jésus Christ a été hay tout le premier* (4).

Du Chesnay nous retournasmes à Port Royal, au bout

---

(1) Ses dons et aumônes montaient jusqu'à deux millions, à ce que l'on assure.

(2) En 1697. « M. des Touches mourut à Paris le 22 juin 1703, agé « de quatre vingts et un an. » Premier éditeur.

(3) « Joann. cap. 17-14 ; cap. 15-19. » Ms.

(4) « V. 18. » Ms.

de quelque temps (1), le premier grand bruit au sujet du livre *De La Frequente Communion* s'étant un peu appaisé, et la Reyne Mere ayant bien pu conceuoir par ce grand nombre de Prelats et de Docteurs, des plus saints et des plus sçauans de son royaume, qui se declarerent pour sa deffense, que ce liure n'étoit pas si mauuais qu'on le lui auoit représenté.

(1) Vers la fin de 1645, ou au commencement de 1646.

CHAPITRE VII.

— 1643-1646. —

Mort de l'abbé de Saint-Cyran. — Ses funérailles à Saint-Jacques-du-Haut-Pas. — Attaques de ses ennemis. — Sa défense par ses amis. — Nombreuses conversions, après sa mort, dues au livre *De la Fréquente Communion.* — MM. de la Rivière, Pallu, de la Petitière se retirent à Port-Royal des Champs. — Retraite de Litolfi Maroni, évêque de Bazas. — Sa piété à Port-Royal. — Sa mort à Toulouse. Arnauld d'Andilly (Robert). — Ses emplois. — Sa considération en Cour. — Sa liaison avec Saint François de Sales et l'abbé de Saint-Cyran. — Sa retraite à Port-Royal des Champs. — Ses travaux manuels et intellectuels. — Jardinage et ouvrages de piété.

Il arriua, sur la fin de l'anné 1643, un grand sujet d'affliction pour toute la maison de Port Royal, et pour tous ceux qui aimoient la vérité et l'Eglise. Ce fut la mort de l'abbé de S. Cyran (1), qui étant tombé en apoplexie mourut tout d'un coup, lorsque ses amis ne faisoient presque que commencer à joüir de luy. Il y auoit enuiron six ou sept mois qu'il étoit sorti de prison, et que tous les gens de bien qui connoissoient les rares talens de ce grand homme, se rejoüissoient de la liberté qu'on auoit alors de le consulter, et de receuoir de luy des conseils qu'il étoit si capable de donner à toutes sortes de personnes pour leur salut. Mais Dieu, dont les jugemens sont incomprehensibles, l'enleua du monde dans le temps

(1) Le 11 octobre 1643.

même qu'il paroissoit si utile au monde. C'étoit un fruit meur, que la main du Seigneur cüeillit pour le conseruer dans l'éternité. C'étoit un or affiné dans la fournaise des afflictions et une de ces pierres prétieuses qui doiuent entrer dans la structure de la celeste Jerusalem (1). Son enterrement se fit le 13 d'octobre, en l'église de S. Jacques du Haut pas sa paroisse, où l'on chanta une messe solennelle sur son corps. Il fut enterré dans le sanctuaire, du costé de l'Epître. Six Euesques se trouuerent à cette ceremonie. M. de Caumartin, Euesque d'Amiens, y officia, et M. de Sourdis, Archeuesque de Bourdeaux, y assista, auec les Euesques de Valence, de Calcedoine, d'Aire, et le Coadjuteur de Montauban : tous les prelats qui le purent ayant été bien aises de rendre témoignage public de l'estime qu'ils faisoient de la science et de la piété de ce grand homme. Il s'y trouua aussy un grand nombre de personnes de toutes les qualitez. La Princesse Marie, qui auoit été, comme je l'ay dit auparauant, choisie pour estre reyne de Pologne (2), voulut aussy honorer ses funérailles par sa presence, ayant une estime singuliere pour sa vertu. Les Prelats, au sortir de la ceremonie, dirent tout haut au Curé de S. Jacques du Haut pas : « Qu'il auoit un grand thresor et un pretieux dépost dans « son Eglise. » Mais l'Archeuesque de Bourdeaux, qui étoit extremement genereux, et qui regrettoit beaucoup la perte que l'Eglise venoit de faire, dit : « Qu'il falloit « porter le Clergé, dans la premiere Assemblée, à donner « les treize mille liures qu'il auoit autrefois fait offrir à « *Aurelius*, pour faire un tombeau superbe à M. de S. « Cyran ; que sur ce tombeau on pourroit mettre une « Renommée, auec une trompette d'où sortiroient ces

(1) « Apocal., cap. 2, v. 18. Innocence et Vérité deffenduës, p. 162. » Ms.

(2) V. plus haut, p. 49.

« deux mots : *Petro Aurelio* (1); que cela vaudroit mieux
« que tous les éloges qu'on pourroit donner au plus grand
« homme qui eust été dans l'Eglise depuis plusieurs
« siecles. » Mais cela ne fut point executé, à cause des
troubles dont j'ay parlé, qui s'excitèrent au sujet du liure
De la Frequente Communion.

Je me souuiens, quoyque je fusse encore si jeune et j'ay
encore l'esprit frappé de la tristesse profonde, que la
nouuelle de cette mort causa à M. le Maistre, et à tous
ceux qui demeuroient auec luy dans ce desert. Ils se prosternèrent aussitost deuant Dieu, pour adorer ses jugemens, et pour luy offrir le sacrifice de la douleur si juste
qu'ils ressentoient de cette mort. Car ils se consideroient comme priuez tout d'un coup du plus grand soutient qu'il leur eust donné, dans la vie nouuelle qu'il
leur auoit fait la grace d'embrasser. Et ils plaignoient
beaucoup d'ames, à qui ce grand homme seruoit de guide,
pour les conduire dans le chemin qu'ils deuoient tenir
pour aller à Dieu. Mais enfin la foy les releua, et les fit
bientost reueuir de ce premier étourdissement, en enuisageant cette mort heureuse comme la fin de tant de trauaux qu'il auoit soufferts, et de tant d'épreuues par lesquelles il auoit passé.

Que si les amis de l'abbé de S. Cyran, et tous ceux qui
n'auoient point l'esprit préuenu en jugerent de la même
sorte, ceux qui l'auoient calomnié, pendant sa vie, ne se
dépoüillerent pas de cet esprit d'animosité même après

---

(1) *Petri Aurelii Theologi Opera*, in-f°, Parisiis, 1642. — Sous le
pseudonyme de *Petrus Aurelius*, on avait reconnu l'abbé de Saint-Cyran. « Le nom d'*Aurelius* n'était pas choisi au hasard, et s'ajustait
« au titre de l'ouvrage (*Augustinus*) que, depuis la fin de l'année 1627,
« et après bien des préparations, Jansénius s'était mis à rédiger.
« Saint Augustin s'appelant *Aurelius Augustinus*, les deux amis ses
« disciples *tronçonnèrent*, comme on l'a dit, le nom sacré qui était
« leur mot d'ordre. » M. Sainte-Beuve, *Port-Royal*, t. I, p. 324.

sa mort, et ils répandirent des bruits tres desauantageux sur son sujet. Ils publierent d'abord, non seulement qu'il étoit mort sans sacremens, mais qu'il ne les auoit point voulu receuoir, et qu'il étoit mort en athée. On les conuainquit par la déposition de son confesseur et de son curé, que deux ou trois jours auant sa mort, se trouuant dans une langueur qui luy donnoit continuellement des pensées de l'autre vie, il auoit mandé ce confesseur, à qui il s'étoit confessé auec sa piété ordinaire ; et que depuis qu'il fut tombé en apoplexie, il reuint à luy, pendant quelques heures, receut dans cet interualle des propres mains de son curé (1) le S. Viatique, et témoigna par des actions si édifiantes sa deuotion et son humilité que ceux qui étoient presens prirent son mal pour une foiblesse d'euanoüissement qui étoit passée. Mais tout cela ne fut point capable de faire rentrer en eux mêmes ceux qui s'estoient déclarez si hautement contre luy (2). Et ne pouuant plus nier qu'il n'eust receu le S. Viatique, ils se retranchèrent à dire qu'il l'auoit receu sans aucune connoissance et étant priué de tout sentiment. C'est ce qui porta un Prélat (3), dans l'indignation qu'il conceut de cette horrible calomnie, d'en écrire à un autre Euesque en ces termes : « J'ay bien eu du regret de la perte de M. l'Abbé
« de S. Cyran. Certaines gens l'ont voulu faire mourir en
« athée. Je vous laisse à penser si Messeigneurs les Prélats eussent assisté à ses funérailles, s'il auoit finy de la

---

(1) Celui de Saint-Jacques-du-Haut-Pas, sa paroisse. Il demeurait près les Chartreux, aux environs de la rue d'Enfer d'aujourd'hui.

(2) Le P. Rapin, dans son *Histoire du Jansénisme*, par exemple. V. *Port-Royal*, de M. Sainte-Beuve, qui en cite un exemple, t. II, note de la page 204.

(3) « M. de Netz, évêque d'Orléans. » Le Ms disait seulement : « L'euesque d'Orléans. »
Le premier éditeur l'a nommé à la marge.

« sorte. Voila comme l'enuie et la rage (1) passe jusques
« dans les sepulchres. Les gens de bien sçauent tout le
« contraire, et que l'Eglise et nostre Ordre ont souffert
« en cette mort une perte insupportable et irremediable. »

La mort de ce grand seruiteur de Dieu ne diminua rien
de l'ardeur qu'il auoit toujours inspirée à ses amis pour
la pieté et la penitence. Et la benediction extraordinaire,
que Dieu répandit sur le liure *De la Frequente Communion*,
se fit sentir par la conuersion et la retraitte d'un grand
nombre de personnes, qui renoncerent au monde, pour se
venir confiner dans sa solitude de l'abbaye où nous
demeurions. Nous y vîmes arriuer, de diuerses prouinces, des gens de differentes professions, qui semblables
à des passagers, qui auroient fait naufrage sur mer, se
venoient sauuer, comme ils pouuoient, sur une planche,
jusqu'au port, où la main toute puissante et misericordieuse du Seigneur les conduisoit. C'est ainsy que j'y vis
venir un cadet de la maison d'Eragnie, nommé de la
Riuière (2), homme qui auoit toujours seruy dans les
armées, et qui étoit regardé comme un braue, selon le
siècle. Il étoit cousin germain du Duc de S. Simon (3),
fauory du roy Loüis treize, et il auoit plusieurs liens qui
le tenoient attaché au monde. Dieu les rompit peu à peu,
voulant l'attacher à son seruice. Et le demon ne manqua
pas de s'y opposer tant qu'il put, jusqu'à luy faire porter
parole, par un de ses amis, pour un duel, dans le temps
même qu'il se préparoit à sortir du monde. Quoy qu'il
n'eust point la force de le refuser, étant encore suscep-

---

(1) Le premier éditeur avait mis : «de ces bons Peres», qui a été
biffé dans le Ms.
(2) Pierre de Perthuis, seigneur d'Eragny de la Rivière, gentilhomme du Vexin normand, abjura le protestantisme, et se retira à
Port-Royal des Champs, en 1645.
(3) Le père du fameux auteur des Mémoires.

tible du faux honneur des braues du siecle, Dieu luy détourna ce malheur, par une circonstance particulière qui arriua, et qui empescha l'effet miserable de ce qui auoit esté concerté entre ceux qui deuoient se battre. Comme il fut depuis mon amy intime, il me conta une chose qui luy arriua à S. Germain, dans le temps qu'il songeoit le plus serieusement à se retirer, et qui luy fit faire mille serieuses reflexions.

La veille des Roys, soupant auec le duc S. Simon, on partagea le gâteau, et la féve étant écheuë à M. de la Riuière, il fut reconnu Roy, pendant deux heures ou enuiron que dura le repas. Le duc se dépoüilla pendant ce temps de son cordon bleu, et le luy donna. Il le fit seruir par les pages du Roy, dans la maison du Roy, et luy même, qui étoit le fauory du prince, fut le sien dans cet interualle. Enfin il sembloit que rien ne manquast pour rendre complette sa royauté. Alors il fit cette reflexion en luy même : « Me voyla donc roy pour quelques mo-
« mens, et je puis bien regarder cecy comme une figure
« de ce qui arriue réellement aux roys de la terre. Car
« s'ils régnent quelques années, c'est toujours un temps
« tres borné, en comparaison de l'éternité qui le suit. Et
« la mort fait à leur égard un changement bien plus
« grand que la fin de ce repas ne le va faire au mien. »
Enfin il conclut que c'étoit donc bien peu de chose que toutes ces grandeurs du monde, qu'on recherchoit auec tant d'empressement, et qu'il valoit mieux s'abaisser un peu de temps, dans la maison du Seigneur, pour regner éternellement, que d'estre grand dans la maison des princes, durant l'espace de quelques années, pour estre ensuite éternellement malheureux(1).

---

(1) Cette anecdote a été encore supprimée, comme toutes celles du même genre, par le premier éditeur.

Il est incroyable combien la consideration de l'éternité frappa l'esprit et le cœur de cet officier. Jamais on ne vit un homme plus dur sur luy même, soit pour le coucher, soit pour le manger. Il sembloit qu'il fust insensible aux besoins du corps. Il passoit les années entières à ne faire qu'un repas, et souuent d'un seul mets, comme du potage. Ses veilles et ses autres austeritez égaloient ses jeusnes. Et comme il s'étoit chargé de garder les bois de l'abbaye, pour empescher que l'on n'y fist du dégast, il viuoit dans une affreuse retraitte, à l'égard de ceux qui viuoient dans le même lieu, étant presque toujours dans les bois, où il se plaisoit à prier, à lire et à méditer. Il auoït l'esprit naturellement tres beau, et tres ouuert pour toutes les sciences. Ainsy il apprit par luy même la langue Grecque et la langue Hebraïque, pour pouuoir lire la Bible dans ces deux langues. Et afin de mieux apprendre l'Hebreu, étant laborieux, comme il l'étoit, il apprit par cœur tous les mots qui sont dans la Bible. Il sçauoit outre cela l'Espagnol et l'Italien. Et je luy ay même l'obligation d'auoir appris plus aisément et tres promptement la langue Espagnole, par son moyen (1). Car il étoit fort bon maistre ; c'est à dire qu'il enseignoit méthodiquement, et auec patience, comme ayant luy même étudié auec beaucoup de trauail. Et il me prit en une affection particuliere ; ce qui m'oblige encore à honorer sa memoire.

Je vis arriuer à Port Royal, vers ce même temps, un medecin nommé M. Pallu (2), qui auoit été medecin du feu

(1) Voilà un premier démenti donné à l'assertion tranchante de Joseph de Maistre, « qu'on ne trouve parmi eux (les hommes de Port-« Royal), pas un hébraïsant, pas un helléniste, pas un latiniste. » *De l'Eglise gallicane.*

(2) Le Ms porte *Palus*, corrigé par le premier éditeur. Victor Pallu, seigneur de Ruau, en Touraine, docteur en médecine de la Faculté de Paris. Il vint à Port-Royal, vers la fin d'octobre 1643.

Comte de Soissons, et qui s'étoit sauué de la bataille de Sedan, où fut tué le prince son maistre (1). Il nous dit auoir couru assez grand risque dans cette bataille, puisqu'il vit venir plusieurs fois les boulets de canon, qui, bien que tirez de loin et sur la fin de leur portée, ne laissoient pas de donner la mort à tout ce qu'ils rencontroient. Il étoit oncle d'un celebre euesque de nostre temps, qui est mort dans les missions étrangères (2). Dieu luy fit connoistre, par le liure *De la Frequente Communion*, les grands perils qu'on court dans le monde (3) de perdre, non pas seulement une vie temporelle, mais l'éternelle. Et il se tint tres heureux de venir seruir dans la solitude le Roy des Roys, s'étant même fait bastir au milieu des jardins une maison qui luy tenoit lieu d'une nouuelle solitude dans ce desert, et qu'on nomma *le Petit Pallu*. Après auoir exercé longtems la medecine à l'égard des princes du sang, dans la veuë du gain et d'un honneur temporel, il tint à gloire de l'exercer à l'égard des pauures pour gagner le Ciel, qui, comme le declare Jesus Christ, leur appartient (4). Mais en même temps il songeoit principalement à guérir les playes de son ame et ses maladies spirituelles, par la

---

(1) A la journée de La Marfée, près Sedan, en 1641.

(2) Il doit être question de Jean-Baptiste Gault, évêque de Marseille, en 1642, et mort le 23 mai 1643, non dans les Missions étrangères, mais pendant une mission qu'il faisait dans les bagnes. Il était, sinon « l'oncle », du moins « assez proche parent » de M. Pallu. M. Sainte-Beuve en fait « son cousin. »

(3) « Il fit un voyage aux eaux de Forges, pour y accompagner des « dames de Touraine. Il y rencontra M. Hillerin, ancien curé de « Saint Merry de Paris, qui lui fit lire le livre *De la Fréquente Com-* « *munion*, qui étoit tout nouveau. » *Vies choisies de MM. de Port-Royal*, t. III, p. 30.

(4) Il fut le cinquième ermite et le premier des médecins-solitaires de Port-Royal.

penitence à laquelle il se consacra auec les autres qui demeuroient dans ce lieu.

Je vis aussy arriuer un gentilhomme de Poitou, nommé la Petitiere (1), qui, parmy les braues du siecle, passoit pour la plus braue épée de France, et sur qui le Cardinal de Richelieu se reposoit de la sureté de sa personne, quand il sçauoit qu'il étoit en son palais. C'étoit un lion plustost qu'un homme. Le feu luy sortoit par les yeux, et son seul regard donnoit de l'étonnement. Dieu se seruit d'un malheur qui luy arriua, pour toucher de sa crainte salutaire son ame feroce, incapable de toute autre peur. Ayant une querelle auec un parent du Cardinal, il fut plus de huit jours ayant un cheual toujours sellé et prest à monter, pour aller se battre contre celuy de qui il croyoit auoir été offensé. La fureur qui le transportoit étoit telle, qu'encore qu'il fust le plus habile et le plus adroit du royaume, il reçeut luy même, après auoir blessé à mort ce gentilhomme, un coup d'épée dans le bras entre les deux os, où la pointe demeura enfoncée, sans qu'il pust jamais la retirer. Il se sauua en cet état à travers champ, portant dans son bras le bout de l'épée rompu, et alla trouuer le maréchal, qui eut besoin de se seruir des grosses tenailles de sa forge pour la retirer auec grande peine. Comme il crut bien que le Cardinal ne luy pardonneroit pas la mort de son parent, il se retira et se cacha (2). Et ce fut pendant ce temps que Dieu excita au fonds de son cœur une sainte horreur de ses crimes, et qu'il résolut de faire éclatter en sa personne la puissance de sa grace et de sa misericorde, en faisant un agneau d'un loup qu'il étoit auparauant : *Ex lupis*

---

(1) André Pizon Bétoulat, seigneur de la Petitière, se retira, en 1648, à Port-Royal des Champs.
(2) Cette affaire arriva en 1642.

faciens agnos. Il entendit parler en ce même temps de l'abbé de S. Cyran et du liure *De la Frequente Communion.* Et abbattu souz la main toute puissante de Dieu, après auoir été éclairé touchant ses deuoirs, il trouua moyen, après la mort du Cardinal de Richelieu et celle du Roy, de se venir retirer auec nous dans nostre desert (1), où il vécut d'une maniere étonnante, pour se punir à proportion de ses crimes, et pour s'humilier à proportion de son orgueil, ayant même voulu s'abbaisser jusqu'à faire des souliers pour les Religieuses de Port Royal.

Il sembloit que Dieu choisist dans tous les états des sujets, pour faire paroistre sa misericorde sur son Eglise. L'euesque de Bazas, qui se nommoit Litolfi Maroni (2), touché par la lecture du liure *De la Frequente Communion,* de ce liure que quelques personnes s'efforçoient de decrier dans le monde, vint passer aussy quelques mois dans nostre desert, auec quelques bons ecclesiastiques qui l'accompagnoient. Il y vint pour faire dans la solitude une reueuë de sa vie passée, et pour se purifier deuant Dieu, pendant quelque temps, par les saints exercices de la penitence, afin de se rendre encore plus digne de trauailler à la vigne du Seigneur. Il nous édifia tous extrêmement, étant le premier à toutes les actions de pieté et à l'office de l'Eglise. Car il faut sçauoir que, comme les Religieuses n'étoient point alors en cette abbaye, nous chantions la messe et une partie des heures canoniales, étant conduits dans le chant par le sieur Selle, nostre précepteur, qui auoit, comme je l'ay dit, la voix tres belle, et qui sçauoit le chant en perfection. C'étoit assurément une chose tres édifiante, de voir ce

(1) En 1648.
(2) Il était de la famille des marquis de Suzarre Litolphi-Maroni, originaire de Mantoue, et l'une des plus illustres d'Italie, et naquit à Gauville, près Evreux.

prélat, comme l'un de nous, s'abbaisser à toutes choses auec une humilité que Dieu seul étoit capable de luy mettre dans le cœur. Quoyqu'il aimast tendrement son peuple, il n'auoit point d'empressement de quitter un lieu, où il s'humilioit profondément, pour s'en retourner à son Eglise, où il était honoré de tout le monde. Et il étoit persuadé que le peu de temps qu'il donnoit à la pénitence et à la retraitte, seroit même tres utile pour les peuples de son diocèse, parce qu'il contribueroit à le mettre plus état de les seruir, apres qu'il se seroit luy-même remply des graces du ciel, dans le silence de quelques mois. Il eust neantmoins bien souhaitté de se pouuoir décharger d'un fardeau aussy pesant qu'étoit celuy de la conduitte épiscopale de tout un diocese. Mais comme ceux en qui il auoit plus de confiance ne le luy conseillerent pas, il engagea M. le Maistre à lui faire une traduction du liure *Du Sacerdoce* de S. Jean Chrysostôme, accompagnée d'une tres belle preface. Et il ajouta luy même à ce liure une lettre admirable, pour l'érection d'un seminaire qu'il établit dans son diocese. Il s'y en retourna donc auec d'excellents ecclesiastiques (1), dans le dessein d'y seruir son peuple mieux que jamais, selon la lumière que Dieu auoit augmentée en luy pendant sa retraitte. Dieu exauça cependant le désir de son cœur. Et le tems qu'il fut retiré à Port Royal luy ayant tenu lieu en quelque sorte de preparation à la mort, il ne suruécut

---

(1) « M. Manguelen. » Premier éditeur. — « On lui donna M. Man-« guelein, docteur plein de science et de vertus. Ils partirent après la « Toussaint de 1644. » *Vies abrégées de MM. de Port-Royal.* T. III, p. 24. Il étoit chanoine de Beauvais. Comme on prononçait *Manguelan*, la forme *ein* se trouve condamnée. — L'imprimé portait : « un excellent ecclésiastique ; » mais le pluriel du manuscrit est préférable, puisque le prélat fut accompagné, en outre, de M. Walon de Beaupuis.

que de quelques mois à son retour dans son diocese (1). Le clergé de France luy ayant donné une commission en faueur de l'Eglise catholique contre ceux de la prétenduë religion réformée, il mourut à Toulouse, en exécutant cette commission. Et il laissa à tous les gens de bien un grand regret de voir son Eglise priuée tout d'un coup du secours d'un si excellent prélat, dans le temps qu'elle paraissoit en avoir plus de besoin, et qu'il sembloit être luy même plus en état de le luy donner. Mais ils adorerent les jugemens de Dieu, qui fait connoistre sensiblement, dans ces rencontres, qu'il n'a nul besoin des hommes, et qu'il est également de sa justice et de sa misericorde de recompenser les bonnes œuures et les saints trauaux de ses seruiteurs, en chastiant peut estre les peuples du peu d'usage qu'ils en ont fait pour leur salut. Le clergé assemblé en 1645 fit faire à ce saint euesque, aux Augustins de Paris, un seruice tres solennel, et M. Godeau, euesque de Grasse, fit son oraison funebre, qui fut imprimée aux depends du même clergé.

Pour ne pas trop allonger ces Memoires, je passeray sous silence beaucoup d'autres personnes, qui vinrent chercher un asile à leur pieté dans ce desert, pour m'arrêter particulierement à l'article de M. d'Andilly (2), frère aisné de M. Arnauld, Docteur de Sorbonne, et autheur du liure *De la Frequente Communion*. C'étoit un homme tellement illustre dans nos jours, qu'il semble presque inutile d'en parler pour le faire connoistre. Il auoit toujours vécu dans le grand monde et à la Cour, mais d'une maniere si pure qu'il ne prenoit point de part

---

(1) Six mois environ. Il mourut, à Toulouse, le 22 mai 1645.

(2) Robert Arnauld d'Andilly, l'aîné de toute la famille, né en 1588, de vingt-quatre ans plus âgé qu'Antoine Arnauld, le docteur. Ce nom d'Andilly lui venait d'une terre appartenant à sa famille. (Seine-et-Oise, arrondissement de Pontoise, près Enghien.)

à sa corruption, et qu'il y viuoit dans une estime generale tant des Grands que des petits, aimé et honoré des gens de bien, autant que craint des mechans, qui étoient forcez de respecter sa probité et sa fermeté dans tout ce qui regardoit la justice. Il passa par diuers emplois, tant de la Cour que des Finances, les mains pures et son cœur degagé de tout interest ; en sorte qu'on ne put jamais luy rien reprocher sur ce sujet, et qu'en sortant de ces emplois il se trouuoit même un peu moins riche qu'auparauant. Aussy le Roy Loüis XIII, qui connoissoit son merite, voulant le faire Secretaire d'Estat, tel que M. de Pomponne son fils l'a été depuis, il supplia Sa Majesté de l'en dispenser, ne se sentant point assez riche pour achetter cette charge, et ne voulant point estre incommode à ses amis, selon qu'il le témoigna longtemps aprez au Roy à présent regnant, lorsqu'il se vit obligé de l'aller saluer, pour le remercier de la grace qu'il faisoit à M. de Pomponne, de l'éleuer à une charge, dont il s'étoit luy même dispensé, à cause de sa pauureté. La Reyne mère le consideroit très particulierement, aussi bien que le Duc d'Orléans, et tous les Princes, au milieu desquels il viuoit, auec cette honneste et genereuse liberté, que donne un esprit éleué au dessuz de la bagatelle, un cœur ouuert à tous les gens de bien, une conduitte exempte de la moindre atteinte de tout soupçon, une conscience nette et dégagée de tout interest. Pour faire connoistre en quelle consideration il fut toujours à la Cour, il suffit de dire que, lorsque le cardinal de Richelieu pensa à faire arrêter l'abbé de Saint Cyran, et que la résolution en étoit prise entre luy, le P. Joséph et M. Desnoyers (1), ils ne purent s'empescher de dire

(1) François Sublet, seigneur de Noyers et baron de Dangu, devint intendant des finances sous Richelieu, qui le fit secrétaire d'Etat.

entr'eux: *Mais que dira M. d'Andilly ?* parcequ'ils sauoient qu'il étoit genereux amy, et que sa grande probité l'auoit lié très particulièrement auec celuy qu'ils vouloient faire arrêter. Mais la maniere dont la Reyne mère parla encore de luy, au sujet de M. de Barcos, après la mort de l'abbé de S. Cyran, son oncle, en est une preuue bien éclattante. Car cette princesse ayant donné à M. de Barcos l'abbaye de S. Cyran, malgré toutes les sollicitations qu'on luy fit pour l'en empescher, comme M. de Chauigny alla la remercier, et luy dit que Sa Majesté l'auoit plus obligé, que si elle luy auoit donné dix mille pistolles, elle luy répondit : « Hé ! « ne sçauois je pas bien que l'abbé de S. Cyran auoit un « neueu, qui est homme de mérite ? » Puis elle ajouta : « Et qu'auroit dit M. d'Andilly, si je l'auois donnée à un « autre (1) ? » Il viuoit auec les dames d'une manière charmante, honorant en elles le sexe, la pieté et l'esprit ; mais n'ayant jamais regardé la plus belle femme de la cour, selon qu'il m'a fait l'honneur de me l'assurer luy même, autrement que comme une belle statuë de marbre, auec la seule distinction de l'esprit qui l'animoit et qui la rendoit viuante et raisonnable. Enfin cet homme si accomply selon le monde, et zélé au dernier point pour toutes les choses de la justice, jusques là qu'il pensa se faire mourir à force de solliciter en faueur de pauures gens de Mortagne qui étoient opprimez, et qu'il tira à la fin d'oppression, connut qu'il luy manquoit encore quelque chose, et même beaucoup, pour entrer dans le royaume des cieux. (2). Et la lumiere inte-

---

(1) Ce dernier passage est sur une bande de papier collée à la marge du texte, et de la main de du Fossé. Il avait été supprimé ou fort abrégé par le premier éditeur.

(2) Mlle de Scudéry a fait son portrait, sous le nom de Timante, d'une façon plus complète, et l'a placé dans un tableau très flatteur du Désert, au tome sixième de sa *Clélie* (1658), page 1138 et suiv.

rieure de l'Esprit de Dieu luy fît comprendre que toutes ces vertus morales qui étoient en luy, et cet excellent naturel qu'il auoit receu, et qui le rendoit digne d'être aimé et honoré de tout le monde, ne suffisoient pas pour un homme qui auoit été rachetté par le sang de Jésus Christ, et en qui il falloit que sa grâce fust le premier principe de toutes ses bonnes œuures.

Il auoit eu une liaison tres étroitte auec S. François de Salles, qui l'aimoit comme son amy et qui faisoit consister principalement son amitié à faire passer dans son cœur quelques étincelles de l'amour de Dieu dont le sien brusloit (1). Mais il eut encore une union plus intime auec l'Abbé de S. Cyran, à l'élargissement duquel j'ay marqué auparauant qu'il contribua par le moyen de M. de Chauigny, Ministre d'Estat, son amy (2). Et il ne fut pas un de ceux à qui l'amitié toute chrestienne de cet abbé, et sa sortie de prison contribuèrent moins pour luy inspirer tout à fait le mépris du monde, et le désir de se retirer. Le liure *De la Frequente Communion*, qui parut en ce même temps, et qui faisoit le sujet de l'entretien et l'édification de tous ceux qui n'étoient point préuenus y seruit aussy sans doute. Et nous vîmes arriuer au milieu de nous (3), c'est à dire dans nostre desert affreux, cet homme qui auoit éclatté au milieu de toute la cour. Mais que ne peut point l'amour diuin, quand il s'empare une fois du cœur de l'homme, pour le rendre digne de la demeure du Saint Esprit.

Bientôt aprez qu'il fut arriué en l'abbaye de Port Royal, où il s'établit tout à fait, on vit changer de face à une demeure si affreuse. Dans le dessein qu'il auoit de

(1) Ils s'étoient connus, vers 1619.
(2) Voir plus haut, p. 34.
(3) Vers la fin de 1645, ou tout au commencement de 1646. Il avait 57 ans.

s'occuper utilement, et de réparer le temps qu'il pouuoit auoir perdu dans le monde, il partagea tout son temps en trois ; l'un, qui deuoit estre employé à prier Dieu, à lire l'Ecriture sainte ou quelques autres bons liures ; un autre, qu'il destina au trauail du corps, mais à un trauail proportionné à la délicatesse de son temperamment ; et le troisiéme, qui étoit pour le trauail de l'esprit, aussy nécessaire pour le moins à ce grand homme, que celuy du corps, parce que, comme il auoit un esprit extraordinairement vif, il auoit aussy un extrême besoin de luy donner de quoy s'occuper. S'étant une fois réglé et fixé ce genre de vie, il ne le viola jamais, et il fit paroître une exactitude à l'obseruer jusqu'à sa mort de la même sorte, dont on ne vit guere d'exemple plus accomply. Le trauail de corps qu'il choisit fut celuy du jardin, c'est à dire de faire defricher, applanir les terres, dresser et bastir des terrasses, planter des arbres et les tailler. Et l'on peut dire qu'auec tous les soins qu'il prit, toutes les peines qu'il se donna, et l'argent qu'il y dépensa, il fit d'un jardin tout en friche, tout inegal, et hydeux à voir, un jardin aussy agreable pour la beauté des terrasses, et pour l'abondance de toute sorte des plus beaux fruits qu'il y en eust dans le royaume. Je luy ay, entr'autres choses, cette obligation particulière que, comme il sçauoit parfaitement tailler les arbres, et qu'il auoit une singulière bonté pour moy, autant que si j'eusse été un de ses enfans ; il voulut bien me montrer les règles qu'il obseruoit dans cette taille, surtout des poiriers, et qui les rendoit si beaux, et leur faisoit porter une si grande quantité de fruits, qu'on n'auoit point encore veu jusqu'alors d'espaliers qui approchassent des siens (1). Car

(1) « Il avait pris par avance le titre de « Surintendant des jardins, » dit Fontaine dans ses Mémoires. D'Andilly appelait les produits de ses espaliers des « fruits monstres, » et Racine en a fait aussi l'éloge

il sembloit véritablement qu'ils fussent peints à plaisir sur une toile, et, comme luy dit un jour la princesse de Cheureuse, « qu'on eust attaché chaque poire auec des « cordons pour en couurir tout l'espalier, et en faire « comme un tableau qui pust seulement charmer la « veuë (1). »

Quant à son trauail d'esprit, tout le monde en a veu les fruits dans les ouurages qu'il nous a donnez des Vies des Pères des deserts, en deux volumes in quarto, et des Vies des Saints illustres, en un gros volume in folio, de la traduction de S. Jean Climaque, de Joseph (2) l'historien, des lettres de Dauila (3), des œuures de sainte Therese et de plusieurs autres (4) qui ont serui à l'edifi-

---

dans sa pièce de vers : « Le Paysage ou Promenade de Port-Royal « des Champs. » A la septième et dernière ode, « les Jardins, » il dit :

> Je viens à vous, arbres fertiles,
> Poiriers de pompe et de plaisirs,
> Pour qui nos vœux et nos désirs
> Jamais ne se sont vus stériles.

On sait qu'on doit à saint François de Paule la poire de *Bon-Chrétien*.

(1) Arnauld d'Andilly faisait des cadeaux avec l'élite et les primeurs de ses fruits, qu'il envoyait à la Reine, au Cardinal Mazarin, à Mme de Sablé, à Mlle de Montpensier, en accompagnant l'envoi d'une lettre. Les solitaires et les religieuses n'en goûtaient pas ; le reste était vendu, et l'argent allait aux pauvres.

(2) MM. de Port-Royal écriuaient *Joseph* et non *Josèphe*, suivant l'habitude ordinaire, quand on veut désigner l'auteur des *Antiquités judaïques*.

(3) Ce n'est pas Henri Davila, l'historien des Guerres civiles de France, mais Jean d'Avila, célèbre prédicateur et missionnaire espagnol. On a, entre autres ouvrages : Œuvres chrestiennes sur le verset *Audi filia et vide*, etc., par J. Davila et traduit par Personne, advocat. Paris, 1663, in-8.

(4) Tous les ouvrages de ce solitaire ont été réunis dans la belle édition des *Œuvres de M. d'Andilly* (8 vol. in-folio), publiée à Paris, chez Pierre Le Petit, en 1675, l'année qui suivit la mort de l'auteur. Du Fossé en parle d'après les éditions faites de son vivant.

cation des personnes qui, n'entendant point les langues originales de ces liures, ne pouuoient les lire que dans de vieilles traductions, qui n'étoient plus du goust de notre siecle.

Il s'occupoit de cette sorte d'une manière toujours égale, faisant succéder l'un de ces trois exercices dont j'ay parlé à l'autre ; allant trauailler dans les jardins une heure et demye ou deux heures en silence ; puis reuenant prier ou lire, ou s'occuper à quelqu'une des traductions que j'ay marquées. C'est ainsy qu'il a passé plus de trente années, sans se dementir d'une vie si peu agréable aux sens, et sans jamais prendre le moindre diuertissement. On le regardoit comme le père de la maison, tant à cause du bien que luy et ses proches y ont toujours fait, que parce que, non seulement et sa mère et six de ses sœurs furent Religieuses dans ce monastère (1), mais encore cinq de ses filles s'y consacrèrent à Jesus Christ, sans compter une autre qui y mourut pensionnaire ; et qu'il eut en même temps deux de ses fils qui y demeurerent auec luy, sçauoir M. de Villeneuue, mon camarade d'études, et M. de Luzancy (2) qui, ayant été page du Cardinal de Richelieu, et ensuitte Lieutenant Colonel de son Regiment, quitta le monde pour venir se retirer dans ce desert et encore cinq de ses neueux : sçauoir, MM. le Maistre et de Sericourt dont j'ay parlé, M. de Sacy, dont je parleray beaucoup dans la suitte, et MM. de S. Elme et de Valmont, tous frères qui ont demeuré à Port Royal.

(1) Voir leurs noms plus haut, p. 113, note 1.
(2) Charles-Henri Arnauld, sieur de Luzancy, se retira, le 22 mai 1642, à Port-Royal des Champs.

CHAPITRE VIII.

— 1643—1646. —

M. du Fossé père vend son office de conseiller maître à la Chambre des Comptes de Rouen. — La difficulté de l'accès et le voisinage de Forges l'empêchent de se retirer dans le pays de Bray, au Fossé. — Il préfère Rouville, dans le pays de Caux. — M. et Mme de Fresle. — M. Guillebert, curé de Rouville. — Son caractère, son influence sur les gentilshommes des environs. — Les sieurs Deslandes et de la Bouteillerie. — Charité de M. du Fossé père envers un juif qu'il fait baptiser. — Il est trompé. — Mariage de Mlle Marie du Fossé avec M. de Durdent, au pays de Caux. — Fâcheuse querelle entre le sieur Deschamps et le sieur de Beuzemare, dans le même pays. — Assassinat de ce dernier. — L'affaire est renvoyée au Parlement de Bretagne. — Elle cause bien des peines à M. de Durdent. — La famille du Fossé songe de plus en plus à son salut. — Les jeunes du Fossé font leur éducation avec les enfants du sieur Deslandes, au pays de Caux, sous la direction de M. Diroys. — Ils sont conduits à Beauvais. — Retour de M. du Fossé à Rouen. — Madeleine et Anne du Fossé se font religieuses à Port-Royal des Champs. — Désintéressement de cette maison. — — Divers exemples remarquables. — La sœur Briquet, nièce de l'avocat-général Bignon.

Mais on voudra bien que je laisse pour quelque temps cette maison, et que je passe en Normandie pour voir ce qui s'y passoit, tant à l'égard de mon père et de toute sa famille, que d'un grand nombre de personnes, sur qui Dieu jetta dans le même temps les regards de sa divine miséricorde. Mon père étant retourné à Rouën (1), après

(1) En 1643, voir plus haut, p. 62.

nous auoir procuré une éducation aussy chrétienne que celle que nous receuions à Port Royal, songea tout de bon de son costé à se débarrasser de ce qui le tenoit encore attaché au monde. Et sans considerer si les charges étoient alors dans leur valeur, comme elles le furent depuis, il vendit la sienne, auec une perte considerable, par rapport à ce qu'elles furent venduës dans la suitte (1). Se trouuant alors comme déchargé d'un poids qui luy pesoit extrêmement, il songea à aller passer quelques années à la campagne auec sa famille, pour estre plus en état de se deffaire peu à peu de toutes ses connoissances, ou au moins pour s'affermir dans la pieté, étant tout à fait éloigné des compagnies. Il ne voulut point, pour plusieurs raisons, se retirer en une terre que mon grand père auoit achettée sur la fin de l'autre siècle, nommée le Fossé (2). Premierement le pays est inaccessible en hyuer, à cause des terres fortes qui en rendent les chemins impraticables ; et quoyqu'on ne soit pas fort éloigné de l'Eglise (3), il y a assez de chemin pour rendre, pendant ce temps là, cette demeure tres incommode. Secondement, la proximité de Forges, qui n'en

---

(1) Il existe des « Lettres d'honneur de M. Gentian Thomas, con-« seiller du Roy, et maître ordinaire en ceste Chambre. — Donné à « Fontainebleau, 23 juillet 1642. » — Les « Lettres de provision de « Me Jean Carré, à l'office de conseiller maître en la Chambre, par « la résignation de Me Gentian Thomas, » sont du 12 décembre 1643. — Archives de la Seine-Inférieure, Mémoriaux de la Chambre des Comptes de Normandie.

(2) Canton de Forges, arrondissement de Neufchâtel (Seine-Inférieure). C'était « un huitième de fief, dit vulgairement du Fossé, acquis « de Nicolas Desportes, le 30 octobre 1599. » Terrier, du Chapitre de Rouen. — Terres, seigneuries et baronnies du Fossé en Bray et de Longmesnil. 1722, Archives de la Seine-Inférieure.

(3) A peine un kilomètre. Il s'agit de l'église actuelle, bâtie au début du XVIe siècle, sur l'emplacement de la chapelle Saint-Martin, pour remplacer l'église primitive placée ailleurs. Elle vient d'être restau-

est qu'à un bon quart de lieuë, et où il aborde un si grand monde en été, ne s'accordoit pas auec le dessein qu'il auoit de viure éloigné du monde (1). En troisième lieu, comme il arriue toujours des affaires desagreables dans les parroisses de la campagne (2), et plusieurs querelles parmy les paysans, il étoit bien aise de s'épargner ces sortes d'inquietudes, dans un temps où il ne vouloit songer qu'à soy : ce qu'il n'eust pu faire, estant engagé, comme seigneur, à prendre connoissance de toutes ces sortes d'affaires, qui l'auroient entièrement occupé (3). La quatrieme raison qu'il eut de choisir un autre lieu que sa parroisse du Fossé, et la plus considerable, fut, qu'ayant besoin, et ma mere aussy, surtout dans ces commencemens, d'une personne éclairée et très capable, en qui ils eussent une entière confiance pour leur conduitte, ils ne trouuoient point alors cet auantage au Fossé, où il y auoit pour curé un bonhomme tel qu'étoient, en ce temps là, la plupart des curés de campagne (4). Mais il trouuoit au contraire dans la paroisse de Rouuille, appartenant à une dame de ses parentes, nommée Madame de Bernières (5), veuue de M. de Bernieres,

---

rée aux frais et par les soins de M. Abel de Bosmelet. Dans les comptes de la fabrique, en 1676, il est question de « douze chesnes pour « amender dans la rue vis-à-vis de l'église. » — M. l'abbé Decorde, *Essai historique et archéologique sur le canton de Forges-les-Eaux*, p. 128.

(1) Les Eaux de Forges étaient dans toute leur vogue, depuis la visite de Louis XIII et de sa cour, en 1633.

(2) Les Mémoires en offrent la preuve.

(3) Dans les lettres d'honneur de 1642, il est qualifié de « escuyer, « conseiller, seigneur du Fossé et Bas Bos Roger. »

(4) Il s'appelait Jean Manant, et fut curé de 1624 à 1665. M. l'abbé Decorde, *ibid.*, p. 135. On le retrouve plus tard à Port-Royal.

(5) Françoise Puchot, fille de Jacques, seigneur de la Vaupallière, maître de la Chambre des Comptes de Rouen et de N. de Martainville, mariée le 5 février 1615, à Charles Maignart de Bernières, mort président au Parlement de Normandie, le 10 mars 1632.

president au mortier du Parlement de Normandie, et pere de M. de Bernieres, maistre des Requestes, dont j'ay à parler beaucoup dans la suitte, tous les auantages qu'il pouuoit jamais desirer pour le dessein qu'il auoit.

Cette paroisse est dans le pays de Caux, à dix ou onze lieuës de Rouën, dans une situation fort agréable (1). M. de Fresle, qui auoit épousé une demoiselle des proches parentes de ma mere, y auoit une terre et une maison fort agreable, toute plantée d'auenuës magnifiques, qui rendoient ce lieu charmant. Mais ce qui étoit bien plus capable de charmer mon pere et mere, qui pensoient alors serieusement à leur salut, étoit que la Dame de Fresle, auec qui ma mere fit une liaison tres étroitte, et qui étoit une dame d'une sagesse, d'une vertu, d'une égalité et douceur d'esprit incomparable, leur offrit d'un tres grand cœur une partie de sa maison, qui étoit ample, pour s'y retirer auec leur famille, sans qu'elle même en pust estre incommodée ; et que dans cette parroisse il y auoit un curé, qui n'étoit pas seulement docteur de Sorbonne, mais qui possédoit en perfection la science de l'Eglise, qui consiste dans l'intelligence des liures sacrez, et dans la connoissance des Canons des saints Conciles, et de la tradition des Peres. Il se nommoit M. Guilbert (2), et il auoit une liaison particuliere auec l'abbé de S. Cyran, neueu du deffunt (3), dont je parleray ailleurs, et auec M. Arnauld, autheur du liure *De la Frequente Communion*. C'étoit un homme dont on

---

(1) Rouville, commune de l'arrondissement du Havre, canton de Bolbec, N. N. E. de cette ville.

(2) Ailleurs, *Guillebert*, qui est la véritable orthographe. Jean Guillebert, né à Caen, en 1605, prit le bonnet de docteur en Sorbonne, en 1642. Apres avoir enseigné pendant quelque temps la philosophie et la théologie à Paris, il fut nommé curé de Rouville, la même année.

(3) M. de Barcos, près duquel il se retira plus tard.

pouuoit dire veritablement ce que la Sainte Ecriture dit de Moyse : « qu'il étoit le plus doux de tous les hommes. » Car son caractere particulier m'a paru estre une charité éminente, et une onction de piété qui charmoit, et qui attachoit insensiblement à sa personne tous ceux qui s'en approchoient. Son cœur étoit vide tout à fait du monde : ce qui paroissoit dans ses entretiens, où jamais il ne se remarquoit rien qui ne tendist et qui ne portast à Dieu. Car il y entremesloit toujours quelque chose de l'Ecriture, dont il auoit une si profonde connoissance, que je ne me souuiens point d'auoir jamais entendu qui que ce soit l'expliquer d'une maniere qui m'ait plus édifié, quand j'ay eu le bonheur de le connoître.

Mon pere et ma mere trouuant donc, dans cette parroisse de Rouuille, des auantages aussy grands que ceux que je viens de representer, ne délibererent pas à s'y venir établir dans la maison de la Dame de Fresle, leur parente, et auprès d'un si excellent curé, que mon pere connoissoit déja, et pour lequel il auoit une estime singuliere. Ce fut alors que leurs amis et leurs parents, qui auoient d'abord regardé le changement de leur vie comme une chaleur passagere de déuotion, reconnurent qu'il y auoit quelque chose de surnaturel dans leur conduitte. Car une charge venduë, des enfants mis à grands frais hors de leur maison, en un lieu propre pour les éleuer chrestiennement, et leur sortie du milieu de leur parenté, pour aller eux-mêmes s'établir à la campagne, loin de leurs amis, étoient des signes trop éuidens d'un solide changement de vie, pour pouuoir encore en douter. Mais comme, selon l'Ecriture, le Seigneur fait misericorde à qui il luy plaist, on ne vit pas que leur exemple en portast d'autres dans Rouën à les imiter. Et chacun de ceux qui les regarderent sans preuention, se contentoit d'admirer ce qui ne luy paroissoit point imitable.

Mais si on ne vit aucun changement dans Rouën, où un grand nombre de familles riches et puissantes paroissoient plongées dans l'amour du monde et du bien, il se fit une riche effusion de la grace du Seigneur à la campagne, c'est à dire dans tous les enuirons de la parroisse de Rouuille (1), où mon pere et ma mere s'étoient retirez, et dont le curé paroissoit estre comme un aimant spirituel, qui auoit la force d'attirer à soy des ames de fer, je veux dire des gentilshommes, qui auoient toujours l'épée à la main pour soutenir le faux honneur du monde, et qui faisoient gloire de ne rien souffrir. Tels étoient principalement le Sr Deslandres et le Sr de la Bouteillerie son frere (2), gens distinguez dans le païs pour leur brauoure, et qu'il plut à Dieu de distinguer beaucoup dauantage par leur piété, et par le grand nombre de bonnes œuures, auec lesquelles ils rachetterent depuis leurs pechez. Il se seruit donc de M. Guilbert pour amollir la dureté de leurs cœurs, et les rendre susceptibles de la vérité de l'Euangile. Et étant tombez une fois dans les filets de ce pescheur euangelique, il sceut si bien les engager dans les liens de sa charité et de sa douceur, qu'ils commencerent à le regarder comme leur meilleur amy. Il leur fit connoistre peu à peu leurs égarements. Il leur montra, suiuant l'Euangile, la voye étroitte, opposée à celle où ils auoient marché jusqu'alors. Et leur faisant lire le liure *De la Frequente Communion*, pour y connoistre l'esprit de l'Eglise au sujet de la penitence, il leur en ouurit le chemin, dans lequel ils s'engagerent auec joye, en renonçant pour toujours au faux honneur, qui les auoit tant de fois portez à des actions de fureur, plus dignes de bestes

(1) On y appelait ces chrétiens régénérés, par cette sorte de réveil religieux, les *Rouvillistes*.
(2) Plus généralement *des Landes* ou *Deslandes*.

féroces que d'hommes raisonnables (1). Le Sʳ de la Bouteillerie surtout embrassa la pénitence, jointe aux exercices de charité, auec une si grande ferueur qu'il en abregea les jours de sa vie, trop heureux de donner à Dieu une partie de cette vie miserable et exposée à tant de périls, pour jouir de luy plus promptement.

Pour ne me point arrêter à un detail qui allongeroit trop ces Memoires, j'adjouteray seulement que le trauail auec lequel M. Guilbert défrichoit une partie de ce canton des ronces et des épines de toutes sortes de vices qui y regnoient, fut marqué au caractere éuangelique, c'est à dire qu'on ne manqua pas de le décrier, de le déchirer, et de le persecuter, en faisant passer pour des foux ceux qu'il conduisoit par une voye que le monde ne peut agréer. Mais comme il auoit appris de Jesus Christ qu'une des beatitudes éuangeliques est d'estre persecuté en le seruant, et d'estre deshonoré pour la gloire de son nom, non seulement il ne fut point étonné de se voir ainsy exposé aux injures des impies, mais il reconnut plus sensiblement à cette marque qu'il estoit, aussy bien que ceux qui se conduisoient par ses auis, du nombre des disciples de Jesus Christ. Il se rejoüit donc, selon le con-

---

(1) « Quand Dieu eut touché le cœur de ces deux gentilshommes, ils se donnerent tout entiers aux bonnes œuvres. Ils firent bâtir l'un et l'autre un hopital dans leurs terres. M. des Landres qui avoit dix enfans mit dix lits dans le sien, et M. de la Bouteillerie qui n'avoit point d'enfans, en mit vingt dans celui qui étoit au bout de son parc. Dieu benit leur charité : il daigna les choisir pour être les premiers instrumens de plusieurs autres conversions. Ce furent eux qui, après avoir montré la voie du salut au fameux M. Pascal, et à mademoiselle sa sœur qui se fit depuis religieuse à Port-Royal, porterent M. Pascal le pere, alors intendant de Normandie, à se donner entierement à Dieu. Ces conversions furent suivies de celles d'une autre fille de M. Pascal et de M. Perier son époux, et toutes ces personnes se mirent sous la conduite de M. Guillebert. » — Note du premier éditeur.

seil de son diuin Maistre, non de la malice de ceux qui tournoient la pieté en raillerie, mais de la part qu'il luy donnoit au calice de sa passion, et de ses souffrances.

Ce fut dans le temps que mon pere étoit à Rouuille qu'il se presenta à luy une occasion d'exercer sa charité d'une maniere digne de son zéle et du caractère de son esprit. Un juif, originaire de Rome, vint, je ne sçais par quelle occasion en ces quartiers là, touché peut être de quelque desir de se conuertir à nostre religion. Il n'étoit ny grand ni petit, mais des plus forts que j'aye jamais vûs. On l'adressa à mon pere. Et comme on sçauoit qu'il auoit beaucoup de zele pour la conuersion des ames, en reconnoissance de la grace que Dieu luy auoit faitte à luy même, on le pria de vouloir bien faire charité à ce pauure miserable et prendre soin de son ame, encore plus que de son corps. Mon pere s'en chargea donc auec joye, se trouuant heureux de pouuoir contribuer au salut d'un juif, et il s'y appliqua auec une ardeur qu'on auroit peine à comprendre. Car il eut affaire à un esprit rude et de difficile accez. Et d'ailleure le diable, qui s'étoit rendu maistre en quelque façon de cet esprit, n'eut pas plustôt veu le dessein qu'auoit mon pere de le retirer peu à peu de l'égarement où il étoit, et de luy inspirer doucement l'amour de la verité, qu'il commença à le tourmenter en mille manieres, par des spectres qu'il representoit à son imagination, et même en se presentant visiblement à luy souz la figure d'un geant redoutable, qui le menaçoit des dernières extremitez, s'il songeoit à se faire chrestien. Mon pere, à qui il s'ouuroit confidemment de toutes ses peines, en luy disant même quelquefois, tout pasle, et tout tremblant : « Le voyla, Seigneur, qui me me-
« nace de me tuer ; » le rassuroit en luy jettant de l'eau benitte, en faisant sur luy le signe de la croix, et luy disant de se mocquer de celuy qui le menaçoit, parce

qu'il n'auoit aucun pouuoir sur ceux qui mettoient leur confiance en Jesus Christ, qui l'auoit vaincu. Mon pere eut sans doute besoin de toute la fermeté de son esprit et de sa foy, pour le soutenir jusqu'à la fin dans ces combats continuels, que luy liuroit le demon ; étant même obligé de le faire coucher pres de son lict, dans sa chambre, pour l'encourager pendant la nuit à mépriser cet esprit superbe, qui ne pouuoit supporter les approches de son batême, où il deuoit estre tout à fait chassé de son ame.

Enfin, lorsque l'on jugea qu'il étoit assez instruit, et suffisamment affermy dans tous les principes de nostre religion, il fut batisé ; et mon pere, luy seruant de parrain, luy donna le nom de Paul, de cet apostre, qui, bien que destiné principalement pour la conuersion des Gentils, ne laissa pas de trauailler auec tant de zèle, pour conuertir à la fois les Juifs, ses freres. Il le garda auec luy et le menoit dans ses voyages ; et ce fut dans un qu'il fit à Paris que je le vis. Ce qu'il y eut de bien remarquable, c'est que, depuis son batême, le diable ne luy apparoissoit plus que rarement, et ne le menaçoit plus comme auparauant ; mais il luy donnoit aduis seulement de l'état où étoit son pere, et le pressoit de luy aller rendre à Rome l'assistance dont il auoit tant de besoin dans sa maladie. Mon pere vit bien l'artifice de cette tentation, et l'affermit contre, autant qu'il luy fut possible. Mais ce pauure malheureux y succomba à la fin ; et quittant secrettement mon pere, qui ne put jamais découurir ce qu'il étoit deuenu, quelque perquisition qu'il en pust faire, il le laissa dans la dernière douleur de voir perdre par cette retraitte tout le fruit de ses trauaux. Mais, comme dit l'Apostre S. Paul : *Si le seruiteur tombe, ou s'il demeure ferme, cela regarde son Maistre* ; et ailleurs : *Cela ne dépend ni de celuy qui plante, ni de celuy qui arrose, mais de Dieu qui fait misericorde.* Et cependant, ni ceux qui plantent, ni ceux qui arrosent ne perdent pas deuant luy leur récompense.

Ce fut vers ce même temps que mon pere maria ma sœur aînée à un gentilhomme dont j'ai parlé, nommé M. de Durdent. Elle auoit été mise en religion pendant quelque temps ; mais on reconnut que, par un déreglement trop commun en plusieurs maisons religieuses, elle y auoit pris l'esprit du monde, encore plus en quelque sorte que dans le monde même. Et comme l'on vit qu'elle n'auoit nul penchant pour la religion, on jugea plus à propos de la marier à ce gentilhomme qui, étant voisin de Rouuille, et des'rant de se procurer l'appuy de mon pere, qu'il sçauoit estre en grande considération dans la prouince, vint luy en faire la demande. Ils furent donc mariez, et le curé de Rouuille, dans l'exhortation qu'il leur fit, selon la coutume, leur représenta, et tous les deuoirs de cet état, qui sont plus penibles et plus importants qu'on ne s'imagine, et les croix que Dieu y attache tres souuent, quoyque l'on ne s'y propose d'ordinaire que des joyes, et qu'on regarde cet état, comme plus heureux sans comparaison que celuy des personnes qui quittent tout pour se consacrer dans la religion à Jesus Christ. Cependant elle eut bien lieu de reconnoistre dans la suitte cette vérité ; parce que, sans parler de mille sujets d'affliction qu'il y a eu dans cette famille, il suruint à mon beau frere, quelques années après son mariage, une affaire qui luy causa et à ma sœur tant d'inquiétudes, tant de fatigues et tant de depenses, qu'ils penserent en estre ruinez, et en mourir de déplaisir.

Le sujet en fut tout à fait funeste, et merite d'estre rapporté icy, pour faire voir combien il est important d'arrêter les passions dans leur commencement, puisqu'à la fin elles peuuent porter à des excès dont les Turcs auroient horreur. Un gentilhomme du pays, nommé le sieur Deschamps, parent des sieurs Deslandres et de la Bouteillerie, dont j'ay parlé, et frere ou cousin d'une damoiselle Deschamps, qui fut depuis religieuse à Port Royal, auoit eu un differend auec deux autres gentilshommes de ses voisins. Et comme il étoit amy intime d'un frere de M. de Durdent, nommé le sieur de Beuzemare, qui étoit un homme de teste et de cœur, il luy en donna aduis, le priant de ne le point abandonner dans une occasion où il auoit grand besoin de ses aduis et de son appui. Le sieur de Beuzemare, qui étoit un tres bon amy, se rendit auprez du sieur Deschamps, pour le seruir en tout ce qui dépendroit de luy. Les deux gentilshommes en furent bientost auertis. Et comme le sieur de Beuzemare étoit connu dans tout le païs pour un homme de cœur, prest à tout, et que rien n'étoit capable d'étonner, ils prirent un parti également horrible, selon Dieu et selon le monde. Ce fut d'enuoyer un jour de feste ou de dimanche, des gens armez de mousquetons et d'épées, au nombre de quatorze, se poster derrière une haye, qui donnoit sur le cimetiere, vers la porte de l'eglise. Le sieur de Beuzemare et le sieur Deschamps entendoient la messe auec toute la parroisse. Et à la fin de la messe, comme ils sortoient, sans songer à rien, ils apperceurent tous ces gens armez se tenir au dessus de la haye, et les coucher en jouë auec leurs armes à feu. Le sieur de Beuzemare, qui étoit sorty le premier, se voyant ainsi assassiné lâchement, se retourna pour se jetter dans l'église ; mais il reçust dans l'instant un coup de mousqueton dans les reins. Tout le peuple se dispersa aussitost à la veuë de tant de gens armez qui parurent. Le sieur Deschamps, qui étoit le plus prez de la porte de l'eglise, eut le loisir de s'y sauuer et de s'aller enfermer dans sa chapelle. Et le pauure Beuzemare, qui eut encore la force de se traisner, comme il put, jusqu'auprez des fons bapstimaux, espera d'y pouuoir estre en seureté contre la fureur de ces scelerats, croyant qu'ils respecteroient au moins l'église. Mais c'étoient des gens sans honneur, et sans religion, qui, après auoir commis, cette lâcheté, porterent leur rage jusqu'à cette impiété plus que brutale de venir acheuer dans l'église, et au lieu même où ils auoient reçu une vie nouuelle dans le batême, le pauure mourant, en luy enfonçant dans le cœur plusieurs coups d'épée. Ils chercherent ensuitte le sieur Deschamps par toute l'eglise, sans pouuoir jamais le trouuer; soit que l'énormité d'un si grand crime les aueuglast en quelque sorte, dans le transport où ils étoient, soit que la crainte qu'ils eurent peut estre que le monde ne s'assemblast pour les enfermer dans l'église même, les portast à se retirer auec quelque précipitation, ou qu'enfin le sieur Deschamps eust sceu se cacher si bien souz l'autel de sa chapelle, qu'il auoit fermée sur soy, qu'il ne purent le découurir.

On peut juger de l'angoisse et de l'étrange désolation que causa à mon beau frere et à ma sœur une nouuelle si funeste. C'étoit un frere qu'ils aimoient très tendrement et qu'ils regardoient comme l'honneur et l'appuy de leur famille. Ils le voyoient assassiné de la maniere du monde la plus déplorable et pour une cause qui ne le regardoit point. Et ils se voyoient engagez en même temps dans des suites infinies de procez et exposez à mille dangers de la part de gens, qui auoient eu la brutalité d'assassiner si inhumainement un gentilhomme, qui n'auoit point d'autre crime à leur égard que d'estre amy de celuy auec lequel ils étoient en différend. Quelles reflexions ne fit point alors ma sœur sur le bonheur de la religion qu'elle n'auoit jamais pu goûter et sur le malheur des engagements du monde, où elle s'étoit mise par le mariage! Mais il n'en étoit plus temps. Et celuy des croix étant arriué, il fallut bien s'y resoudre. On ne peut guere s'imaginer combien cette affaire les consuma. M. de Durdent auoit affaire à des gens qui, nonobstant leur brutalité et la noirceur de leur crime, trouuerent encore assez de crédit pour se soutenir contre toutes les solicitations si justes que l'on employa contre eux. Et à cause des parens que nous auions en grand nombre dans le Parlement de Rouën, ils obtinrent au conseil un renuoy de leur affaire au Parlement de Bretagne. Il fallut donc que mon beau frere s'y transportast avec le sieur Deschamps et quelqu'autre gentilshomme de ses amis. Et à force de poursuittes et de dépenses, il obtint enfin au bout de plusieurs années un arrest, par lequel ceux qui étoient conuaincus d'auoir commis l'assassinat, furent condamnez les uns à estre rouëz, les autres à estre pendus, et les deux gentilshommes, qui pouuoient estre regardez comme plus coupables, estant la cause de tout le malheur, furent seulement obligez de vendre leur terre, qui auoit été le sujet du differend et de seruir dans une garnison sur les frontieres, pendant sept ou huit ans, et de payer de gros interests à la famille du mort, auec tous les frais et tous les dépends (1).

Ainsy finit cette malheureuse affaire, qui donna lieu a mon pere d'estimer encore beaucoup dauantage la grace que Dieu fit à deux autres de mes sœurs d'embrasser le vie religieuse dans le monastere de Port Royal, comme je le diray bientost. Pour luy et ma mere, ils ne

---

(1) Toute cette longue narration, concernant la famille du Fossé, et qui peint bien les mœurs du temps, a été supprimée par le premier éditeur, ainsi que les faits qui la précèdent et les réflexions qui la suivent. L'affaire de la Boullaie et de Montpisson, gentilshommes des environs de Bernay, à la date du 25 novembre, rappelle celle-ci de point en point. Voir l'*Histoire du Privilége de Saint-Romain*, par M. Floquet, t. II, p. 9-15.

pouuoient se lasser de reconnoistre le bonheur dont ils jouïssoient d'estre dégagez de l'amour du monde et en état de songer serieusement à leur salut. C'est ce qu'ils faisoient dans une union admirable auec la dame de Fresle, qui les édifioit extraordinairement et les soutenoit par l'exemple de sa vie, toujours uniforme et toujours également attachée à Dieu. Elle et ma mere étoient entre elles comme deux sœurs, qui auoient l'une pour l'autre toute la tendresse d'une affection tres sincère et une deference réciproque toute pleine d'humilité, quoyque ma mere eust pour la dame de Fresle toute la consideration et même la soumission que l'on doit à une personne qui nous a deuancez dans le voye de la piété. Mais quant à ce qui regardoit leur famille, c'étoient comme deux meres superieures qui conduisoient leurs enfants selon la lumiere des veritez que l'abbé de S. Cyran, et le sieur Guilbert leur auoient fait connoistre, veillant beaucoup pour oster à leurs enfants toute connoissance du mal, et pour leur inspirer l'amour du bien qu'elles goûtoient et qu'elles étoient bien faschées d'auoir commencé à goûter si tard; étant dans cette disposition du cœur d'un grand Saint, qui disoit à Dieu, dans la douleur d'auoir été si longtemps priué de son amour : *Quàm sero te amaui, pulchritudo antiqua et noua! Quàm sero te amaui.* Mon père se nourrissoit, dans sa solitude, de la lecture des bons liures, c'est à dire, de la Sainte Ecriture, du liure *De la Fréquente Communion*, et surtout de S. Augustin, aux ouurages duquel il prit un tel goust, qu'il s'affermit parfaitement dans tous ses principes, et qu'il se vit en état depuis d'en parler auec les plus habiles theologiens, ayant un fonds d'esprit excellent et prenant feu aux veritez auec plus de zele qu'un docteur.

Mais comme Dieu permet que tout soit meslé dans cette vie, et qu'on n'y goûte point de joye pure, il luy arriua quelques sujets de chagrin dans l'exercice même de sa charité. On connut bientost dans le pays son merite et surtout cette excellence de jugement qui le rendoit tres capable de démesler les affaires les plus embrouillées. Ainsy, plusieurs commencerent à s'addresser à luy, et auoient recours à sa charité et à sa lumière dans les differends qui leur suruenoient. Il ne crut pas que cet exercice fust incompatible auec sa retraitte. Et il le regarda même comme une occasion que le Seigneur luy presentoit de couurir par la charité la multitude de ses péchez ayant d'ailleurs un esprit vif et agissant qui auoit besoin d'occupation. Mais quelques personnes de ce canton conçeurent de la jalousie de ce qu'un homme de dehors venoit ainsy eclypser en quelque façon leur lumière. Et au lieu de se rejoüir, selon que la charité les y obligeoit, du bien que ces pauures gens receuoient de son assistance, elles se scandalisèrent de la gloire qui luy reuenoit de ces accommodements, quoyqu'il ne la recherchast pas, mais seulement l'auantage du prochain. Il auroit pu mépriser cette sorte de scandale, dont il n'étoit point coupable. Mais il voulut ménager la foiblesse de ceux que sa charité affligeoit. Ainsy, pour rompre le cours à toutes les suittes qui auroient pu naistre de ces premieres semences de diuision, il alla faire un voyage à Rouën, où il passa quelque temps, et il reuenoit seulement par interualles à Rouuille : ce qui fit que, comme sa demeure n'étoit plus fixe en ce lieu, on ne pouuoit plus, comme auparauant, s'addresser à luy, pour les affaires dont on auroit bien voulu le rendre arbitre.

Ma mere ne put non plus demeurer que quelques années à Rouuille, et fut obligée de s'en retourner auec mon pere à Rouën. Il fallut songer à l'établissement de trois de mes sœurs et de mes deux freres jumeaux, Joseph et Augustin, les derniers de tous. Comme ils étoient encore fort petits, mon pere crut deuoir les placer chez un curé du païs de Caux, auec les enfants du sieur Deslandres et un précepteur fort honnête homme, nommé M. Diroys, qui étoit d'une famille sacerdotale, c'est à dire fils d'un père qui a été curé d'une grosse parroisse près d'Auranches, nommée Tirepied (1), et cadet de deux autres freres, dont l'un, qui fut docteur de Sorbonne, a été tres considéré du cardinal d'Estrée, qu'il accompagna deux fois à Rome, et l'autre est mort dans une grande reputation de piété, curé de Bractuy (2), dans le païs de Caux, où la duchesse de Longueuille le plaça par la seule considération de son merite. Mes freres furent donc ainsy éleuez par M. Diroys, le cadet de tous, qui est depuis deuenu pénitencier d'Auranches (3). Et après auoir passé auec lui quelques années chez le curé dont j'ay parlé, il les amena à Seuran (4), à trois lieues de Paris, chez M. Flessel, qui tint à gloire, dans ces premiers temps, de consacrer sa maison de campagne, qui étoit fort agréable, à l'éducation de ces jeunes plantes, qu'on tâchoit d'éleuer chrétiennement, loin de la corrup-

(1) Tirpied, à quelques kilomètres à l'est d'Avranches, sur la route de cette ville à Vire.

(2) Braquetuit ou Bracquetuit, Seine-Inférieure, arrondissement de Dieppe, près de Saint-Victor-l'Abbaye, à l'est.

(3) Il fut aussi chanoine d'Avranches.

(4) Sevrans, Seine-et-Oise, arrondissement de Pontoise, E. de Saint-Denis, sur la route de cette ville à Meaux. — « Cette Ecole de Sevrans, « dit M. Sainte-Beuve, est vaguement indiquée dans les *Mémoires* de « Lancelot (tome II, page 437); dans la *Vie de Nicole*, par Gouget « (page 29); dans les *Mémoires sur la Vie de M. de Beaupuis.* » *Port-Royal*, t. III, p. 407, en note. Elle est ici nettement indiquée, sans date précise; mais ce dut être après la dispersion de l'Ecole des Granges, surveillée par le lieutenant civil Daubray, 30 mars 1656. Sans cela, M. du Fossé aurait mis ses deux jeunes fils à Port-Royal comme les aînés.

tion du monde (1). Mais cet etablissement s'étant ensuitte rompu, ils furent conduits à Beauuais par le même précepteur, qui se chargea de leur nourriture et de leur éducation, en ayant encore plusieurs autres auec luy, et ce fut là que l'aisné des deux frères, qui étoit Joseph, mourut à l'âge de dix huit ans, dans une piété qui charma, comme je le diray plus particulièrement ailleurs, tous ceux qui assisterent à sa mort (2). Quant à l'autre, nommé Augustin, il y demeura encore jusqu'à ce qu'il vint s'établir pendant quelque temps à Magny, chez le sieur Retard, docteur de Sorbonne et curé du lieu, l'un des plus saints, des plus zelez et des plus sçauans prestres qui fust alors (3), et qu'après auoir acheué ses études à Paris et pris une charge à Rouën, il vint enfin demeurer auec moi, comme je le marqueray dans la suitte.

Quant à mes sœurs, l'ainée de celles qui n'étoient point établies, et qui se nommoit Magdeleine, que l'on a depuis fort connuë, à Port Royal, sous le nom de Sainte Melthide, étoit d'abord pensionnaire chez les Urselines de Rouën (4); et elle y auroit apparemment été religieuse.

(1) M. de *Flessel* est « l'abbé de Flexelles, homme de qualité, licen« cié de la Faculté de Théologie de Paris ; il s'était fait comme l'éco« nome de la maison, où se trouvaient en pension une douzaine « d'enfants. » M. Sainte-Beuve, *ibid.*, p. 407. Ce passage des *Mémoires* justifie bien la remarque de cet écrivain : « Les noms propres « de lieux ou de personnes sont à tout moment estropiés. »

(2) Il en avait déjà parlé. Voir plus haut, p. 17.

(3) François Retart ou Retard, né en 1608, avait étudié au collége du Cardinal Le Moine, à Paris. En 1648, il fut nommé curé de Magny-Lessart, la paroisse de Port-Royal des Champs. *Mémoires du P. René Rapin*, publiés par M. L. Aubineau, t. II, p. 265 et 370. La carte de l'Etat-Major l'appelle aujourd'hui : « Magny les Hameaux, » à l'est de Port-Royal.

(4) Les Ursulines étaient alors « établies derrière les murs de Saint

Mais mon pere, qui desiroit de luy procurer l'auantage de connoistre une maison aussy sainte que celle de Port Royal, qui croissoit tous les jours en piété et en régularité, luy fit la proposition d'y aller auec sa mere. Elle y consentit, ayant une entiere déference pour la volonté de ses parens. Et je puis bien remarquer icy, pour faire voir jusqu'où alloit cette extrême complaisance qu'elle auoit pour mon pere et pour ma mere, ce qui luy arriua dans le voyage. Car ma mere ayant mis pied à terre en un endroit, où elle ne voulut point qu'elle descendit, et luy ayant fait ensuitte, tout en marchant, quelque signe de la main, comme pour luy faire remarquer quelque chose, elle prit ce signe autrement qu'elle ne deuoit ; et ayant cru que ma mere l'appelloit, sans songer que le carrosse marchoit, et sans le faire arrêter, elle sauta en bas du carrosse, et tomba, en sorte que la rouë luy passa sur une partie du corps. Cependant, lorsque ma mere, qui vit la chose, sans la pouuoir empescher, parce qu'elle arriua en un instant, crut qu'elle estoit morte, elle passa tout d'un coup de la premiere frayeur dans le dernier étonnement, la voyant se releuer et accourir à elle sans aucun mal. Et elle comprit alors que Dieu seul pouuoit l'auoir protegée, à cause de cette simplicité et de cette obeissance, qu'elle auoit pour ceux qui le representoient sur la terre.

Quoyqu'elle aimast beaucoup cette fille, qui étoit veritablement toute aimable, ayant le meilleur cœur du monde, j'ose dire neantmoins qu'elle offrit à Dieu un plus grand sacrifice, en la personne de sa seconde fille, nommée Anne, et qu'elle sacrifia proprement son Benjamin,

---

« Oüen, en la maison où pendoit pour enseigne le Château Rouge. » Farin, *Histoire de Rouen*, VI° partie, p. 124. A Rouen, on dit assez souvent encore *Urselines* pour *Ursulines*.

en l'éloignant d'auprez de soy, et la consacrant à la religion dans Port Royal, parce qu'elle étoit accoutumée depuis longtemps à l'auoir toujours prez de sa personne, et que, par une certaine pente naturelle, contre laquelle les peres et meres ne sçauroient trop se roidir, elle s'étoit toujours portée à l'aimer plus que les autres. Car je me souuiens fort bien que, pendant que nous étions encore à Rouën, et que ma mere se trouuoit encore engagée dans le monde, cette sorte de prédilection, qu'il nous paroissoit qu'elle auoit pour elle, nous donnoit à tous de la jalousie, et nous indisposoit de telle sorte à l'égard de ma sœur, que nous ne laissions passer aucune occasion de la chagriner, comme pour nous dédommager en quelque façon de ce que nous croyions receuoir moins d'amitié de ma mère. Tel est le fonds de la corruption du cœur de l'homme, qui se fait sentir dans les enfans, comme dans les grandes personnes, et qui, à moins qu'on n'ait soin de l'arrêter de bonne heure, est capable de produire dans la suitte d'étranges rauages ; comme on en voit un exemple si terrible en la personne des Patriarches, qui, résoluz de faire périr Joseph leur frere, crurent exercer une action d'humanité à son égard, en le vendant à des étrangers, au lieu de le tuer, selon que plusieurs d'entre eux le vouloient d'abord. Comme j'auray dans la suitte occasion de parler encore de ma sœur Madeleine, je me contente de dire icy seulement qu'elle entra à Port Royal, et qu'elle y fit profession de la vie religieuse, au bout de quelques années. Ma sœur Anne s'y consacra aussy à Jesus Christ, et y mourut excellente religieuse, comme je le marqueray en son lieu. Et quant à la troisieme, nommée Catherine, c'est celle dont j'ay dit auparauant qu'elle n'eut point la force d'embrasser le même état, mais que Dieu rendit en une autre maniere assez forte pour supporter plus de vingt cinq années un mal accompagné de douleurs si violentes, qu'il n'y auoit que sa grace qui pust la soutenir dans un état si insupportable à la nature. Je parleray d'elle encore autre part.

Mais je ne sçaurois m'empescher, en parlant icy de l'établissement de mes deux sœurs dans l'abbaye de Port Royal, de remarquer quelque chose du desinteressement merueilleux de cette maison, dans la maniere toute genereuse et toute chrestienne dont on auoit accoutumé d'y receuoir les filles à la profession religieuse. Jamais aucune veuë humaine n'entroit en consideration pour receuoir une fille. Ni la naissance, ni les grands biens, ni la pauureté, ni la belle voix, ni le bel esprit, ni le credit des parens, ni les auantages ou les deffauts corporels, ne pouuoient estre des motifs pour receuoir ou pour refuser celles qui se presentoient. On s'attachoit uniquement à examiner deuant Dieu, autant qu'il étoit possible, si elles auoient vocation, non seulement pour la religion en general, mais encore pour la maison où elles vouloient entrer; c'est à dire, si elles auoient un vray fonds de pieté et de bonne volonté; si elles venoient auec un desir sincere de se depoüiller de tout esprit propre; si elles haïssoient véritablement le monde; si elles aimoient la derniere place dans la maison du Seigneur; si elles auoient de la solidité d'esprit et non de la legereté; n'y ayant rien de plus à craindre que ces roseaux agitez dans le desert par tous les vents, dont a parlé Jesus Christ. Car pour ce qui est des foiblesses, qui ne viennent point d'un mauuais fonds, jamais maison n'a été plus remplie de charité que celle là pour les supporter; puisque l'on y supposoit comme une vérité très constante, que les personnes qui sont foibles de cette sorte, et qui s'humilient de leur foiblesse, en tâchant toujours de se corriger, sont souuent plus agreables à Dieu que celles qui ont une plus grande force, et qui sont plus en danger de ne se glorifier pas dans le Seigneur, mais dans elles mêmes. Quand donc on croyoit découurir ces marques de vocation dans une fille, la maison se tenoit heureuse de se la pouuoir associer, sans auoir jamais d'égard si elle auoit de l'argent ou non, et receuant comme de la main de Dieu celle qu'on auoit sujet de croire qu'il enuoyoit.

Ainsy, quand ma sœur Madeleine, qu'on surnomma de sainte Melthide, eut esté assez longtemps éprouuée, et qu'elle eut eu toutes les voix des sœurs pour estre reçeuë, mon pere, qui auoit fait un voyage à Paris, vers ce même temps, fut bien surpris, lorsque la Mere Marie Angelique Arnauld luy dit tout d'un coup que sa fille estoit reçeuë pour faire profession un tel jour. Elle ne parla ni d'argent, ni de pension, comme si ç'auoit été la personne du monde la plus pauure ; et elle étoit bien éloignée de marchander, comme il est si ordinaire, la vocation de celle que l'on regardoit déja comme étant de la maison, par le droit même que Dieu luy en auoit donné, en l'y appelant et l'y destinant. Mon pere ne put cependant s'empescher de luy témoigner sa surprise, comme voulant luy marquer qu'il auroit pris ses mesures pour satisfaire à son deuoir en cette rencontre, si on l'en eust aduerty. Mais l'abbesse, qui parloit sincerement et qui n'étoit point accoutumée au langage de l'interest, se mocqua en quelque sorte de sa surprise, et le pria de ne s'embarrasser de rien, mais de songer seulement à se réjoüir du bonheur de sa fille et à faire à Dieu, comme un pere tres chrétien, un sacrifice de sa personne, auec la même plenitude de cœur qu'elle le feroit elle même, en se consacrant à Jesus Christ. Plus mon pere étoit genereux, plus un tel discours le charma, non qu'il voulust se dispenser de faire ce qu'il deuoit pour sa fille, mais parce que, comparant cette conduitte auec celle de tant d'autres qu'il connoissoit, il ne pouuoit se lasser de louër Dieu de la grace qu'il luy auoit faitte, de découurir une maison où Dieu étoit seruy d'une maniere digne de Dieu, en esprit et en vérité, selon l'expression de l'Euangile (1). Il se hasta donc d'aller trouuer un de ses amis, qui luy prêta mille écus, qu'il vint aussitost aprez apporter à cette sainte maison, qui les reçeut comme une aumône. Il s'engagea en même temps volontairement par un contract à une pension de cent escus enuers la maison. Et ma mere y enuoya ensuitte pour mille francs de toile : ce que je remarque exprez pour faire voir que, si les maisons religieuses sont dans un veritable esprit de desinteressement et de pauureté, les parens des filles, qui veulent s'y engager, n'en sont que plus obligez de s'acquitter pleinement de leur deuoir, et qu'il arriuera même rarement que Dieu ne leur inspire d'en user ainsy, pour récompenser la sainte generosité de ses seruantes.

Ce qu'il y a de plus remarquable dans cette conduitte si desinteressée de l'abbaye de Port Royal, c'est que, dans ces premiers temps, elle étoit dans une assez grande nécessité, à cause des bastiments de Paris qui auoient beaucoup coûté. Mais en quelque état qu'elle se trouuast, jamais la foy de la Mere Marie Angelique Arnauld ne fut ébranlée le moins du monde. Elle faisoit ce qu'elle croyoit deuoir faire et abbandonnoit à Dieu le reste. Elle étoit même en état, au milieu de cette pauureté et lorsque tout luy manquoit, d'assister les pauures qui luy demandoient quelque aumosne, ayant un tel fonds de charité qu'elle se seroit donnée elle même, comme saint Paulin, si elle auoit pu, plustost que de renuoyer sans assistance les personnes qui auoient recours à elle dans

---

(1) « S. Jean. IV, 13. — Premier éditeur. »

leurs besoins. On en a vu bien des exemples. Mais je me contenterai d'en marquer icy deux ou trois, qui font connoistre et la grandeur de sa charité et la recompense de sa foy.

Un pauure ecclésiastique étant venu implorer son assistance dans un extrême besoin où il étoit, elle enuoya aussitost querir la dépositaire, qui se nomme à Port Royal la celleriere, pour luy demander de quoy donner à ce bon prestre. Mais la dépositaire luy témoigna qu'elle n'auoit rien du tout, et que ce qui restoit d'argent auoit été enuoyé au marché pour achetter la prouision. L'abbesse, sans s'étonner de cette réponse, ni se troubler, alla sur le champ à la sacristie, et croyant que les ornemens de l'église, destinez à reuêtir ses ministres, étoient moins considerables deuant Dieu que la vie d'un prestre, elle prit une aube et la donna à cet ecclésiastique, en luy faisant bien des excuses de ce qu'elle n'auoit pas un sou pour luy faire une autre aumosne. Le jour même ne se passa pas qu'une personne inconnuë ne vînt apporter au tour un sac de cent écus, en disant qu'elle se recommandoit aux prières de la communauté. Une autre fois, une personne étant venuë la conjurer de la vouloir assister de quelque aumosne, elle demanda encore à la dépositaire ce qu'elle pouuoit luy donner. Mais cette religieuse luy ayant dit auec quelque émotion : « Qu'il ne luy restoit qu'une pièce de trente sols, pour « enuoyer au marché, et qu'il ne seroit pas juste que ses « sœurs mourussent de faim ; » l'abbesse se ressouuint qu'elle auoit un petit rouleau de pièces de cinq sols, et le dit à cette religieuse. Puis ayant été le chercher auec cette sœur, elle l'ouurit en sa présence, et trouua des demy loüis, au lieu de cinq sols : ce qui étonna beaucoup la religieuse, mais point du tout l'abbesse, dont la foy étoit si viue qu'elle ne pouuoit jamais se deffier de la prouidence, quelque depouruuë que fust sa maison. On a veu souuent de ces merueilles arriuer en cette sainte abbaye, où tout demeuroit caché sous l'humble silence de celles qui se contentoient de chercher l'approbation de Dieu et non la gloire des hommes (1).

Mais peut estre qu'on ne vit jamais un plus rare exemple de désinteressement et de charité que celuy dont je fus moy même témoin, étant encore tout jeune et dans les premieres années que je fus à Port Royal. Un gentilhomme du diocèse de Bazas (2), qui connoissoit la grande pieté et la pauureté de cette maison, luy donna son bien en mourant, la déclarant sa legatrice uniuerselle par son testament. On apporta ce testament, après sa mort, à la Mere Marie Angelique Arnauld, qui admira deuant Dieu la charité de son seruiteur, et luy rendit graces de luy auoir inspiré cette bonne œuure, auant qu'il mourust. Mais si elle s'en rejoüit, ce fut seulement pour l'amour de luy même, et dans la pensée que Dieu ne laisseroit point sans récompense une si grande charité, qui auoit porté ce gentilhomme à se souuenir d'elles, quoyqu'il en fust si eloigné. Car dans l'instant même elle prit une résolution vrayement digne de sa charité et de sa foy. Comme elle sçauoit qu'il y auoit une maison de Religieuses Urselines fort pauure dans le même diocese de Bazas, et assez proche du bien de ce gentilhomme leur bienfacteur (3), elle résolut d'inspirer à toutes ses sœurs

(1) « M. Le Pelletier des Touches était de ces amis comme Port-
« Royal en eut tant, efficaces et cachés : une source invisible de
« dons. Ils montèrent en tout jusqu'à deux millions, à ce qu'on assure.
« Il donna, en une seule fois, à Port-Royal, quatre-vingt mille livres
« pour recevoir à perpétuité des filles gratuitement. » M. Sainte-Beuve, *Port-Royal*, t. I, note de la page 434.

(2) M. de Quincarnon, nommé dans le texte de l'imprimé.

(3) Ainsi que La Bruyère dans ses *Caractères* (1688), du Fossé écrit encore, en 1697, *Bienfacteur* et *Bienfactrice*, quoique *Bienfaiteur* et

de leur en faire volontairement une cession. Elle témoigna d'abord la reconnaissance qu'elles deuoient auoir de la charité du deffunt, et l'obligation où elles étoient de prier Dieu qu'il eust pour agreable le sacrifice qu'il auoit fait de son bien en leur faueur. Elle leur parla ensuitte du desir que Dieu luy auoit mis dans le cœur et leur fit voir auec une certaine éloquence toute de feu, qui luy étoit naturelle, tant d'auantages qu'elles trouueroient deuant Dieu dans cette donation, que sur le champ elles entrerent toutes auec la plus grande joye du monde dans sa pensée. Elles en passerent un acte capitulaire et authentique, qui est tout plein de cet esprit de charité et de foy, qui faisoit le veritable caractere de l'abbesse et de toutes les religieuses de cette sainte maison (1).

Mais, pour faire voir que les religieuses étoient comme leur abbesse, dans un entier dépoüillement de tout interest et de toute cupidité, il suffira d'adjouter icy ce qui arriua un jour à une personne de qualité qui étoit venuë à Port Royal demander la Mere Angelique de S. Jean, fille de M. d'Andilly, qui a été une très excellente abbesse de cette maison. Comme elle étoit dans quelque embarras d'affaires qu'elle ne put pas quitter, lorsque cette personne la demanda, elle enuoya pour l'entretenir, en attendant, une de ses religieuses, fille de qualité et qui auoit apporté de grands biens à l'abbaye. Dans tout l'entretient qu'elle eut auec cette personne, elle ne luy parla que de la profonde reconnaissance qu'elle auoit, et qu'elle auroit toute sa vie de la grande

---

Bienfaitrice fussent alors usités. L'un et l'autre, en fait de langage, résistaient aux usages nouveaux.

(1) « Il est parlé de cette affaire dans la première partie de l'Apo-
« logie de Port-Royal, p. 19. On y donne la copie de l'Acte de dona-
« tion fait par-devant notaire, où l'on voit quel étoit l'esprit de Port-
« Royal. » Note du premier éditeur.

charité que la maison auoit euë pour elle. Et toute l'idée que put s'en former celuy auec qui elle parloit, fut que c'étoit quelque pauure fille qu'on auoit reçeue par charité. Car cette religieuse parloit tres sincerement, et de toute la plénitude de son cœur, ne songeant qu'à ses propres imperfections, qu'elle regardoit comme une occasion continuelle d'exercer la charité de ses sœurs, et ne luy venant pas la moindre pensée du bien qu'elle auoit apporté à la maison, pour lequel elle sçauoit qu'on auoit un entier desinteressement. L'abbesse étant venuë, quelque temps après, la religieuse se retira. Et la premiere chose que luy dit cette personne fut qu'elle venoit de voir une de ses religieuses qui étoit bien penetrée de reconnoissance pour la charité de la maison enuers elle. L'abbesse demeura d'abord un peu surprise. Mais ayant bientost reconnu le caractere de l'humilité de celle qui venoit de luy parler, elle se mit à sourire et ne put pas s'empescher en même temps de luy faire entendre qui etoit cette religieuse (1) : ce qui causa le dernier étonnement et la plus profonde admiration à cette personne qui ne pouuoit presque se persuader qu'une fille de cette sorte eust pu oublier jusqu'à ce point et sa naissance et ses grands biens, pour ne plus se souuenir que de ses imperfections.

Comme j'auray bien d'autres occasions de parler de

---

(1) Le manuscrit porte, à la marge : *la Sœur Briquet*. — L'imprimé avait ajouté : « Elle ne put s'empêcher de dire à cette personne que « la bonne fille qui venoit de lui parler étoit la sœur Briquet, niece « de M. Bignon, qui avoit apporté de grands biens à la maison. » La sœur Christine Briquet, fille de l'avocat-général de ce nom, petite-fille de Jérôme Bignon, aussi avocat-général et ami de l'abbé de Saint Cyran. Elle recueillit et mit en ordre les *Lettres chrétiennes et spirituelles* de M. de Saci, 2 vol. in-8°; mais elle mourut avant la fin de l'impression.

la conduitte de cette maison, dont je me sens obligé d'honorer l'esprit et les maximes toutes saintes, et que je regarde, pour ainsy dire, comme le berceau où j'ay été éleué, et où j'ay succé le laict spirituel, qui sert à nourrir, selon l'expression d'un Apostre, ceux qui sont encore dans l'enfance chrestienne, je reuiens presentement à ce qui nous regarde en particulier et à nos études.

CHAPITRE IX.

— 1646 — 1650. —

Lancelot vient à Port Royal des Champs. — Ses ouvrages. — Sa piété. — Il dirige les études. — Les enfants sont établis à Paris. — Petites-Ecoles de Port-Royal, dans le faubourg Saint-Jacques. — Les Maîtres et les Etudes. — M. de Beaupuis, supérieur. — Les du Fossé et M. de Villeneuve sous la direction de M. Le Fèvre. — Eloge de la science, de la méthode et du caractère de ce maître. — L'aîné des du Fossé, Gentien, est mis au collége de Beauvais, à Paris. — Henry s'occupe de culture à Port-Royal des Champs. — Pierre reste aux Petites-Ecoles. — Ses condisciples Deschamps, de Boishébert, Gafarelli. — Exercices de mémoire. — Défis en vers latins. — Passe-temps belliqueux. — La fête des Rois dans les Petites-Ecoles. — Les élèves suivent les sermons de M. Singlin, à Port-Royal de Paris. — Le P. Desmares, de l'Oratoire. — Son éloquence et son portrait. — Débuts de la Fronde, au Mont-Parnasse. — Barricades dans le faubourg Saint-Jacques. — Grave maladie de l'auteur des Mémoires. — Pantiot et Maître Jacques. — Détails sur ces deux serviteurs des Petites-Ecoles. — Mort de Gentien Thomas du Fossé, enterré à Saint-Jacques-du-Haut-Pas. — Services rendus aux Petites-Ecoles par Maître Jacques, pendant la première Fronde. — L'auteur croit au changement des métaux en or.

Après que nous fusmes retournez du Chesnay à Port-Royal, on commença à veiller un peu dauantage pour nous faire étudier plus régulièrement. Et l'on fit venir exprès pour cela un homme d'une grande pieté, et d'une singulière capacité pour l'instruction de la jeunesse, nommé le sieur

Lancelot (1). C'est luy qui a composé la Methode Latine et la Methode Grecque, auec le petit Liure des Racines Grecques, tous liures excellens, et tres propres pour faciliter les études aux enfans (2). C'est luy aussy qui a trauaillé à donner au public cette Bible si sçauante pour les remarques chronologiques et historiques, qui a esté imprimée chez Vitré. Il fut dans la suitte précepteur de M. le duc de Cheureuse. Et Madame la Princesse de Conty le choisit, à cause de son grand merite, pour le mettre auprez des deux Princes ses enfants (3). Il auoit connu tres particulierement l'Abbé de S. Cyran, ayant eu même une liaison tres étroitte auec luy, et il apprit souz sa conduitte à viure d'une maniere si chrestienne, qu'il ne respira jamais rien de l'air de ce grand monde, où il se vit engagé, et qu'au sortir de chez les Princes il alla se faire Religieux Benedictin dans l'abbaye de S. Cyran, d'où l'on sçait qu'il fut obligé, par les troubles qui arriuerent dans cette maison, d'aller à Quimper (4), où il vécut si sainte-

(1) Claude Lancelot, né à Paris vers 1615, entra en 1627 dans la communauté de Saint-Nicolas du Chardonnet. En 1637, il se lia avec l'abbé de Saint-Cyran, qui l'envoya à Port-Royal des Champs, le 20 janvier 1638. — En 1639, il alla à la Ferté-Milon, puis à Saint-Cyran, enfin à Paris, où il fut chargé des Petites-Ecoles, jusqu'en 1660, tantôt dans le cul-de-sac de la rue Saint-Dominique-d'Enfer, tantôt à Port-Royal des Champs. — Le retour du Chesnai, dans ce dernier lieu, est de 1645.

(2) La *Nouvelle Méthode pour apprendre facilement et en peu de temps la langue latine*, 1644. — La *Nouvelle Méthode pour apprendre facilement la langue grecque*, 1655. — *Le Jardin des Racines grecques*, mises en vers françois, avec un Traité des prépositions et autres particules indéclinables, etc., 1657. — Lancelot eut M. de Saci pour collaborateur-versificateur, dans les dizains rimés des *Racines grecques*.

(3) Après l'entière dispersion des Ecoles de Port-Royal, en 1661, Lancelot passa à l'éducation particulière du duc de Chevreuse, puis, en 1669, à celle des jeunes princes de Conti, dont il se retira, en 1672, plutôt que de conduire ses élèves à la comédie, comme on le voulait.

(4) Quand M. de Barcos, le dernier abbé de Saint-Cyran, fut mort,

ment que tout le monde, à sa mort, le regarda et le reuera comme un saint (1).

Cet excellent homme, étant donc arriué à Port Royal, pour prendre soin de nos études, commença à retrancher ce que nous regardions comme nos plus grands diuertissemens, ne voulant plus nous permettre d'aller trauailler, comme auparauant ; ce qui, je l'auouë, nous causa bien du chagrin. Mais il en usoit tres sagement, jugeant bien que ce qui nous plaisoit alors pourroit nous déplaire un jour. Et je me souuiens, en effet, que le sieur de Villeneuue, mon camarade, lorsqu'il deuint grand, se plaignoit beaucoup d'auoir été négligé dans sa jeunesse, ce qui fait voir qu'on ne peut jamais manquer de faire les choses comme on le doit, et qu'il faut souuent en juger plutost par l'aduenir que par le present.

Dans le même temps que la Mere Marie Angelique Arnauld songea à rétablir la maison, pour y mettre une partie des Religieuses de Port Royal de Paris (2), à cause de ce grand nombre que la reputation de leur vertu y attiroit, on songea aussy à nous enuoyer nous autres à Paris, où nous deuions estre d'autant mieux pour nos études que l'émulation d'un plus grand nombre d'écoliers nous exciteroit à étudier auec plus d'ardeur. Je me souuiens que, sans auoir encore entendu parler de ce nouuel établissement, j'eus un songe la nuit dans lequel il me sembla que nous sortions de Port Royal, pour nous en aller à Paris. Et comme toutes choses

---

au mois d'août 1678, il y eut de grands troubles dans cette abbaye. « On obtint contre Lancelot une lettre de cachet, qui le relégua à « *Quimperlay* en Basse-Bretagne, chez les Bénédictins. » *Vies choisies de MM. de Port-Royal*, t. IV, p. 155.

(1) Il mourut, le 15 avril 1695, à près de quatre-vingts ans.
(2) Elle fit une visite, dans cette intention, le 10 septembre 1646; mais le projet ne fut réalisé que le 13 mai 1648.

nouuelles plaisent ordinairement aux enfants, nous n'eûmes aucune peine à quitter notre desert pour aller dans cette grande ville, où nous nous proposions plus de diuertissement. Ce fut vers l'année 1646 que nous fismes nostre demenagement (1). La maison qu'on auoit choisie, pour nous y établir, étoit au faubourg S. Jacques, dans le cul de sac de S. Dominique (2). Il y auoit bien du bâtiment, auec une cour et un jardin fort raisonnables. Nous y trouuâmes quatre maistres (3), qui étoient chargez du soin de faire étudier chacun enuiron six escoliers, distribuez en quatre chambres. Ils étoient tous fort habiles gens et auoient de plus beaucoup de pieté. Mais ils auoient au dessuz d'eux un homme éminent en vertu, nommé M. de Beaupuis (4), que le saint Euesque de Beauuais, nommé de Buzenual, predecesseur du cardinal de Janson, força depuis à receuoir les ordres sacrez (5), qu'il employa très utilement dans la conduitte du diocèse en diuers emplois, et qu'il fit superieur du monastère des Urselines de Beauuais, qu'il gouuerna selon l'esprit et les maximes toutes chrestiennes de Port Royal. C'étoit donc cet excellent Ecclesiastique, qui se char-

(1) A la fin de l'année 1646.
(2) C'était celle de M. Lambert, beau-frère de M. Hamelin, contrôleur général des ponts-et-chaussées de France.
(3) « MM. Lancelot, Nicole, Guiot et Coutel, » dit le premier éditeur.
(4) M. Charles Walon de Beaupuis, né à Beauvais, en août 1621, fit ses études dans sa ville natale. Venu à Paris, en 1637, il y refit une année de rhétorique, au collége des Jésuites (de Clermont, plus tard Louis-le-Grand), sous le fameux P. Nouet, dont il a été question dans ces Mémoires. Après la lecture du livre *De la Fréquente Communion*, en 1643, il s'attacha à Antoine Arnauld, et vint se joindre aux solitaires de Port-Royal des Champs, le 16 mai 1644. On a vu qu'il suivit l'évêque de Bazas dans son diocèse. Il revint à Port-Royal, après la mort de celui-ci, 22 mars 1645.
(5) En 1666 seulement.

gea charitablement de l'intendance de nostre petit College du fauxbourg S. Jacques, et qui prenoit un soin particulier de nous instruire dans toutes les choses de la pieté (1). Nous y eûmes, nous autres, je veux dire le sieur de Villeneuue, mes freres et moy, pour maistre, un des plus aimables hommes que j'aye jamais connus. Il étoit de Chartres, et se nommoit le sieur Le Feure. Il n'auoit rien de ce qu'ont ordinairement ceux de cette profession, je veux dire de cet air imperieux et quelquefois ridicule, qui accompagne presque toujours ce qu'ils disent à ceux qui leur sont soumis, et qui porte les écoliers à trembler en leur presence et à s'en mocquer en derriere, en leur donnant même des noms odieux, comme est celuy de pédant. Sur quoy il me reuient en l'esprit ce que M. Le Maistre m'a dit autrefois d'un precepteur qu'on luy donna, dans sa jeunesse, qui étoit si violent et si cruel aux enfans, qu'il s'est étonné, plusieurs fois depuis, comment luy et ses camarades ne l'auoient pas poignardé, dans le désespoir où il les mettoit, par l'excès des brutalitez dont il usoit enuers eux. Et je n'ay pu oublier non plus ce qu'un gentilhomme de mes intimes amis m'a assuré sur un semblable sujet; qui est qu'ayant été enseigne colonel de la compagnie des Gendarmes Ecossois, et se trouuant en garnison en Poitou, proche d'un village où demeuroit un ancien maistre qu'il auoit eu, il fut tenté plusieurs fois d'y aller auec toute sa compagnie, de le prendre, de le faire attacher tout nud à un arbre, et de luy faire donner par chaque caualier autant de coups de fouët qu'il en méritoit pour la cruauté inhumaine et barbare qu'il auoit exercée à son egard pendant ses études; et que, s'il ne le fit pas, par un certain principe d'honneur qui luy fit

(1) Tous les curieux détails qui vont suivre sur les Petites-Ecoles de Port-Royal, direction, enseignement, jeux, maîtres et élèves, ont été supprimés, en grande partie, par le premier éditeur.

juger cette vengeance indigne de luy, ce n'étoit pas que ce bourreau de la jeunesse n'eust bien mérité un tel traitement. Car il est effectiuement bien étrange que ces sortes de petits tyrans se croyent tout permis, et qu'y ayant dans les royaumes de la justice à esperer contre les juges mêmes des cours souueraines, il n'y en ait point contre ceux cy, qui, au lieu d'inspirer de l'horreur à leurs écoliers des emportemens, leur en donnent tous les jours l'exemple dans leur propre conduitte.

Le sieur Le Feure, que nous eûmes le bonheur d'auoir pour maître, étoit éloigné infiniment de ce caractère d'une sotte fierté ou d'une indigne brutalité. Son naturel étoit doux et honnête ; son genie noble et éleué au dessus du commun ; son esprit ouuert et propre à toutes les grandes choses. Il sçauoit de tout, estant bon humaniste, habile philosophe, sçauant theologien ; possédant l'histoire, connoissant l'astronomie, et quelque chose de la médecine, non de la commune, mais de celle qui est fondée sur la connoissance des mineraux et des vegetaux et du fonds de la nature. C'est ce qui luy donnoit de grands auantages, ayant l'humeur aussy aisée qu'il l'auoit pour se concilier l'affection de ses ecoliers, et les attacher tout à fait à luy. Car, comme il sçauoit se familiariser de telle sorte auec nous, qu'il ne perdoit rien neantmoins d'un certain poids que doit auoir un précepteur, il mesloit toujours dans ses entretiens quelque chose d'agreable, selon les sujets differens qui se presentoient. Et par la maniere si charmante, dont il en usoit à nostre égard, ayant pour but de nous prendre par l'honneur et de nous y rendre sensibles, il sceut si bien nous gagner, que nous l'aimions tendrement comme nostre amy, et que nous le respections neantmoins comme nostre maistre. Enfin sa conduitte à nostre égard estoit telle qu'il n'y auoit point d'ecollier dans la maison qui n'enuiast nostre place, comme une espece de benefice, et qui ne se regardast comme malheureux en comparaison de nous. Aussy je puis dire que nous auançames beaucoup sous un tel maistre, et que nous apprismes auec luy bien des choses curieuses, que les autres ne sçauoient pas.

Mon frere aisné ayant seize ou dix sept ans, on fut obligé de le mettre en philosophie au college de Beauuais (1), où mon pere le recommanda beaucoup à un ecclesiastique de sa connoissance. Mais le Seigneur, qui vouloit luy faire misericorde, le retira de bonne heure de la corruption du siecle, où il étoit en danger de se perdre, comme je le diray bientost. Et pour mon autre frere, comme il n'auoit nulle ouuerture, ni aucune inclination pour les études, on luy accorda ce qu'il desiroit, qui fut de s'en retourner en l'abbaye du Port Royal, où il s'occupa auec quelques uns de ces Messieurs, qui y étoient, à faire valoir le bien des Religieuses, qu'elles auoient esté obligées de tenir par leurs mains, pour en viure plus aisément.

Je demeuray donc seul auec M. de Villeneuue, sous la conduitte du sieur Le Feure. Et on nous associa le sieur Deschamps, l'un des fils du sieur Deslandres, dont j'ay parlé sur le sujet de Rouuille (2), le sieur de Bohebert (3), qui étoit son cousin germain, le sieur Gafareli, Prouençal, qui étoit un fort joly garçon, et quelqu'autre dont je ne me souuiens point. Nous viuions tous dans une fort grande union entre nous et auec nostre maistre : et nous sçauions estimer nostre bonheur, nous regardant, en quelque sorte, comme dans une petite republique separée de

---

(1) A Paris, rue Saint-Jean-de-Beauvais. On l'appelait aussi Dormans-Beauvais, du nom de Jean de Dormans, évêque de Beauvais, son fondateur, en 1370. Ses frères étaient Gentien et Henry Thomas.

(2) Voir plus haut, p. 145.

(3) De Boshébert ou de Boishébert, famille normande.

celle des autres, à cause du caractere si aimable de celuy qui nous conduisoit, et pour lequel nous aurions fait toutes choses, tant nous l'aimions et craignions de luy déplaire ; en quoy consiste véritablement l'amour sincere qu'on doit porter à Dieu même.

Rien ne me paroist plus capable de faire juger de ce que je dis à l'aduantage du sieur Le Feure que la manière dont il sceut gagner l'un d'entre ses ecolliers, qui étoit de l'humeur du monde la plus bisarre, et qui paroissoit le moins susceptible de toute correction et de tout amendement. C'étoit le sieur de Bohebert, que ses parens regardoient comme un sujet propre à exercer seulement la patience de ses maistres, n'ayant ny docilité, ny complaisance, ny rien de traitable dans son humeur. Cependant, ce que les autres n'auroient pas pu esperer, le sieur Le Feure en vint à bout, par la grande application auec laquelle il obserua non seulement tous ses defauts, mais tous les moyens qu'il put découurir les plus propres pour s'insinuer dans son esprit et pour luy faire agréer ce qu'il luy diroit. Il le gagna donc de telle sorte qu'il faisoit de luy ce qu'il vouloit, et qu'il le rendit docile, autant qu'un temperamment si rude en étoit capable. Il est vray qu'il ne profita pas d'un si grand bonheur, et qu'étant depuis deuenu sujet à ses passions et se laissant emporter à son humeur, lorsqu'il fut maistre de ses volontés, il périt miserablement, pour auoir voulu soutenir auec hauteur et par la force un certain droit de dixme, qu'il prétendoit sur quelques uns de ses voisins, aussy emportez que luy, qui l'attendirent dans le champ même où cette dixme étoit contestée, et le tuërent roide d'un coup de mousqueton : ce que je rapporte exprez, pour inspirer de plus en plus de l'horreur des emportemens auxquels on se laisse aller par degrez, en ne veillant pas d'abord pour se dompter dans son humeur violente et précipitée. Mais si ce gentilhomme, qui auoit épousé la fille d'une personne de grande qualité (1), périt si miserablement, cela ne diminue rien de l'obligation qu'il auoit au sieur Le Feure, notre précepteur, qui sceut en faire un agneau, de loup qu'il estoit, dans le temps qu'il demeura souz sa conduitte.

Comme notre classe estoit composée de ceux qui étoient les plus auancez dans les études, nous faisions des défis d'émulation les uns contre les autres, à qui reciteroit un plus grand nombre de vers de Virgile, sans faire de fautes. Et il est vray que la memoire du sieur de Villeneuue l'emportoit sur nous. Car je me souuiens de luy auoir entendu réciter des liures entiers de Virgile, sans presque faire de faute. Pour moy, j'étois fort content, quand je pouuois en reciter un, en faisant dix ou douze fautes. Mais enfin cette maniere de nous exercer nous inspiroit de l'ardeur pour bien faire et pour deuancer, ou pour égaler les autres. Nous eûmes encore une espece de jeu d'esprit, ou une espece de petite guerre dans laquelle on s'excitoit merueilleusement à se surpasser chacun, et à remporter la victoire sur son camarade, non à coups d'épée, mais à coups de langue. Car il se formoit entre nous comme deux partis. Et les plus habiles de chaque party faisoient sur le champ quelques vers latins, auec lesquels ils s'attaquoient et se deffendoient : ce qui passant du premier jeu à des choses picquantes, et dégenerant en une querelle fort échauffée, les maistres, qui veilloient toujours à tout ce qui se passoit, étoient obligez de calmer les esprits et de rompre les deux partis, qui faisoient paroistre trop de chaleur. C'étoit le sieur Deschamps (2) qui excelloit particulierement en ce genre de

(1) Au lieu de ces six derniers mots, il y avait: « de Madame la « chancelliere Boucherat, » passage biffé depuis.

(2) Ce gentilhomme du pays de Caux était frère de M. Deschamps, solitaire de Port-Royal.

combat, ayant l'esprit vif et picquant, et une poësie tres fine. Il fut depuis fort engagé dans le monde, s'étant attaché prez de M. de Monbrison, fils aîné de M. de Guenegaud, secretaire d'Etat; ayant suiuy, depuis la disgrace qui arriua à cette maison, la profession des armes et seruy en Allemagne souz le mareschal de Turenne, dont il décriuit meme quelque campagne dans une fort belle relation donnée au public; étant ensuitte entré dans la maison de M. le Prince, qui le mit auprez de M. le duc son petit fils, en qualité de gouuerneur (1); et ayant enfin quitté le monde pour se retirer auec l'abbé d'Aligre, dans son abbaye de Prouins. Là il commençoit à viure d'une maniere tres penitente, lorsqu'ayant été obligé de faire un voyage à Paris, pour donner ordre à quelques affaires, Dieu, qui vouloit, comme il me le dit luy même au lict de la mort, lorsque je l'allay voir, abreger sa penitence, luy enuoya une maladie, qui le fit souffrir, pendant quinze jours, des douleurs de rhumatisme presque incroyables, et termina par une mort tres chrestienne une penitence qu'il s'étoit proposée beaucoup plus longue.

Nous auions, comme j'ay dit, parmy nous un Prouençal nommé Gafareli, qui sçauoit fort bien dessiner et qui entendoit dès lors les fortifications. Comme nous auions, M. de Villeneuue et moy, tout à fait la guerre dans la teste; que nous nous entretenions souuent des desseins chimeriques que nous formions sur cela pour

(1) Louis de Bourbon, IIIe du nom, né le 11 octobre 1668, second fils de Henri Jules de Bourbon, IIIe du nom, Prince de Condé, qui avait épousé Anne de Bavière, seconde fille d'Edouard de Bavière, prince palatin du Rhin. Il fut confié à La Bruyère, pour qu'il lui apprît l'histoire, et l'auteur des *Caractères* devint ainsi le collaborateur de M. Deschamps. On sait que Louis XIV imposa au petit-fils du grand Condé le nom de *M. le Duc*, au lieu de celui de *M. le Prince*. Le nom de son gouverneur est utile à retenir.

l'auenir; et que nostre grande passion étoit de pouuoir un jour nous auancer de ce costé là, nous trouuâmes dans le sieur Gafareli un moyen de satisfaire en quelque sorte, au moins en figure, cette forte passion qui nous possédoit. Nous conuinsmes donc auec luy, qu'il nous traceroit, dans le milieu de nostre jardin, un fort flanqué de quatre bastions, auec une demye lune à la teste. Nous en demandâmes la permission à M. de Beaupuis, qui nous l'accorda, comme une chose innocente; et nous commençâmes à y trauailler aux heures de recreation, et dans les jours de congé, auec presque la même ardeur que si nous eussions eu quelque ennemy redoutable sur les bras. Nous éleuâmes cet ouurage à une hauteur raisonnable, et nous y fismes des fossez fort réguliers. Mais il nous manquoit une chose de consequence, pour y mettre la perfection; c'etoit du gazon, pour le reuêtir entierement, au deffaut de pierres. Et comme rien n'est impossible à l'ardeur de la volonté, nous entreprismes d'en apporter d'un vallon, qui est vers Gentilly. Aussy, les jours de congé, nous y allions en coupper et en apportions chacun un ou deux souz nos manteaux. C'etoit une peine et une fatigue incroyable : cependant nous ne nous en rebutâmes point, et nous eûmes la perseuerance d'aller jusqu'au bout, pour acheuer parfaittement l'ouurage que nous auions commencé, qui se trouua effectiuement si bien fait qu'on eust pu le venir voir comme une chose tres regulière.

Alors nous nommâmes un gouuerneur, des officiers subalternes, et des soldats pour la garde de la place. Et on établit en même temps un general pour le party ennemy, auec ses officiers et ses troupes, pour l'attaque de ce fort. Quand donc on sortoit de table, pour aller à la récreation, le gouuerneur de la place alloit s'y poster auec ses gens et donnoit ses ordres, pour empescher la surprise et pour se deffendre vigoureusement, en cas d'assault. Et ceux du party contraire s'alloient mettre en ordre, pour venir ensuitte à l'attaque. Comme j'étois le plus fort sans comparaison de toute la bande, j'étois aussy le premier à commencer à attaquer cette place; et nous faisions cette feinte auec une telle impetuosité, que le jeu degeneroit quelque fois en un vray combat, où ceux qui montoient à l'assault étoient renuersez dans le fossé; ou bien ceux de la place se trouuant plus foibles en étoient chassez honteusement. Mais parce qu'on s'apperceut à la fin qu'il se mesloit quelque aigreur, et quelque espece de ressentiment dans ces sortes de combats, où quelques uns mêmes furent blessez, on nous ordonna de faire la paix. Et l'un des articles du traitté fut que, comme ce fort seroit un sujet continuel de jalousie entre les deux partis et une matiere de nouuelles diuisions, pour entretenir une paix ferme et durable entre nous tous, on démoliroit tout à fait la place. Cela nous causa quelque chagrin; mais parce que les plenipotentiaires, qui s'en mesloient, estoient plustost nos maistres que nos agens, il fallut faire de necessité vertu. Et comme les enfans passent aisément d'une extrémité à l'autre, nous rasâmes enfin le fort auec presque la même gayeté que nous l'auions bâty.

Nous auions encore, une fois l'année, un diuertissement qui satisfaisoit beaucoup l'humeur guerrière qui nous animoit. La veille des Roys, M. de Beaupuis, qui étoit fort genereux, nous traittoit et nous régaloit ordinairement. On partageoit un gâteau, selon la coutume, et le repas se passoit dans une grande modestie. Mais aprez souper, celuy dans la part duquel la fève s'étoit trouuée, étoit reconnu Roy en ceremonie : on luy éleuoit un thrône, où il s'asseyoit, et en même temps il nommoit ses officiers, son chancelier, son conestable, et les autres, à proportion du monde qu'il pouuoit auoir. Aussitost aprez, il se formoit un party dans son royaume : et parceque tout le temps de sa royauté étoit court, se terminant à la soirée seulement, on se hâtoit de former de puissantes caballes contre le prince nouuellement ètably ; et auant qu'il pust s'affermir dans la possession de ses états, on le venoit attaquer rudement ; en sorte qu'il se trouuoit presque toujours détrôné dans le temps qu'il falloit se retirer pour la priere. Je rapporte toutes ces petites choses, pour faire voir que les passions sont les mêmes dans les enfans que dans les personnes auancées en âge, et qu'il n'est pas inutile de leur donner la liberté de faire paroistre au dehors tous leurs petits mouuemens, afin qu'on ait plus de lieu de les corriger de bonne heure, en leur faisant faire plusieurs reflexions importantes sur eux mêmes. Car on ne sçauroit leur donner trop tost de bonnes impressions sur toutes choses ; puisque, selon que le dit Horace, leur esprit est alors comme une terre, que le pottier met en œuure, et qui conserue tres longtemps l'odeur qu'elle aura receuë étant encore toute fraische :

> Quo semel est imbuta recens, servabit odorem
> Testa diu (1).

Mais pour passer à des choses plus serieuses et plus solides, on nous menoit tous les dimanches à vespres et au sermon à Port Royal de Paris, où preschoit alors M. de Singlin, dont j'ay parlé auparauant (2), et qui commençoit à estre fort estimé de tous les gens qui aimoient la vérité de l'Euangile, à cause d'une certaine éloquence des choses, qui, quoique brute, pour le dire ainsy, n'étant pas accompagnée de la pureté du langage, ressembloit à

---

(1) *Épitres*, liv. I, Ep. II, v. 69-70.
(2) Voir p. 78 et 79.

une épée de bonne trempe, mal polie, qui ne laisse pas de percer jusques au cœur. C'est ce qui fit dire un jour au prince de Guémené à un de ses amis, qui luy demandoit d'où il venoit : « Je viens, luy repondit il, d'entendre un « homme qui parle comme un cheual, et qui raisonne « comme un ange. » Il reuenoit actuellement d'un sermon de M. de Singlin. Et il est vray que cet excellent prédicateur auoit le don de toucher ses auditeurs de telle sorte que, lorsqu'on sortoit de l'eglise, bien des gens ne s'arrêtoient point à se dire les uns aux autres, comme l'on fait d'ordinaire, qu'il auoit tres bien presché ; mais viuement pénétrez dans le fonds du cœur des veritez de prattique plutost que de spéculation, qu'ils venoient d'entendre, ils s'en retournoient chez eux en silence, repassant ces veritez dans leur esprit, et considerant auec douleur combien ils étoient éloignez de l'état où elles leur faisoient voir qu'ils deuoient estre, s'ils vouloient viure en veritables chrestiens (1).

Il y auoit aussy, dans ce même temps, un autre prédicateur des plus celebres qui ayent jamais presché dans Paris. Il étoit de l'Oratoire et se nommoit le Pere Desmares (2). Jamais homme n'a plus enleué ses auditeurs que cet homme. Il étoit petit et d'une tres petite mine ; mais dans la chaire il paroissoit comme un de ces anciens prophetes, qui disoient la verité aux princes et aux grands

---

(1) Sa grande vogue fut, à partir de 1647, et dans les quatre ou cinq années qui suivirent. Il ne prêchait qu'à Port-Royal de Paris, dans la chapelle d'abord, puis dans l'église, quand elle fut bâtie.

(2) Toussaint Guy Joseph Desmares, né en 1599, à Vire, reçu dans l'Oratoire étant déjà prêtre, se fit remarquer de bonne heure par son éloquence. Boileau a dit de lui :

> Ha bon ! Voilà parler en docte janséniste,
> Alcippe, et sur ce point si savamment touché,
> Desmares, dans Saint Roch, n'auroit pas mieux prêché.
>
> Sat. X.

auec la même liberté qu'aux petits, parce que l'esprit de Dieu qui l'animoit le rendoit saintement hardy pour ne rien craindre en annonçant l'Euangile. Il auoit cet auantage singulier d'être naturellement éloquent, ayant le geste et la voix d'un parfait accord, auec la force de la verité qu'il preschoit. Il s'étoit nourri de bonne heure de la parole contenuë dans les liures saints, et établi de telle sorte dans tous les principes de la morale et de la theologie de S. Augustin, qu'on eust cru entendre S. Augustin même en l'entendant. Ce Pere luy étoit deuenu familier, et il auoit la memoire si heureuse, ou, pour mieux dire, le cœur même si remply de l'onction de ses ecrits admirables, que c'étoit luy effectiuement qui parloit presque toujours par sa bouche, lorsqu'il recitoit des pages entieres de ses liures, non en déclamateur, mais comme un homme penetré de ce qu'il disoit, et qui trouuoit dans le thresor de son propre fonds, c'est à dire de son cœur, la verité même dont il auroit seulement emprunté les parolles d'un autre (1).

La delicatesse du siècle, ou plustost la jalousie de quelques gens amoureux d'eux mêmes, qui auoient peine à souffrir de si grandes veritez dans la bouche de ces deux predicateurs euangeliques, qui ne leur agreoient pas, leur attira à tous deux la persecution, quoyqu'en des temps differens; et à force de parler contre eux, lorsqu'ils ne songeoient eux mêmes qu'à parler pour la verité, on força en quelque sorte les Puissances à leur faire interdire la prédication Ils se turent donc, quand le Seigneur leur fit connoistre, par l'ordre de leurs superieurs, que c'étoit sa volonté qu'ils gardassent le silence. Mais c'étoit une pu-

---

(1) Du Fossé doit être un des rares écrivains qui ont parlé de l'éloquence du P. Desmares avec autant de détails. Son nom ne figure même pas dans le *Dictionnaire des Prédicateurs*, par l'abbé de la P... (Charles Cousin d'Avallon.) Paris, 1824.

nition pour les peuples, et non pas pour eux, qui n'en auoient que plus de loisir pour parler à Dieu et pour se nourrir de sa verité dans la retraitte. Aussy, les mêmes Puissances, tant seculieres qu'ecclesiastiques, étant dans la suitte mieux informées de la fausseté des accusations qu'on leur imputoit, redonnerent à leurs peuples la juste consolation de pouuoir encore les entendre (1). Et ce fut alors comme un torrent arrêté pendant quelque temps, dont le cours en est plus rapide. Car on vit le monde s'empresser auec ardeur à voir sortir de nouueau, de la bouche de ces hommes apostoliques, ces fleuues d'une éloquence toute chrestienne, et de l'eau viue, qui seule est capable, selon Jesus Christ, de desalterer pour toujours la soif des ames.

Comme je m'arrête icy particulièrement à parler de M. de Singlin, aux sermons duquel nous étions fort assidus, j'adjouteray seulement que, bien que jeune, je m'en sentois fort touché, et que je me trouuois dans une certaine componction interieure, dont il étoit difficile de se deffendre, quand on l'auoit entendu : car, comme disoit de luy fort agreablement un jeune seigneur : « Ce n'étoit pas
« un prédicateur, qui représentast seulement les choses ;
« mais il les enfonçoit, si on peut parler ainsy, et les
« faisoit entrer dans le cœur. »

Cependant il nous arriuoit souuent de perdre tout le fruit de ces sermons, au sortir même de l'église, par un accident fâcheux, mais trop ordinaire dans ce temps là.

(1) Le P. Desmares fut interdit, en 1648, et ne recouvra que vingt ans plus tard la permission d'exercer son éloquence. — Un sermon que M. Singlin prêcha, le 28 août 1649, jour de la fête de Saint-Augustin, lui valut, de la part de l'archevêque de Paris, M. de Gondi, une interdiction qui fut levée, l'année suivante ; et ce même archevêque, pour donner plus d'éclat à son rétablissemement, voulut assister au premier sermon de reprise de M. de Singlin, le 1ᵉʳ janvier 1650.

Il se faisoit tous les jours de feste, et tous les dimanches, comme un champ de bataille, de tout le terrain qui occupe le derrière du Luxembourg et des Chartreux. Un nombre infini d'écoliers et d'artisans de tout le faubourg Saint Germain se donnoient le rendez vous à un endroit un peu éleué qu'on nomme *le Mont-Parnasse*, auec des frondes et même des pistolets de ceinture. Et ceux des fauxbourgs S. Jacques et S. Medard (1) s'y rendoient aussy de leur costé auec les mêmes armes. Et là, par une certaine émulation ou jalousie qui s'étoit formée insensiblement entre les jeunes gens de ces fauxbourgs, au sujet d'une brauoure ridicule, ils commençoient à se battre à coups de fronde. Ce combat duroit trois ou quatre heures auec une grande chaleur. Et comme ceux du fauxbourg S. Germain étoient d'ordinaire les plus forts et poussoient les autres jusque dans la ruë d'Enfer, et dans celle qui conduit au couuent des Capucins (2), nous nous trouuions assez souuent, au sortir du sermon de M. de Singlin, enueloppez de tous ces gens, dont les uns battoient en retraite et les autres les poursuiuoient à grands coups de fronde, dont les pierres voloient dans les ruës de tous costez, et mettoient en grand danger ceux qui s'y trouuoient. Quoyqu'il y eust du peril, nous ne laissions pas de prendre plaisir à ces sortes de spectacles, qui, en nous faisant sortir de nous mêmes, emportoient en un moment ce peu de componction que les parolles du predicateur pouuoient auoir excitée en nous. Je ne sçay pas comment l'authorité publique n'arrêtoit point un si grand

(1) C'est-à-dire le faubourg ou quartier Saint-Marceau, où se trouve, rue Mouffetard, l'église Saint-Médard, dont le petit cimetière sera destiné à une grande célébrité, après avoir reçu le corps du diacre Pâris, en 1723.

(2) La rue des Capucins, qui menait au couvent des Capucins, où Godefroy de la Tour fonda, en 1613, l'Hospice du Midi.

désordre, et surtout les jours de festes. Il est vray que l'on enuoyoit quelquefois des archers contre ces frondeurs. Mais les deux partis s'unissant alors, selon le prouerbe, contre les archers, ils leur tenoient teste et les obligeoient quelquefois de se retirer. Peut estre aussy que l'on n'étoit point trop fâché de voir se former ainsy des soldats, qui s'aguerrissoient, en quelque sorte, pour seruir un jour l'Etat. Quoy qu'il en soit, je les ay veu quelquefois dans un tel acharnement, que des ennemys déclarez ne se battroient pas auec plus de chaleur. Aussy, l'animosité croissant tous les jours, et plusieurs estant tuez ou estropiez, la Reyne mère fit à la fin interuenir l'authorité du Roy, qui deffendit souz de grandes peines à qui que ce fust de ces fauxbourgs de s'assembler à l'auenir, et qui tint la main pour l'execution de cet arrest (1).

Mais nous vîmes bien une autre guerre commencer un jour, la veille des Roys, que nous reuenions encore du sermon de M. de Singlin. Ce fut en l'année 1648, lorsqu'à l'occasion de quelques affaires qu'il vaut mieux enseuelir souz le silence, il s'excita fort mal à propos, et contre le respect dû au Roy, une grande émotion parmy le peuple de Paris. Allant au sermon, aprez le diner, nous remarquâmes quelque tumulte dans les ruës : c'est à dire plusieurs assemblées de bourgeois et d'artisans, qui parloient auec chaleur et un certain air de sedition dans les peuples. Mais comme nous ne sçauions encore rien de ce qui s'etoit passé, nous ne fismes point plus de réflexion sur ce qui se presentoit à nos yeux, penetrez d'ailleurs de la deuotion de la bonne feste, et de l'idée du sermon que nous allions entendre. Au sortir de Port

(1) Tous ces détails sur les débuts de la Fronde, donnés par un témoin oculaire et supprimés par le premier éditeur, joignent au mérite de l'exactitude celui d'une piquante nouveauté. Il faut remarquer aussi l'explication toute naturelle de *Guerre de la Fronde*.

Royal, retournant chez nous, nous fûmes bien étonnez de trouuer des barricades partout dans les ruës, et des corps de gardes de bourgeois établis pour arrêter tout le monde. Quelques uns même, à demy soûs, nous coucherent en jouë auec leurs armes, sur ce que n'entendant rien à tout ce mystere, nous ne songions qu'à passer outre, sans sçauoir de quoy il s'agissoit ny ce qu'on nous demandoit. Cependant d'autres moins brutaux leur ayant fait remarquer que nous étions des écolliers, incapables de mauuais desseins, ils nous laissèrent passer tout en colere, comme des gens mutinez qui ne cherchoient que querelle. Mais nous n'auions pas plustost passé une de ces barricades, que nous tombions dans une autre. Et traitez tantost plus ciuilement, et tantost plus brutalement, nous eûmes bien de la peine à gagner enfin nostre logis, où nous demeurâmes le plus enfermez qu'il nous fust possible, pour éuiter les insultes de la canaille, qui se signaloit par ces differentes brutalitez (1).

Pour moy, comme j'étois d'un temperamment fort chaud et fort vif, et que l'air de ce quartier où nous logions est des plus subtils de tout Paris, je tombay malade quelque temps aprez d'une fieure chaude accompagnée d'un furieux transport au cerueau. Mon mal commença par un terrible dégoust de la viande, et surtout du mouton, à cause que l'on seruit sur table un morceau d'un mouton gras de Beauuais, dans le temps même que

(1) Il s'agit de barricades antérieures à celles de la fameuse journée des barricades (26 août 1648). Du Fossé avait d'abord parlé de l'arrestation de Brussel et de Blancménil; mais il a remplacé ce passage par la correction faite de sa main, qui figure plus haut (p. 179, l. 19-21). Puisqu'il a maintenu la date de « la veille des Roys » (5 janvier), il faut admettre un premier essai de barricades, dans les premiers jours de janvier, à la suite des protestations du Parlement contre les mesures fiscales d'Emery, créature de Mazarin.

je ressentois les premieres approches de la fieure qui m'en donna de l'auersion pour près d'un an. Comme on ne sçauoit encore ce que c'étoit, on ne me separa point d'auec les autres, et je couchay dans mon lict à mon ordinaire. Cependant, au milieu de la nuit, je me leuay et fis quelques tours dans la chambre, sans sçauoir ce que je faisois à cause de l'ardeur de la fieure ; ce qui fit peur à quelques uns de mes camarades, qui me dirent, le matin, que je ne m'auisasse pas, la nuit suiuante, de me leuer, comme l'autre nuit, parce qu'ils feroient prouision de verges, et qu'ils m'en donneroient, si j'allois à eux. Cette menace me frappa l'esprit; et comme on ne voulut pas encore me faire changer de chambre, à cause que mon mal parut se calmer un peu, je ne manquay point d'aller, la nuit, dans l'ardeur de la fieure qui redoubla, au lict de ceux qui m'auoient menacé. Et y trouuant quelques chaises et escabeaux, dont ils auoient fait une espece de pallissade, pour estre plus en sureté, je renuersay et jettay à costé tous ces sieges : ce qui étonna si fort ceux qui étoient couchez et qui auoient fait les braues, qu'ils penserent étouffer, à force de s'enfouir dans leur couuerture. Cependant je ne leur fis aucun mal; et, sans voir clair, je fis plusieurs tours dans la chambre, descendis même la montée jusqu'à la porte de la cour, que je trouuay fermée et passay ainsy la nuit jusqu'au matin, qu'on me trouua nud, à demy assis sur mes jambes, à la porte de la chambre, sans sçauoir ce que je faisois, ny où j'étois, et sans neantmoins me blesser en aucune sorte, non plus que si c'eust été en plein jour. On a peine asseurément à comprendre comment cela se peut faire. Mais ce qui m'est arriué dans cette maladie sert à me faire croire plus aisément ce que je sçay estre arriué à plusieurs autres dans leur parfaitte santé. C'est un fait constant, par exemple, qu'un homme, qui ne sçauoit point du tout nager, se leuant souuent la nuit pendant les grandes chaleurs de l'esté, alloit se baigner dans la riuière et y nageoit comme ceux qui le sçauoient le mieux ; et qu'un matin ayant esté éueillé dans l'eau par le bruit de quelques passans, il se noya, dans le moment qu'il fut reuenu à luy. Un autre se releuoit, toutes les nuits, et ne manquoit point, par l'idée d'un certain objet qui auoit frappé son imagination, d'aller en un certain lieu enfoncer un de ses doits dans le trou d'une muraille, jusqu'à ce qu'une personne, qui voulut le guerir de cette espece de follie, enfonça une pointe au fonds de ce trou, qui ayant picqué jusqu'au sang cet homme imaginatif, le fit reuenir à luy et l'empescha pour toujours de retomber dans cette même foiblesse.

Pour reuenir à ma maladie, on me transfera aussitost dans une chambre destinée pour les malades, où l'on me donna pour gardes, deux hommes celebres chacun en leur espece ; l'un, nommé Pantiot, et l'autre nommé Maistre Jacques, qui meritent l'un et l'autre que je parle d'eux, quand j'auray marqué le succez de ma maladie. La fieure augmenta de telle sorte, et le transport au cerueau fut tel, qu'on desespera de ma vie. Il falloit jour et nuit quelqu'un de ces deux hommes auprès de moy. Car je voulois me leuer à tous momens. Et si l'un fermoit l'œil pour se reposer, j'auois dans l'instant les pieds hors du lict. Je n'étois pas neantmoins méchant. Mais je veillois seulement sans cesse pour les empescher de dormir, et j'y reussissois si bien que je les faisois mourir de sommeil, tant j'étois vif pour me jetter à bas du lict, dès qu'ils fermoient la paupière. Je ne parlois que de guerre ; et lorsqu'ils me querelloient, pour me faire plus promptement recoucher, je leur disois, en entendant le tambour qu'on battoit : que M. le Prince m'appeloit, et qu'il falloit necessairement que je me leuasse pour l'aller trouuer. Je me souuiens que le sieur d'Alençon, excellent prestre de S. Medard, notre confesseur (1), me vint voir dans cet état, et me fit un signe de croix sur le front, en me donnant sa benediction, fort touché de me voir sans connoissance, et hors d'état de pouuoir receuoir les sacremens.

Pendant que mon corps étoit agité par cette violente fieure, et mon esprit troublé par cette espece de frenesie, mon ame souffroit d'étranges angoisses et sentoit même, si je l'ose dire, d'étranges douleurs. Car je croyois effectiuement estre en l'autre monde et souffrir quelque chose des peines qui étoient deuës à mes pechez. Je ne pouuois neantmoins bien discerner en quel lieu j'étois ; mais ce que je sçay, c'est que j'étois en un estat de souffrances bien penible. Cela dura dans le temps de ce transport qui s'étoit fait à mon cerueau. Et ce fut lorsqu'on n'esperoit presque plus rien de ma vie que M. de Singlin ayant eu la charité de me venir voir, et me trouuant en cet état, insista beaucoup pour me faire saigner du pied. On suiuit ce qu'il auoit conseillé. Et Dieu donna une telle benediction à son ordonnance que cette saignée me dégagea entierement le cerueau, et que ma fieure ayant diminué, je recouuray peu à peu une parfaitte santé, dont je me suis toujours regardé comme luy en étant redeuable. Mais je me sens obligé de dire que je receus encore un auantage sans comparaison plus grand que celuy de la guerison de mon corps. Car l'idée ou le sentiment de ce qui s'étoit passé en moy, et de ce que j'auois veu, et même souffert, en me croyant en l'autre monde, me fit une si forte impression sur l'esprit que, dez ce moment, toutte

---

(1) Nommé, plus tard, confesseur des Religieuses de Port-Royal, il fut éloigné de Port-Royal des Champs, en 1661, par M. Bail, devenu directeur, à la place de M. Singlin.

cette passion si violente que je sentois pour la guerre se dissipa, et que tous ces grands desseins que je formois pour l'auenir, me parurent effectiuement ce qu'ils étoient, c'est à dire de pures chimeres : ainsy par une grace particuliere de Dieu, dont je ne sçaurois assez le remercier, une image, representée à mon esprit comme en songe, eut la force de detruire une chose aussy réelle qu'étoit cette resolution que j'auois prise de seruir et de me pousser dans les armées, et qui *s'éuanouït* selon l'expression d'un grand prince, *comme un songe, au moment qu'on se réueille* (1). Je ne fus pas neantmoins beaucoup meilleur pour cela ; mais je fus au moins deliuré d'une passion qui m'eust engagé dans un estat où je serois assurément, de l'humeur dont je me sentois, deuenu beaucoup plus méchant.

Il faut maintenant que je dise icy, comme je m'y suis engagé, un mot de mes deux gardes, le sieur Pantiot et Maistre Jacques, dont l'histoire est assez curieuse, pour auoir une petite place dans ces Memoires. Le sieur Pantiot seruit d'abord des gentilshommes de Poitou, nommez messieurs Dasson (2). C'étoit un homme naturellement facetieux et bouffon ; tout parloit en luy, quand il parloit : ses yeux, ses sourcils, ses jouës, ses leures sembloient s'accorder et estre d'un parfait concert, pour exprimer tout ce qu'il disoit. Et en parlant à une personne, il la tenoit tellement en suspens, et si fixement attachée à soy, par tout cet air exterieur dont il accompagnoit ses parolles, qu'elle étoit necessairement toute occupée de luy, sans pouuoir songer à autre chose. Il n'y auoit point de serieux qui pust tenir contre une maniere et un lan-

---

(1) « Psalm., 72, 20. » Ms.

(2) Plutôt d'Asson. Il a été question de l'un d'eux, M. Baudri de Saint-Gilles d'Asson. V. plus haut, p. 109.

gage, qui tiroient toujours les gens hors de chez eux. Et j'ay veu quelques personnes des plus graues qui fussent dans le royaume, forcées de sortir de leur assiette, à la veuë d'un tel homme, dans le moment qu'il parloit. Il auoit d'ailleurs d'excellentes qualitez, une fidelité à l'épreuue de tout, et un attachement inuiolable pour ceux qu'il seruoit, en sorte qu'il eust donné mille vies pour les sauuer du peril. Il étoit même plus serieux à leur égard : mais il ne sçauoit ce que c'étoit que de se gesner le moins du monde enuers tous les autres ; familier auec toutes sortes de personnes, prenant toujours le haut du paué, pour se faire mieux entendre de haut en bas, et se tenant asseuré que les rieurs seroient toujours de son costé, à cause d'un certain air de superiorité qu'il se donnoit, qu'il accompagnoit d'esprit, et qu'il soutenoit par cette espece de langage qui luy étoit propre, et qui emportoit, sinon l'approbation, au moins le ris de ceux à qui il parloit.

Pour faire connoistre jusqu'où il poussoit quelquefois cette humeur plaisante et boufonne, qui luy étoit naturelle, il suffit de dire qu'étant un jour en voyage auec ses maistres, après qu'il les eust débottez à l'hostellerie, un gentilhomme de leurs amis l'ayant prié de le débotter aussy, il luy répondit : « Il n'y a point de seruice, Mon-
« sieur, que je ne sois prest de vous rendre. Mais comme
« je ne puis non plus me débotter moy même, à cause
« que mes bottes me sont trop étroittes, et que je ne vois
« personne icy qui puisse me rendre ce seruice, si vous
« voulez, Monsieur, que je vous débotte, je vous prie de
« me débotter aussy. » Ce gentilhomme luy ayant promis de le faire, après qu'il l'auroit luy même débotté, il luy répondit : « Vraiment, Monsieur, vous commencerez,
« s'il vous plaist ; car si je vous auois débotté le premier,
« je courrois risque de coucher la nuit auec mes bottes. »

Ainsy il fallut que le gentilhomme luy rendist ce seruice, pour le receuoir de luy. Comme tout le monde le connoissoit de cette humeur, on ne pouuoit se fascher, ou au moins on n'osoit trop le temoigner, de peur d'en auoir l'affront.

Il suiuit un de ses maistres, nommé M. de Saint-Gilles, lorsqu'il se vint établir à Paris. Et ce fut alors qu'il commença auec ce gentilhomme à connoistre Port Royal. Son maistre, qui l'aimoit comme un tres bon seruiteur, souhaittoit fort de le retirer du milieu du monde, et de le porter à songer un peu à soy. Comme la première guerre de Paris commençoit, et que l'on auoit besoin en l'abbaye de Port Royal d'un garde, qui, portant les liurées du général des trouppes, mist la maison à couuert des insultes des soldats, on le proposa pour cet employ qu'il accepta : et on luy donna une casaque à deux enuers, dont l'un étoit des liurées du Prince de Condé, et l'autre des liurées d'un des generaux du party contraire ; afin que se seruant tantost d'un costé, tantost de l'autre, selon les trouppes qui passeroient, il arrétast leurs violences par cette espece de sauuegarde (1). On l'enuoya donc de Paris à la campagne, auec cette double casaque, en luy deffendant bien expressément de la mettre sur soy, qu'après qu'il auroit passé Chastillon (2). Mais le mépris qu'il fit de cet ordre, et l'empressement qu'il eut de se reuêtir de sa

(1) On ne dédaignait pas de mettre en pratique, à Port-Royal, le procédé, plus commode qu'honorable, préconisé, bien à tort, par La Fontaine, à la fin de sa fable de : *La Chauve-Souris et les deux Belettes.*

> Plusieurs se sont trouvés qui, d'écharpe changeants,
> Aux dangers, ainsi qu'elle, ont souvent fait la figue.
> Le sage dit, selon les gens :
> Vive le roi ! Vive la Ligue !

(2) Au-delà de Montrouge, sur la route de Paris à Port-Royal des Champs.

casaque presque au sortir de Paris, luy pensa couter la vie. Car vis à vis des hayes de Montrouge, cinq ou six fusilliers étant venus tout d'un coup à luy, et le traittant d'espion et de traistre, commencèrent à le maltraitter, en le remenant à Paris. A la veuë de cet homme que l'on amenoit et qu'on disoit estre un espion, la populace se mutina et le vouloit assommer ; mais ceux qui le conduisoient se mirent toujours audeuant, en disant qu'ils le menoient au Palais pour le faire pendre. Comme il passa deuant Port Royal (1), il fit signe à quelque personne de la maison, qui se trouua à la porte et qui le reconnut, d'auertir qu'il étoit pris. On le conduisit ainsy au Palais, dont la court fut bientost remplie de toutes sortes de petites gens, qui faisoient grand bruit et qui crioient qu'on leur mist entre les mains cet espion. Cependant on eut le loisir d'enuoyer donner auis à M. de Bernieres, Maistre des Requestes, grand amy de la maison de Port Royal (2), de ce qui étoit arriué au sieur Pantiot. Et comme il étoit actuellement au Palais avec le prince de Conty, il supplia Son Altesse de faire échapper ce malheureux, en l'informant de la vérité des choses et en luy faisant connoistre son innocence. Ainsy, lorsque tout ce peuple étoit encore assemblé et crioit fort haut contre l'espion prétendu, on le fit sauuer doucement par une petite porte, sans qu'on le vist, et on l'enuoya chez nous, pour me garder pendant

---

(1) Port-Royal de Paris, au bout du Luxembourg, à droite de la rue d'Enfer, quand on vient de la barrière de ce nom, dans la rue de la Bourbe autrefois, aujourd'hui de Port-Royal.

(2) Charles Maignart de Bernières, fils de Charles de Bernières et de Françoise Puchot de la Vaupallière, né à Rouen, nommé conseiller au Parlement de Paris, le 3 avril 1637, et Maître des Requêtes, le 30 mars 1643. Il joua un rôle actif pendant la Fronde, et résigna sa charge, en 1649. Sa famille était originaire de Normandie, comme on l'a vu plus haut, p. 39.

ma maladie. Ce fut ainsy que j'en eus la premiere connoissance.

Il trouua moyen depuis de s'engager au seruice du feu Roy d'Angleterre (1), et il demeura vingt cinq ou trente ans au seruice de sa personne, plaisantant toujours à son ordinaire, et luy disant cependant bien des veritez qui pouuoient luy estre utiles. Car, quelque bouffon qu'il fust, il auoit un très bon fonds, et aimoit beaucoup la verité, quoyqu'il ne la prattiquast pas toujours. Mais aprez la mort de ce prince, étant reuenu en France, à peu prez aussy riche de ses bienfaits qu'il étoit entré à son seruice, Dieu luy fit la grace de se reconnoistre dans l'état de pauureté où il se vit à la fin réduit. Il venoit souuent chez nous, où je luy donnois à diner et lui faisois souuenir des bonnes instructions qu'il auoit reçues. Il me parut tres touché et il alla fort âgé se renfermer à à Bicestre (2), auec les pauures, où je le crois mort presentement.

Quant à Maistre Jacques, mon autre garde, il auoit serui M. d'Aumont, lieutenant general des armées du Roy (3); et, depuis sa mort, il vint chez nous, dans le cul de sac de S. Dominique, se réduire à faire nostre cuisine. C'étoit un homme dont l'esprit paroissoit assez pesant, et qui cependant connoissoit de tres beaux secrets de la nature, ayant demeuré autrefois chez un homme des plus curieux et des plus habiles de l'Europe. Il en retint seulement plusieurs secrets. Car pour ce qui est de la connaissance du fonds de la medecine, il ne l'auoit pas. Mais auec ces seuls remedes qui agis-

---

(1) Charles II, mort le 6 février 1685.
(2) Prés de la barrière de Fontainebleau, au sud-est de Paris.
(3) Charles, marquis d'Aumont, mort à Spire, le 5 octobre 1644, des suites d'une blessure reçue au siége de Landau. Sa veuve se retira à Port-Royal des Champs, en 1646.

soient efficacement en rétablissant la nature sans la détruire, je luy ay veu faire des guérisons miraculeuses de maladies où les médecins ne pouuoient rien. C'est ainsy que je luy vis guérir en peu de temps le sieur Bascle de cette paralysie dont j'ay parlé, qui l'auoit perclus de la moitié de son corps, en luy frottant seulement d'un beaume l'épine du dos, et luy faisant prendre quelque remede au dedans. C'est ainsy encore que je luy vis guerir un de mes amis d'une maladie, où les medecins l'auoient abandonné comme un homme mort : et encore un autre qui demeura entrepris de tous ses membres, sans pouuoir presque se remuer. C'est ainsy qu'il guérit, à la veuë de toute la cour, la sœur de la duchesse de Cheureuse, qui a depuis épousé le duc de Luynes (1), d'une horrible dartre qui luy couuroit tout le visage, et qu'il luy rendit le teint aussy fin et le visage aussy beau qu'il y en eust dans tout le royaume. C'est ainsy que je le vis guerir ma mère, qui vint exprez à Paris pour estre traittée d'un mal, qui étoit venu souz la plante de ses pieds et qui y causoit de grandes creuasses, où la medecine ordinaire ne pouuoit rien. Il la rétablit parfaitement auec une espèce de pomade qu'il appliquoit pardessuz et quelques remèdes qu'il luy fit prendre au dedans. C'est ainsy enfin, sans parler des autres, qu'il me guérit moy même d'une toux sèche tres importune, dont je me trouuay, au bout de quelques années, et à la fin d'une maladie, extrêmement tourmenté. Luy ayant parlé de la grande incommodité que me causoit cette toux, principalement la nuit, qu'elle m'empeschoit de dormir,

(1) Tout ceci explique cette ligne de M. Sainte-Beuve, qui, après avoir cité le nom de Duclos, ajoute : « M. de Luynes mit à la mode « un autre empirique nommé Jacques. » *Port-Royal*, t. IV, p. 188. « Auprès des pilules de l'un et les poudres de l'autre, l'exacte et cir- « conspecte médecine de M. Hamon avait tort. » *Ibid.*

parce qu'elle me prenoit auec beaucoup de violence, dans le moment que je voulois m'assoupir ; il me promit de me donner, dès le soir même, un remede dont je serois soulagé. Je l'attendis auec assez d'impatience jusques au soir, sans qu'il vint. On m'aporta à mon ordinaire dans mon lict un potage auec deux œufs, que je mangeay fort chagrin, trompé dans l'attente où j'étois toujours de mon medecin. Je m'endormis à la fin sur ma colere. Le jour suiuant, Maistre Jacques me vint voir. Et d'abord que je l'apperceus, je commençay à l'apeller un trompeur, de m'auoir ainsi manqué de parole. Mais plus je parus ému, plus il étoit froid, se contentant de me demander si j'auois toussé cette nuit. Moy, qui n'auois fait aucune reflexion sur ce que j'auois passé la nuit fort doucement, et qui étois seulement occupé de mon chagrin, je demeuray fort surpris à cette demande ; et luy ayant neantmoins répondu que j'auois tres bien dormy, sans tousser, il adjouta : « Et de quoy donc vous plaigniez « vous ? » Par où il me fit connoistre qu'il auoit mis, sans me le dire, quelque chose dans mon potage, qui m'osta toute cette acrimonie, qui se jettoit sur ma gorge, et sur ma poitrine. Je crois important de marquer cela, pour donner lieu de juger qu'il y a des simples et des mineraux d'une admirable vertu pour toutes sortes de maladies, et qu'on ne s'attache point assez dans la medecine ordinaire à les connoistre, ou que, si on en connoist quelques uns, on néglige trop de les employer dans l'usage. J'en parle auec quelque experience, ayant depuis découuert, par la liaison que j'ay euë auec de tres habiles gens, plusieurs remedes qui m'ont seruy tres auantageusement, tant pour moy même que pour mes amis, et pour les pauures malades de la campagne, que nous auons tres souuent traittez, comme je pourray en dire un mot dans quelque autre endroit.

Cependant on s'étonnera peut estre de ce que, dans ma grande maladie dont j'ay parlé, ayant prez de moy pour garde un homme qui auoit de si excellents remedes, il n'en usa point pour me soulager. Mais c'est qu'au commencement qu'il fut chez nous, il eut la discretion de ne se point découurir sur ce qu'il sçauoit de la medecine, et qu'il aimoit mieux laisser faire les medecins de Paris, qui, fort jaloux de leur authorité, ne souffrent pas aisément que de telles gens entreprennent sur leurs droits et s'ingèrent de guérir ce qui souuent leur est incurable (1). Il est vray qu'il faut de la regle et de la police dans les états, et qu'il n'est pas juste de donner la liberté à toutes sortes de gens d'exercer un art dont ils n'ont aucune science. Mais il semble aussy qu'il n'est pas tout à fait de la justice de priuer tout le public des secours qu'il receuroit de l'experience qu'ont d'habiles gens de plusieurs remedes inconnus à la medecine ordinaire, qui demeurent étouffez et hors de l'usage, plus peut être par un principe d'interest et de faux honneur que par un amour veritable de l'auantage du public, qui doit estre neantmoins l'unique motif de ceux qui sont établis pour la guérison des peuples. On voudra bien m'excuser, si je parle ainsi, ayant beaucoup souffert, plusieurs années de suitte, par les remedes ordinaires, et m'étant senti soulagé tres promptement par d'autres remedes tres simples que j'ay découuerts. Et pour faire voir que je ne parle point en l'air, je rapporteray icy seulement un exemple de ce que j'ay moy même éprouué sur moy, me reseruant d'en dire ailleurs dauantage. J'ay été tourmenté, des années entières, d'un mal d'yeux qui me réduisoit en un tel état que je n'osois plus me

---

(1) Les *Lettres choisies de feu M. Guy Patin* montrent toute la vérité de cette remarque. Il y est bien souvent question des poursuites de la Faculté de Médecine contre les gens sans diplôme.

montrer ny ne pouuois presque plus souffrir le grand jour. J'auois les deux yeux comme deux charbons de feu, à cause de la rougeur dont ils étoient tout bordez; et ils étoient tellement chassieux que je passois, tous les matins, quelque temps pour les décoller, ce qui m'y causoit des démangeaisons et des cuissons tres sensibles. J'auois pour médecin un homme de la Faculté de Paris, qui passoit pour tres habile et qui étoit asseurément fort homme de bien. Me voyant en cet état, il m'ordonnoit une ou deux seignées, auec quelque lauement et purgation. Je faisois ce qu'il m'ordonnoit, n'en sachant pas plus que luy. Mais après et les saignées, et les lauemens, et les medecines que j'auois en grande horreur, mes yeux demeuroient toujours aussy malades qu'auparauant. Quand mon medecin me reuoyoit, il me disoit que j'auois la veuë bien chargée, et me faisoit la même ordonnance, qui m'étoit toujours également inutile. Car mon mal, comme il parut dans la suitte, n'auoit besoin que d'un remede purement topique, et non de ces autres qui alteroient ma santé, et qui ne seruoient de rien pour me soulager la veuë. Enfin une dame, qui me vit dans cet état, m'assura qu'il n'étoit rien de plus facile que de me guerir et me parla d'une tutie spécifique (1) faitte à Orléans par le sieur Pageot. Elle en fit venir. Et, quoyque rebutté de remedes j'eusse de la peine à user encore de celuy cy, je consentis neantmoins à m'en seruir ; et cela se fait, en se frottant doucement le dedans des paupières auec le doigt, où l'on a mis quelque peu de cette tutie. Ce qu'il y a de certain, c'est que je n'eus pas fait cela, deux soirs de suitte, que mes yeux changerent entierement, et qu'au bout de cinq ou six jours ils se trouuerent parfaittement guéris.

(1) **Fleur de cuivre, suie métallique.**

Comme ce sujet, qui peut plaire à quelques uns, pourroit bien en choquer d'autres, il vaut mieux que je le quitte, pour reuenir à ce qui suiuit ma guerison de ma grande maladie.

Mon frere aisné, qui auoit été, comme j'ay dit, mis en pension au college de Beauuais, pour y faire sa philosophie (1), tomba dangereusement malade. Et M. de Beaupuis, qui étoit tout remply de charité, en ayant été aduerty, l'enuoya querir pour le mettre dans la même chambre où j'auois été malade (2), afin qu'on eust plus de soin de luy, pour le corporel et pour le spirituel, et qu'on pust plus facilement empescher que certaines gens, qui vouloient le débaucher, n'en aprochassent dans sa maladie. Un jour que j'étois allé le voir, après le disner, et que je me fus entretenu assez longtemps auec luy, sans m'estre apperceu d'aucun changement dans son esprit, comme je le quittay et que j'eus fermé la porte de sa chambre, je fus bien surpris, après auoir fait trois ou quatre pas, d'entendre ouurir la porte derrière moy. Je me retournay, et j'aperceus que c'étoit luy qui s'étoit leué tout nud. J'aduouë que je fus saisy d'une tres grande frayeur; et luy ayant demandé ce qu'il désiroit, je compris que c'étoit un commencement de transport qui se faisoit au cerueau. J'appelay du monde, et on le veilla dez lors comme une personne qui auoit beaucoup besoin d'assistance. Ces jeunes gens, dont j'ay parlé, vinrent plusieurs fois, pour le voir dans sa maladie. Mais M. de

---

(1) Voir plus haut, p. 163. C'était Gentien, le troisième des enfants vivants de Gentien Thomas; l'auteur de ces Mémoires était le cinquième.

(2) La rue Saint-Jean-de-Beauvais, où était le collége de ce nom, situé près de la place Cambrai, dans le quartier Saint-Jacques, était peu éloignée de l'impasse Saint-Dominique-d'Enfer, où se trouvaient les Petites-Ecoles de Port-Royal.

Beaupuis, qui étoit bien informé du caractère de leur esprit, ne voulut jamais le souffrir, quelque instance qu'ils en fissent ; et il se mocqua de leur colere, preferant à tout le veritable bien du malade. Aussy l'on remarqua que, dans toutes ses resueries, il disoit toujours auec chaleur : « Ne les laissez pas venir ; chassez les ; » témoignant assez par là qu'il auoit l'esprit frappé de leurs sollicitations et qu'il en auoit horreur : ce qui nous fut une consolation dans l'extrême chagrin que nous eûmes de sa mort. C'étoit un garçon bien fait, tres auancé dans ses études, et qui promettoit beaucoup, selon le monde. Mais, hélas ! de quoy luy auroient seruy tous ces auantages que le monde estime, s'il s'étoit perdu auec le monde, comme il y auoit grand sujet de l'apprehender. Heureux, si Dieu le regardant des yeux de sa misericorde, et exauçant les soupirs de mon père, qui n'aimoit plus ses enfans que pour l'éternité, se hasta, comme on a lieu de le croire, de le retirer, pour son salut, de ce siecle depraué qui s'efforçoit de le corrompre et de l'entraisner auec luy. Il fut enterré dans l'eglise de Saint Jacques du Haut Pas, à main gauche, à côté du chœur (1). Et l'on ne manqua pas de se seruir de l'exemple de cette mort qui nous toucha tous, pour nous faire bien comprendre qu'il n'y auoit ni force de corps, ni jeunesse, qui dust nous mettre en asseurance contre la crainte d'une mort semblable ; car il étoit des plus grands et des plus puissans de son âge. Et j'auois peut estre plus besoin que tous les autres de cet aduertissement, parce que ma force et ma taille me donnoient un peu trop de fierté, n'y ayant personne dans

---

(1) « Il paraît que c'est Gentien Thomas, dont M. Le Maître parle « dans le petit Mémoire qui est à la tête de ceux de M. Fontaine. Il « mourut en 1650, âgé de vingt ans. Il étudiait en philosophie. » Premier éditeur. Il y est nommé, en toutes lettres, p. LXXXVIII.

toute nostre maison, qui osast seulement m'attaquer, après que l'experience leur auoit appris que deux ou trois d'entre eux des plus forts ne pouuoient tenir contre moy.

Je ne diray rien icy de cette première guerre de Paris, pendant laquelle je tombay malade. On en a assez parlé en differentes relations, et il seroit même auantageux que le souuenir s'en effaçast entierement pour oster l'idée fascheuse qu'elle a laissée de la mauuaise disposition de cette ville; quoy qu'il soit vray, dans le fonds, qu'il n'y a gueres de ville dans le royaume qui aime plus sincèrement son prince. Ce que j'ay à adjouter seulement icy, est qu'encore que les viures fussent alors dans une horrible cherté, et que le pain manquast quelque fois dans Paris, le bon sens et le sçauoir faire de nostre pouruoyeur, je veux dire Maistre Jacques, dont j'ay parlé (1), empescha que nous ne nous sentissions de la misere, et que jamais nous ne fusmes mieux nourris, ni ne mangeasmes de meilleur pain. Car il étoit homme d'une grande préuoyance; et comme il auoit appartenu à de grands seigneurs, et s'étoit trouué en mille états differens, tant dans la guerre que dans la paix, il n'étoit surpris de rien, et sçauoit prendre son party pour toutes choses, sans s'inquietter et sans laisser aucun sujet d'inquiétude à ceux qu'il seruoit; quoiqu'à le voir on eust cru tout le contraire de luy, à cause d'un certain air de pesanteur, qui paraissoit, comme je l'ay dit, sur son visage. Mais plus son exterieur paroissoit pesant, plus il pensoit au dedans, où il étoit effectiuement tout renfermé, s'occupant de mille secrets de la nature, dont il

---

(1) Voir plus haut, p. 188. — On sait que, dans *l'Avare*, Molière a mis un personnage : « Maître Jacques, cuisinier et cocher d'Harpagon. » Etait-ce un souvenir de Port-Royal ou un sobriquet courant?

auoit la connoissance, et qui luy donnoient un grand mépris de l'ignorance qu'il remarquoit dans la plus grande partie des hommes. Je me souuiens de luy auoir entendu dire qu'il auoit demeuré en Flandres, auec un homme qui changeoit les metaux en or, et qui se confioit tellement à luy, qu'il luy fit souuent porter des lingots d'or à la Monnoye. Je sçay que beaucoup de gens font passer cela pour une chimere, et que le sieur de Furetières, dans l'excellent dictionnaire de la langue françoise qu'il a donné au public, en parle de même en diuers endroits (1). Mais le seul exemple de ce qui arriua, du temps du feu Roy Loüis XIII d'heureuse memoire, lorsque ce prince voulut luy même dans sa chambre faire l'essay de la poudre d'un nommé du Bois, auec laquelle il changea en un or tres fin quelques balles de mousquet de soldats qui estoient actuellement de garde au Louure, doit conuaincre de la possibilité de la chose ; puisque c'est un fait constant, arriué en la presence du Roy, du Cardinal de Richelieu, qui en donna une médaille à la Duchesse d'Aiguillon sa niece, que j'ay veuë moy même, et de M. de Chauigny, ministre d'Estat, qui le dit à M. d'Andilly, de qui je le sçay. Je ne sçaurois donc souffrir qu'on rejette comme impossible tout ce qu'on ne connoist pas. Mais ce que j'estime beaucoup, c'est que des gens, comme un Maistre Jacques, qui pouuoient auoir cette connoissance, eussent un si grand mépris de la fortune du monde et qu'ils vécussent plus contens, quoiqu'en un état si rabbaissé, que ceux qui possèdent de grands reuenus et de grandes terres. Peut estre que si on en usoit en France, comme dans les pays étrangers,

. (1) Le *Dictionnaire Universel, contenant generalement tous les mots françois, tant vieux que modernes, et les termes des sciences et des arts*, etc., Rotterdam, 1690, 2 vol. in-fol., parut en 1690, deux ans après la mort de Furetière.

et surtout en Angleterre, où non seulement l'on n'empesche pas ceux qui trauaillent sur le secret dont je parle, mais l'on punit même les gens qui le voudroient, l'on auroit lieu de ne se pas repentir de donner une honneste liberté aux sçauans de s'exercer dans un art qui pourroit estre si utile au bien public de l'Etat. Car on sçait qu'il y a eu des années où il venoit plus de métal dans l'Angleterre, par cette voye, que par celle du commerce des vaisseaux. Et un royaume s'enrichit ainsy au dedans de soy, pourueu que la liberté soit toute entière aux particuliers, de trauailler à imiter par leur art les opérations de la nature : ce qui n'exclut nullement l'exactitude rigoureuse auec laquelle on doit empescher l'abus qui en pourroit arriuer pour la monnoye. Ce qui m'engage encore plus à parler ainsy, est la certitude des remedes excellens, pour la guerison des maladies les plus incurables, qui se découurent dans le cours de ce trauail si curieux, dont je sçay qu'on a des experiences merueilleuses. Il me suffit de marquer mon sentiment sur cela dans ces Memoires. Et c'est aux puissances à en faire tel usage qu'elles jugent à propos (1).

Au bout de trois ans ou enuiron que nous fûmes établis, comme j'ay dit, dans la maison du cul de sac de

---

(1) Il y a du bon dans les principes économiques de l'auteur et dans les conséquences qu'il en tire ; mais le tout est gâté par cette singulière croyance à la transmutation des métaux. On aurait préféré le voir dire avec La Fontaine :

> Charlatans, faiseurs d'horoscope,
> Quittez les cours des princes de l'Europe :
> Emmenez avec vous les *souffleurs* tout d'un temps,
> Vous ne méritez pas plus de foi que ces gens.
>
> Fables : *l'Astrologue qui se laisse tomber dans un puits*, liv. II, 13

Au reste, cette croyance au surnaturel, au merveilleux, sera le faible de Port-Royal en général, et de du Fossé, comme nous le verrons plus tard.

Saint Dominique, il arriua du changement parmy nous, soit que nostre établissement causast quelque jalousie à ceux qui n'aimoient pas Port Royal, ou pour quelque autre raison que je ne sçay pas. Ceux de nostre classe, c'est à dire le sieur de Villeneuue, le sieur Deschamps, le sieur Boujonnier, fils du medecin, et quelque autre encore, et moy, nous allâmes auec le sieur Le Feure, sur la fin de l'année 1649, demeurer en une parroisse de la campagne, voisine de l'abbaye de Port Royal, nommée Magny, dont le curé, qui se nommoit M. Retard, étoit, comme je l'ay dit auparauant, un excellent homme (1). Nous y passâmes six mois, dans une maison particulière, que nous louyïons (2). Et il est vray que ce temps nous parut à tous un vrai temps de diuertissement, à cause de l'agrément que nous trouuions dans la compagnie d'un maître aussi accomply que le nostre. Nous nous attachions à l'étude, dans toutes les heures d'étude. Mais aux heures de récreation, nous étions en quelque sorte encore plus attachez à luy, à cause de mille choses agréables, dont il nous entretenoit. Le soir, dans les beaux jours de l'été, allant dans les champs nous promener auec luy, il se faisoit un plaisir de nous apprendre les differentes constellations, et de nous montrer les planetes et les étoiles principales : ce que nous considé-

(1) Voir plus haut, p. 151.
(2) M. Sainte-Beuve place la translation des Petites Ecoles, de Paris aux champs, dans les vacances de 1653. *Port-Royal*, t. III, p. 407, en note. On voit, par cette partie inédite des Mémoires, qu'une classe ou division était établie, près Port-Royal des Champs, quatre ans auparavant, dans une maison particulière, celle du curé de Magny, paroisse de Port-Royal. — Ailleurs, M. Sainte-Beuve donne la date de 1650 pour cette translation, en se demandant « si tout l'établissement » de la rue Saint-Dominique fut dispersé dès 1650? (*Ibid.*, p. 403.) Le récit de du Fossé montre qu'il s'agit d'une translation partielle, à une date un peu antérieure.

rions auec beaucoup de plaisir; et je n'en ai jamais rien sceu que ce qu'il nous en apprit alors, dans des temps perdus, qui ne l'étoient pas neantmoins pour nous, puisqu'il sçauoit nous en faire retirer agréablement beaucoup de fruit.

Nostre bonheur fut trop court, et nous perdîmes beaucoup trop tost cet homme si admirable, par une violente maladie qui l'emporta en peu de jours. Demeurant alors sous la conduitte d'un autre, qui n'étoit pas, à beaucoup près, de ce même caractère, quoiqu'il eust aussy des talens particuliers pour instruire la jeunesse, nous retournâmes, le Sr de Villeneuue et moy, demeurer à Port Royal, non dans l'abbaye, comme autrefois, mais à une ferme qui est au dessuz de la montagne, et qu'on nomme *Les Granges*; à cause que c'est en ce lieu que s'amassent tous les grains qui se recüeillent sur les terres et qui sont pour la nourriture de l'abbaye (1). Nous y trouuâmes un grand changement depuis trois ou quatre années que nous en étions partis. Les Religieuses étoient rétablies dans la maison. Et la Mere Marie Angelique Arnauld s'étant demise (2), en faueur de la regularité, de sa qualité d'abbesse titulaire, auec l'agrément du Roy et du Souuerain Pontife, on élisoit tous les trois ans une abbesse qui gouuernoit auec une égale authorité les deux Maisons, tant celle de Paris que celle de la campagne. Nous logeâmes donc dans la ferme des Granges, en un ancien batiment où MM. Arnauld, le Maistre et de Sacy son frere demeuroient déja, et nous commençâmes à

---

(1) Elles figurent, encore aujourd'hui, sur la carte de l'Etat-Major, à cinq hectomètres Nord de Port-Royal, sous le nom de : *Granges-de-Port-Royal*.

(2) Le premier éditeur disait « qu'elle avoit été élue en 1648, et « qu'elle s'étoit démise en 1650. »

faire auec eux une liaison particuliere, ayant plus d'âge et de discernement qu'autrefois (1).

J'ay déja parlé de M. Arnauld, au sujet du liure *De la Frequente Communion*, qui excita un si grand bruit parmi ses enuieux, en même temps qu'il produisit un si grand fruit pour la conuersion d'une infinité de personnes. Mais j'ay oublié de dire ce que je dois ajouter icy : que pour appuyer dauantage cet excellent liure, il donna bientost après au public celuy *De la Tradition de l'Eglise*, qui n'est qu'un enchaînement des passages des Saints Peres, sur le sujet de la Penitence et de la Communion (2). Et parce que l'on s'étoit porté jusqu'à cet excès que de presenter à la Reyne Mere Regente un ouurage (3) par lequel on s'efforçoit de detruire son premier liure, quoyqu'approuué par tant de prelats auec une lettre addressée à cette princesse, où l'on l'accusoit *de former une nouuelle caballe ; d'introduire une sorte de penitence pleine de temerité ; de vouloir détruire et renuerser le royaume de Jesus Christ par des erreurs et des attentats ; d'ouurir l'entrée aux factions et aux schismes ; et d'auancer des maximes scandaleuses, autant contraires à l'Etat qu'à l'Eglise catholique ;* et on osoit même donner à Sa Majesté, contre la personne de M. Arnauld

(1) La plupart des détails, donnés par du Fossé sur les Petites-Ecoles de Port-Royal, offrent des points nouveaux et servent à fixer l'incertitude ou l'inexactitude des dates toujours assez grande, soit dans les *Mémoires sur la vie de M. de Beaupuis*, par l'abbé de La Croix, soit dans la *Vie de Nicole*, par Gouget, comme l'a déjà remarqué M. Sainte-Beuve, *Port-Royal*, t. III, p. 404.

(2) La *Tradition des Eglise sur le sujet de la Pénitence et de la Communion*, représentée dans les plus excellents ouvrages des S.S. Pères grecs et latins et des auteurs célèbres des derniers siècles, traduits en français.... par Ant. Arnauld. Paris, Ant. Vitré, 1644, in-4°.

(3) Le gros in-4° *De la Pénitence publique*, ouvrage du P. Petau, jésuite, 1644.

et de ses amis, des conseils tres éloignez de sa modération et de sa justice ; il se sentit obligé d'addresser aussy à la Reyne, à la teste de son nouueau liure *De la Tradition*, une lettre, dans laquelle il prenoit la liberté de luy representer l'injustice de toutes ces accusations qu'on auançoit contre luy. Il luy dit, entre autres choses : *Qu'il penseroit faire tort à Sa Majesté, s'il croyoit que les témoignages de tant de personnes illustres par leur suffisance et leur caractere, luy fussent moins considerables que les sentimens d'un seul homme qui, par un artifice nouueau et inconnu à tous ceux qui auoient ecrit jusqu'alors, auoit cru qu'il ne pouuoit ruiner plus puissamment l'authorité de tant d'Approbations, qui paroissoient à l'entrée de ce liure, qu'en luy opposant un autre, qui n'étoit approuué de personne.*

Il faudroit coppier toute cette lettre si excellente, pour faire voir, plus clair que le jour, comment il y conuainquoit ses accusateurs d'imposture, et les confondoit sur tous les points qu'ils auoient osé auancer contre lui deuant la Reyne (1). Mais c'est un ouurage public qu'on peut consulter facilement. Et il suffit d'ajouter icy que cet homme, qu'on representoit comme un cabaliste et un autheur de factions, étoit occupé, dans le temps que nous retournâmes à Port Royal, à confesser les Pensionnaires du dedans et quelques personnes du dehors, comme mon frere, qui auoit pris une particulière confiance en luy, et pour qui aussy il auoit une grande charité. Voilà quelles étoient les occupations de celuy qu'on vouloit faire passer pour un esprit remuant, qui cherchoit à mettre le trouble dans l'Etat et dans l'Eglise. Aussi ceux qui l'ont connu comme moy ne sçauent, selon l'expression d'un ancien

---

(1) La préface formait tout un ouvrage, où Arnauld riposte avec force au P. Petau. — Balzac fit un éloge hyperbolique de la *Tradition de l'Eglise,* dans une lettre du 12 mai 1644.

autheur, s'ils doiuent se rire de la vanité de cette sorte d'accusation dont on le chargeoit, ou s'indigner de l'aueuglement déplorable de ceux qui en étoient les autheurs : *Rideam vanitatem, an exprobrem cœcitatem ?* (1) Car je puis et je dois même attester que je n'ay guere connu d'homme d'un caractere d'esprit plus opposé que le sien à celuy qu'on prétendoit luy attribuer. Il est vray que pour tout ce qui pouuoit alterer et blesser la vérité, il se sentoit obligé de s'y opposer, par le serment qu'il auoit fait en qualité de Docteur ; et qu'effectiuement il s'y opposoit auec un zele et une penetration d'esprit incomparable. Mais pour ce que l'on appelle esprit de cabale et d'intrigue, jamais homme n'en eut plus d'éloignement et n'y fut même moins propre que luy. Il étoit simple et sincere dans sa conduitte, exempt de tout artifice et de toute soupplesse d'esprit, ennemi des compliments et des louanges, prest à se rendre à la raison, quand on la lui faisoit voir, incapable de déguisement. Aussi le Cardinal de Retz et l'Archeuesque de Sens (2), voyant qu'on lui imputoit cet esprit de faction et de cabale, ne purent pas s'empescher de s'en mocquer hautement, en disant : « Que jamais « homme n'auoit été moins politique que M. Arnaud ; « que ce n'étoit là nullement son caractère, et qu'il falloit « ne l'auoir jamais veu ni connu pour en faire un tel por- « trait, selon lequel il étoit entierement méconnoissable. »

Comme je n'ay point encore parlé de M. de Sacy (3),

---

(1) « Tertullian. Apologet. » Ms.
(2) « De Gondrein. » Ms. — Henri de Gondrin fut archevêque en 1656.
(3) Isaac Louis Le Maistre ou Le Maître, dit de Sacy ou Saci, fils d'Isaac Le Maistre, maître des Requêtes, et de Catherine Arnauld, né le 29 mars 1613. Ce surnom de *Saci* paraissant l'anagramme de son nom de baptême *Isaac*, il vaudrait mieux l'écrire *Saci* que *Sacy*. C'est par respect pour le texte de notre auteur que nous conserverons l'*y*, judicieusement changé en *i* par le premier éditeur.

j'en diray ici plusieurs choses, pour faire connoistre le caractere de son esprit, sa profonde pieté, la sagesse de sa conduitte, et ses differentes occupations. Il auoit fait ses études, pendant quelque temps, auec M. Arnauld à Beauuais (1), sous un précepteur nommé le sieur Oger. Et son esprit paroissoit dès lors ce qu'il fut depuis, c'est à dire plein de feu et de lumière, et d'un certain agrément et enjoüement dont il voulut bien se dépoüiller dans la suitte, quand il reçut les Ordres sacrez, mais qu'il luy étoit facile de reprendre dans l'occasion, s'il le jugeoit à propos. Je voudrois pouuoir donner au public quelques lettres que j'ay veuës de luy et que j'ay perduës, qu'il écriuit de Beauuais à la dame sa mere, sur quelques presens qu'elle leur auoit enuoyés (2). Il ne se pouuoit rien ajouter à la gentillesse et aux tours d'esprit qui s'y remarquoient, et à la beauté tant de la prose que des vers, moitié picards, moitié françois, qu'il entremesloit agrea-

(1) Le texte primitif du Ms. portait : *à Beauuais*. Une autre main a mis : *Collége de Beauuais*; mots qui se trouvent dans l'imprimé de 1739, mais biffés depuis dans le Ms. Une note, d'une autre main que le corps du Ms, sur un petit morceau de papier détaché, contient cette remarque : « Je nay jamais entendu dire que Mrs de Sacy et « Arnaud eussent étudié à Beauuais. Sa Vie n'en dit rien. Il auoit « eu un precepteur nomé Dauchet (ou Danchet) qui a été chanoine « de Beauuais et que je crois natif de Tricot ou Courcel, près Compiègne, diocèse de Beauuais. » — M. Sainte-Beuve a dit à son tour : « qu'il (M. de Saci) suivit pendant quelque temps ses études au col« lége de Beauvais. » Et il ajoute en note : « ou plutôt au collége de « Calvi-Sorbonne. Du Fossé, qui indique *Beauvais*, n'est pas d'accord « avec les biographes d'Arnauld. » *Port-Royal*, t. II, p. 320.

(2) Du Fossé a vraiment l'admiration par trop facile. Fontaine, dans ses Mémoires (t. I, p. 87-90), nous a conservé des vers mêlés à la prose d'une lettre de M. de Saci enfant, écrits à sa mère, au nom de ses frères, et au sien, pour la remercier du cadeau qu'elle leur avait fait à chacun d'une bourse dorée d'une couleur différente. La prose est d'un style précieux, et, dans les vers, la facilité de rimer ne saurait tenir la place du goût et de l'art.

blement, l'un après l'autre, et qui composoient un tout que l'on pouuoit regarder comme quelque chose d'acheué en son espece. Il vécut toujours dans une innocence et dans une pureté admirable, et tel que deuoit être le directeur de tant de Vierges consacrées à Jesus-Christ, dans l'abbaye de Port Royal. Car ayant l'esprit et les mœurs ecclesiastiques, ceux qui le conduisoient, c'est à dire l'abbé de Saint Cyran et M. de Singlin, l'engagerent à receuoir les ordres sacrez dans le dessein de s'attacher à seruir cette sainte Communauté (1). Il s'y prépara, ayant dans l'esprit ces grandes maximes, repanduës dans les lettres de l'abbé de S. Cyran, qu'il inspiroit à tous ceux qui se conduisoient par ses auis, dans une occasion si importante, c'est à dire : « qu'il songea
« véritablement qu'il alloit faire la plus grande action et
« receuoir la plus grande puissance que Dieu même
« puisse donner ; puisque c'est la puissance sacerdotale
« de son propre fils : » ce qui faisoit dire à ce grand homme, écriuant sur ce sujet à un autre de ses amis :
« que s'il eust eu un royaume en sa disposition, il luy
« auroit conseillé de le donner en échange à Jesus Christ :
« et qu'après auoir receu cette grace, il deuoit estre et
« paroistre aussi séparé du commerce des chrestiens
« que le commun des chrestiens doit estre, et paroistre
« séparé de tous ceux qui ne le sont point (2). »

Aussy la vie, que M. de Sacy a toujours menée depuis son ordination, a été telle que l'on peut dire de luy que la grace de son sacerdoce pouuant être comparée d'abord, selon l'Euangile, à un grain de seneué, crût si fort,

(1) Ordonné prêtre, en décembre 1649, il dit sa première messe à Port-Royal des Champs, le 25 janvier 1650, jour de la conversion de Saint Paul, comme on le remarqua dans le monastère. Il avait trente-sept ans.

(2) « 2 vol., Lettre 20. » Ms.

qu'elle deuint à la fin comme un grand arbre, sur les branches duquel les oyseaux se reposoient aisément. Car on vit effectiuement un grand nombre d'ames se reposer, en quelque sorte, sur sa conduitte, persuadées qu'il les éleueroit jusques à Dieu, sur les aisles de sa charité et de sa foy, qui étoient tres grandes, et qui, soutenuës continuellement par ses ardentes prieres, pouuoient sans doute beaucoup auprès de luy.

Pour moy, je suis obligé de reconnoistre que ça été luy proprement qui a commencé à prendre soin de mon ame, et à l'égard duquel j'ay éprouué la vérité de ce qu'a dit un ancien Pere (1) : « Que lorsqu'après auoir bien cherché, « on trouue enfin un homme éclairé, rempli de Dieu, et « en qui les passions paroissent éteintes ; et qu'après « l'auoir bien examiné, et s'estre assuré, autant qu'on le « peut, que c'est celuy que le Seigneur nous destine « pour nostre guide dans la voye de nostre salut, nous « nous sommes enfin résolus de nous mettre sous sa « conduitte, on doit s'y abandonner auec une entière et « aueugle soumission ; et qu'il arriue rarement que « dans la suitte, si on vient à en estre separé, par quelque « accident que ce puisse estre, on puisse jamais re- « couurer la même confiance en un autre qu'en ce pre- « mier. » Il est vray qu'en l'aage où j'étois, qui pouuoit estre de 17 ans (2), et dans le peu de connoissance que j'auois encore de ce qui regarde la conduitte spirituelle, je n'étois pas en état de chercher ce guide, tel que je viens de le representer, après un grand saint, ni même de le desirer, et encore moins de l'examiner, l'ayant une fois trouué. Mais ceux qui auoient bien voulu prendre soin

---

(1) « S. Jean Climaque. » Ms.
(2) Du Fossé, né en 1634, se serait donc mis sous la direction de M. de Saci, vers 1651. Il en fut de même de la haute société janseniste.

de moy, firent, par le mouuement de l'Esprit de Dieu, en cette occasion, ce que j'aurois dû faire moy même, si j'eusse été en état, c'est à dire qu'ils m'en donnerent un accomply en la personne de M. de Sacy ; et que l'ayant effectiuement trouué tel que S. Jean Climaque le décrit, je ressentis, lorsque Dieu permit que j'en fusse séparé depuis, par des raisons qui ne dépendoient point de nous, que je ne pus plus auoir la même confiance en tout autre, que j'auois en luy. Mais peut estre qu'il n'est pas tout à fait désauantageux de perdre ainsy quelque fois ces soutiens humains, sur lesquels assez souuent on s'appuye trop. Et si les apostres ont eu besoin que Jesus Christ même se separast d'eux, afin qu'ils apprissent à viure dauantage de la foy, on peut bien croire que la trop grande confiance en un simple homme est à craindre pour ceux qui sçauent que c'est en Dieu seul qu'on doit se confier, et non sur un bras de chair, quel qu'il puisse estre.

Il n'y auoit rien de plus sage que la conduitte de celuy de qui je parle. Son caractère étoit la charité et la douceur. Il s'arrêtoit peu aux effets ordinaires de l'infirmité humaine. Mais il tendoit principalement à separer le cœur de l'amour du monde et de soy même, et de l'attacher à Dieu ; et d'établir ceux qui se soumettoient à sa conduitte dans une certaine égalité de vie, toujours uniforme et éloignée de tous les mouuements inégaux du caprice de l'esprit de l'homme. Il estimoit plus cette sorte de vie toujours égale, et toujours soumise à la règle que l'on s'étoit une fois prescritte, qu'une autre plus austère en apparence, et plus agréable à l'humeur capricieuse de celuy qui cherche à sortir en quelque sorte de la regle, souz prétexte d'une plus grande penitence, et qui trouue ainsy, dans une espèce de raffinement de sa propre volonté, de quoy se dédommager des austeritez qu'il prattique plus que les autres. Ceux qui vouloient se tromper, comme j'en ay connu quelques uns, se vantoient d'être souz sa conduitte, quoyqu'ils fissent le contraire de ce qu'il leur conseilloit; abusant ainsy de sa douceur, et se mocquant non de luy, mais de Dieu même. Il les supportoit auec une extrême charité, dans l'esperance qu'ils rentreroient en eux mêmes. Et il eut pour moy cette confiance de m'ouurir son cœur sur le sujet d'une personne qui en usoit de la sorte, voulant m'inspirer de plus en plus de l'horreur d'une conduitte si hypocrite. Aussi celle dont il me parla tomba, comme je l'ay sceu depuis, dans de grands égaremens et fut pour moy un exemple redoutable des suittes funestes qu'on doit craindre de l'hypocrisie d'un cœur éloigné de la sincérité de Dieu, comme l'appelle S. Paul.

Que s'il demandoit aux personnes qu'il conduisoit dans la piété, ce détachement du monde, cette attention du cœur à Dieu, et cette égalité d'une vie réglée selon l'Euangile; il n'étoit pas de ces docteurs à qui Jesus Christ reprochoit d'imposer des fardeaux sur les épaules des autres et de ne vouloir pas seulement les leuer du bout du doigt. Car il ne leur enseignoit rien qu'il ne leur en montrast le premier l'exemple. Le mépris du monde, une vigilance continuelle sur soy même et une parfaite uniformité de vie, exempte de tous les hauts et de tous les bas de l'humeur de l'homme, étoient les vrays caractères auxquels on pouuoit facilement le connoistre, et qui seruoient de modelle à tous les autres. Je n'ay point connu de personnes, comme luy et M. Guilbert, dont j'ay parlé (1), qui fussent plus mortes à tout ce qui se passoit dans le monde, ni qui fussent plus attentiues pour veiller sans cesse sur toutes leurs actions et sur toutes leurs paroles, ni qui se tinssent plus inuiolable-

(1) Voir plus haut, p. 138.

ment attachées à la règle de la vie qu'elles auoient prise. Tout étoit rond et parfaittement égal dans la conduitte de M. de Sacy. Ce qu'il faisoit un seul jour, il le faisoit toute l'année. Son langage étoit le même à l'égard de tous et en toutes occasions, c'est à dire tendant toujours à la charité, à l'instruction et à l'édification. Quoiqu'enjoüé naturellement, comme j'ay dit, et d'un esprit fin et railleur, il s'accoutuma par vertu à un sérieux, qui inspiroit nécessairement la modestie, et qui faisoit en quelque sorte sentir que celuy qui parloit étoit luy même attentif à regarder Dieu et à l'écouter. Ceux qui sçauent certains ouurages, dont il fut l'autheur, ou ceux qui l'ont prattiqué en certaines occasions particulieres et uniques, peuuent mieux juger, que tous les autres, combien il fallut qu'il prist sur soy, et qu'il reprimast le feu de son naturel pour se réduire, malgré son tempérament, à cet air toujours uni d'une grauité vraiment digne du sacerdoce royal de Jésus Christ.

Mais il ne se bornoit pas tellement à la conduitte des ames, pour laquelle il eut un don singulier, qu'il ne trouuast encore le temps de trauailler pour l'Eglise, par des ouurages tres utiles. Comme il auoit un genie excellent pour la poësie, il le consacra à la vérité et à la piété. Ainsy, dès l'année 1646, il fit en vers françois cette admirable traduction du Poëme de S. Prosper *Contre les Ingrats* (1), touchant la grace de Jesus Christ. Quoyque la matiere paroisse assez sèche et peu propre pour la poësie, il sceut neantmoins rendre vers pour vers et soutenir

---

(1) C'est-à-dire : « ceux qui ne reconnaissent pas la *grâce* divine. » Saint Prosper d'Aquitaine écrivit ce poème sur la Grâce contre les Pélagiens et les Semi-Pélagiens, au v° siècle après J.-C. — Le *Poème de Saint Prosper contre les Ingrats*, traduit en vers français. Paris, 1646, et en prose en 1650, parut sous le pseudonyme de sieur de Saint-Aubin. Il en sera de même pour la traduction de Phèdre due à M. de Saci.

toute cette traduction d'une maniere si grande, si noble et si éleuée, que cet ouurage a été tres justement regardé comme un chef d'œuure, et comme un des plus grands efforts dont l'esprit de l'homme soit capable. Il fit encore vers l'an 1650, c'est à dire vers le temps où je retournay à Port Royal, ces belles Heures (1) dediées au Roy, et imprimées auec approbation et priuilege, qui sont remplies d'un grand nombre d'hymnes et de proses, que l'on chante dans l'Eglise, traduittes en vers françois qui, pour auoir peut estre paru trop beaux, et dignes de l'admiration du public, excitèrent la jalousie de quelques personnes qui n'aimoient pas la maison de Port Royal, et qui cherchoient à reprendre quelque chose dans tout ce qui en sortoit. Mais tous les bruits si injurieux qu'on fit courir contre ce liure, qui édifioit la piété des fidelles, ne purent pas empescher qu'on n'en eust toute l'estime qu'il méritoit, en sorte qu'il s'en est fait plus de quarante éditions dans Paris. La grande veneration que M. de Sacy auoit pour l'auguste sacrement de nos autels, le porta tout jeune à composer cet excellent poëme sur le S. Sacrement, qui n'a été donné au public que depuis quelques années, et qui est accompagné d'une preface où l'on peut dire que tout l'esprit de nostre Religion est renfermé. Comme j'ay encore à parler en beaucoup d'autres endroits de M. de Sacy, je n'en diray rien dauantage ici.

Nous auions alors aux Granges auec nous un excellent homme, nommé le sieur Bouilly (2) qui, souz un exterieur simple, cachoit une tres grande vertu, et qui, moins

---

(1) « 1654; Heures de Port-Royal, ou l'Office de l'Eglise et de la Vierge, en Latin et en François, et dédiées au Roi, par Mr du Mont, *et dans plusieurs exemplaires de ces mêmes Heures*, par Mr Laval. » *Bibliothèque janséniste* (par le P. de Colonia), t. I, p. 14.

(2) François Bouilli, chanoine d'Abbeville, quitta son bénéfice en 1647, pour se retirer à Port-Royal des Champs, auquel il donna tout son bien.

il se communiquoit à nous autres jeunes gens, étoit d'autant plus souuent auec Dieu. Il faisoit son occupation de prendre soin des jardins pottagers d'en haut, et de la vigne qui y est jointe. Mais en trauaillant à cette sorte d'agriculture, il tenoit son cœur et son esprit éleué vers quelque chose de plus grand. Se souuenant de ce que l'Apostre disoit aux fidelles : « Que leur ame étoit comme « le champ que Dieu même cultiuoit; » et de ce que le Sauueur dit à ses disciples dans l'Euangile : « Qu'il est le « cep de la vigne ; que pour eux ils en sont les branches ; « et que de même que la branche, séparées du cep, se « sèche et ne peut porter de fruit ; aussi ils deuoient se « tenir inuiolablement attachez à luy, s'ils ne vouloient « deuenir des branches seches et des sarmens inutiles. » Il songeoit donc encore plus à cultiuer interieurement sa propre terre, pour en oster toutes les pierres, et les duretez qui pouuoient encore y rester, et pour en déraciner les ronces et les épines, qui auroient pu y empescher l'accroissement de la diuine semence. Il trauailloit à tailler la vigne spirituelle de son cœur, pour luy faire porter plus de fruit. Enfin c'étoit un homme vraiment humble, qui menoit une vie cachée en Dieu auec Jesus Christ, lors même qu'on ne voyoit rien en luy que de commun à l'exterieur (1).

Nous trouuâmes encore en ce même lieu le sieur Deslandres, frere du sieur Deschamps, et fils aîné de M. Deslandres, dont j'ay parlé au sujet de M. Guilbert, curé de Rouuille (2). Il oublia qu'il étoit l'aîné de sa maison, pour se souuenir seulement de sa qualité de chrestien. Et il joignit ses soins charitables à ceux des autres

---

(1) Son extérieur était fort négligé, et, pour mieux dissimuler son caractère de prêtre, il n'était connu que sous son prénom : *François*.

(2) Voir plus haut, p. 140.

auec qui il demeuroit, pour exempter de tous les soins temporels les Religieuses de Port Royal, toutes occupées à l'unique affaire de leur salut, à chanter les loüanges du seigneur, et à nourrir et vétir les pauures des enuirons.

Mais celuy qui s'étoit chargé principalement de la conduitte de ce grand ménage des Granges, d'où les deux maisons de Paris et de la campagne tiroient le bled et les autres choses qui seruoient à leur nourriture, étoit le sieur Charles, qui eut si grand soin de demeurer inconnu, pendant l'espace de plus de trente années (1), que je l'ai veu en ce lieu, que, quelque liaison intime que j'eusse auec luy, je ne pus point découurir qui il étoit (2). Il ne se démentit jamais dans ce dessein qu'il auoit pris de se cacher. Et quoyqu'il fust d'un caractere éleué au dessuz de plusieurs autres, il se tint toujours dans l'état le plus rabbaissé, comme s'il auoit été en quelque sorte un domestique. Jamais il ne lui échappa de dire un mot de latin, quoyqu'il le sceust. Et voulant passer pour ignorant, il y réussit si bien que je n'ay jamais connu qu'après sa mort ce qu'il sçauoit, et ce qu'il étoit (3). Voilà encore une fois ce que c'étoient que ces gens, dont on s'efforçoit de donner de la terreur ; gens qui trauailloient à s'enseuelir pour le dire ainsy tout viuans ; qui s'occupoient de l'agriculture, du jardinage et du soin de la vigne, et qui veilloient cependant de tout leur pouuoir, selon le conseil

---

(1) Il y a *trois* dans l'Imprimé. Le détail ajouté plus loin montre qu'il faut *trente*.

(2) C'était Charles du Chemin, natif de Picardie, et qui avait été prêtre. Sur le conseil de M. Singlin, il se démit de ses fonctions sacerdotales. On le connaissait, à Port-Royal, sous le nom de Charles Chrétien ou Charles tout court.

(3) « Il mourut le 6 avril 1687, dans la Ferme des Granges, dont il « gouvernoit seul le temporel depuis plus de vingt-sept ans. » Note du premier éditeur.

du Sage, à la garde de leur cœur ; qui songeoient aussy peu au monde, qu'ils souhaittoient tres sincerement que le monde ne songeast à eux en aucune sorte.

Mais je ne sçaurois passer à autre chose que je n'aye encore dit icy un mot de leur medecin. Il se nommoit le sieur Hamont (1). Et ses mœurs ressembloient à peu près, comme son nom (2), à un de ces anciens solitaires de l'Egypte. Il viuoit au milieu de ceux qui habitoient ce desert comme s'il auoit été seul. Il se leuoit toutes les nuits, à une heure et demye, et assistoit régulièrement à Matines, qui se chantoient par les Religieuses à deux heures. Il couchoit sur la dure, c'est à dire sur un ais placé justement au milieu de son lict, en sorte que, dans ses maladies, il faisoit si bien qu'on ne s'en apperceuoit point, tant il étoit industrieux pour cacher ses bonnes œuures. Il ne mangeoit ordinairement qu'une fois le jour. Et il a passé les vint dernières années de sa vie (3) dans une si grande austérité qu'il ne mangeoit que du pain des chiens ; ce qu'il faisoit auec une telle adresse qu'on ne pouuoit s'en deffier, se faisant apporter souz d'autres prétextes de cette sorte de pain, et donnant régulière-ment ce qu'on luy seruoit à la porte de sa chambre pour sa nourriture, à quelque pauure malade qui venoit le con-sulter, et à qui il deffendoit bien expressément, et sur peine de la vie, c'est à dire de perdre cette charité qui le faisoit viure, d'en parler à qui que ce fust ; car il sçauoit

---

(1) Jean Hamon, docteur en médecine, de la Faculté de Paris, né à Cherbourg, vers 1617, converti par M. Singlin, se retira à Port-Royal des Champs, en 1649, et y succéda, comme médecin, à M. Pallu, en 1650.

(2) Hammon ou Ammon était, chez les peuples de Libye, le surnom de Jupiter. Du Fossé a en vue les solitaires de la Thébaïde, la plus méridionale des provinces de l'Egypte.

(3) Il mourut, le 22 février 1687, à l'âge de soixante-neuf ans.

bien que ces malades lui seroient fidelles, par la crainte d'estre priuez d'une aumône si considérable. Hors le temps qu'il employoit à visiter les malades de la maison, ce qu'il faisoit régulièrement deux fois le jour, auec une grande application, il prioit ou trauailloit à tricotter, aimant surtout ce trauail, qui ne le détournoit point de son attention continuelle à Dieu, et qui ne l'empeschoit point de jetter les yeux sur quelque liure de l'Ecriture ou sur quelque autre de piété, d'où il tiroit un sujet de mediter et de se nourrir de la parole de Dieu. Lors même qu'il alloit à la campagne visiter les pauures malades de tous les villages voisins, il prioit ou il lisoit. Et ayant besoin, sur la fin de sa vie, d'une monture pour pouuoir faire plus facilement ces visites, il alloit, assis sur un asne, de village en village, tenant un liure en sa main, où il lisoit comme s'il eust été dans sa chambre. Cette figure, jointe à la manière tout à fait pauure, et même un peu heteroclite dont il étoit habillé, le fit prendre un jour pour un spectre à une femme, qui alloit de grand matin par la campagne, et qui en eut une si grande frayeur qu'elle s'enfuit toute hors d'elle. C'étoit d'ailleurs un des beaux esprits et des hommes les plus sçauants de son siècle, tres profond théologien, et qui sçauoit admirablement couurir, souz les figures de la medecine corporelle, les plus grandes veritez de la Religion, et de la medecine spirituelle qui regarde la guérison des ames (1). C'est ce qu'on peut voir dans deux excellentes theses qu'il composa et auxquelles il présida, que tous les sçauans ont regardées comme des pièces tres acheuées et uniques en leur espèce, dont la première a pour titre :

(1) Elevé avec soin dans l'étude des belles-lettres, il savait le latin, le grec, l'italien et l'espagnol, et il fut le précepteur de M. de Harlay, le futur procureur général et le premier président du Parlement de Paris.

Sana Sanis, qui répond à ces anciennes paroles qu'on prononçoit dans l'Eglise : *Sancta sanctis* (1). Comme il trauailloit uniquement pour luy même dans cette profonde contemplation, où il étoit presque toujours des liures saints, nous aurions été priuez de ces lumières si pures, que l'Esprit de Dieu luy communiquoit dans la priere, si M. de Sacy, pour qui il auoit une entière deference, et à qui il s'étoit remis absolument de la conduitte de son intérieur, ne l'eût engagé à écrire quelques unes de ces veuës, que Dieu luy donnoit pour l'intelligence des Ecritures. Et c'est ce qui nous a procuré l'excellent livre *De la Prière continuelle* (2), auec plusieurs autres qui peuuent passer pour des originaux, étant d'un caractère tout singulier (3) et faisant voir l'éminence de son esprit, que M. Arnauld admiroit luy même, étant rauy de découurir dans cet humble seruiteur de Dieu les grands talents d'un génie d'érudition et de piété, qu'il s'efforçoit de cacher le plus qu'il pouuoit (4).

(1) Le titre complet est : *An sana sanis?* La thèse fut présidée par lui, le 19 février 1660. — La devise *Sancta sanctis* se trouve en tête du livre *De la Fréquente Communion*, dans la septième édition (1683), la seule que nous ayons pu consulter. — Le premier éditeur ajoute au texte : « La seconde a pour titre *An actio sine spiritu?* » Elle fut présidée et composée par lui, 6 février 1659.

(2) Le *Traité de la Prière continuelle*.

(3) Tels sont ses quatre volumes d'*Explications et Commentaires* sur le *Cantique des Cantiques*. Quoique corrigés par Nicole, ils ont encore des passages dont le sens mystique et symbolique a lieu de surprendre.

(4) L'admiration d'Arnauld ne s'adressait pas à tous les Traités de M. Hamon, puisqu'il écrivait à Mme de Fontpertuis, pour qu'elle le dît à Nicole (20 mai 1689) : « Il me semble que l'on ne devrait pas se « contenter de corriger, dans les Traités que l'on donne, les pensées « qui ne seraient pas justes, mais que l'on devrait choisir, et *ne pas* « *donner des Traités qui sont trop pleins de pensées peu justes.* » M. Sainte-Beuve *Port-Royal*, t. IV, p. 196.

J'en passe plusieurs autres souz silence, pour parler icy maintenant d'une affliction tres sensible que je receus, peu de temps après estre retourné à Port Royal, c'est à dire vers la fin de 1650, ou au commencement de 1651. Mon frère, qui étoit, comme j'ay dit (1), occupé à donner ses soins et ses trauaux charitables, pour le seruice d'une maison remplie de saintes vierges consacrées à Jesus Christ, commença à se lasser de cette vie, et à tomber dans un ennuy qui luy fit penser à retourner en Normandie. M. Arnauld, qui le conduisoit, vit bien que c'étoit une tentation, qui le portoit à regarder derrière luy. Il le soutint tant qu'il put, par ses conseils salutaires. Mais, comme c'étoit un jeune homme qui n'auoit encore rien veu, et qui se formoit une idée du monde bien différente de celle qu'il auroit dû en auoir, et qu'il en eut effectiuement depuis, il jugea que ce seroit irriter beaucoup dauantage la passion qui le tourmentoit que de prétendre s'y opposer. Et il crut même deuoir écrire sur cela à mon pere, à qui une telle résolution donnoit bien de la douleur, en luy parlant à l'auantage de son fils, et luy en donnant la meilleure idée qu'il luy fut possible; persuadé que mon frere auoit en effet un très bon fonds, et que voyant de plus près les objets, dont il se formoit de loin une fausse image, il pourroit peut estre se detromper. Il le laissa donc partir, quoyqu'auec douleur : car je remarquay tres bien qu'il l'aimoit d'un amour de pere et d'un amour de compassion. Mon frere ne demeura guere de temps à Roüen, sans reconnoistre qu'il s'étoit trompé dans ses mesures : et y trouuant autre chose qu'il ne s'étoit figuré, il commença à s'y ennuyer beaucoup plus qu'il n'auoit fait à Port Royal. Il eut regret d'en estre sorti et demanda à y retourner. On n'eut pas de peine à

(1) Voir plus haut, p. 108.

luy accorder ce qu'il desiroit, et ce qu'on sçauoit luy estre plus propre que toute autre sorte de vie. Il y reuint donc et reprit son premier train de vie, comme s'il n'en étoit point sorty. Mais vers Pasques de 1651, il tomba dans une maladie de langueur qui le fit traîner plusieurs jours : et lorsqu'on ne songeoit point qu'elle dust auoir de fâcheuses suittes, il tomba dans une apoplexie tres violente, qui l'emporta en fort peu de temps. Sa mort me toucha plus sensiblement que je ne puis l'exprimer. Car je l'aimois, et d'un amour de tendresse, quoyqu'il n'eust aucun des talens, soit du corps, soit de l'esprit, qui pust le rendre fort aimable. Mais enfin c'étoit mon frère, et j'aimois en luy ce cœur même auec lequel il m'aimoit. Et quoy que sa mort me rendist l'aîné de la famille (1), cette consideration ne produisit, ce me semble, aucun effet sur mon esprit. Car je demeuray plusieurs jours dans un chagrin, qui eust besoin qu'on me consolast, quoy qu'en un âge encore si jeune, et qu'on me fist remarquer la misericorde de Dieu sur mon frere, qui étoit peut estre en danger de retomber dans le même ennuy, qu'il auoit déja senty, et que le Seigneur auoit préserué de la corruption du siecle, en le retirant à luy. Il fut enterré dans le chapitre des Religieuses, dont on auoit fait la chapelle qui seruoit alors d'eglise aux personnes du dehors, à cause que l'on trauailloit actuellement à rehausser la grande église, de neuf pieds, pour empescher qu'elle ne fust si humide et si mal saine (2).

C'étoit dans le temps que ma sœur Madelaine de Sainte Melthilde étoit elle même périlleusement malade, et très

---

(1) Ce frère qui mourut, en 1651, était Henry Thomas, et, Gentien étant mort en 1650 (voir plus haut, p. 194), Pierre devenait ainsi l'aîné de la famille.

(2) Voir son *Epitaphe*, à l'Appendice, n° VIII.

peu de temps auant la seconde guerre de Paris. Car nous fûmes bien étonnez au bout de quelques jours, quand nous vismes arriuer M. de Bernières, maistre des Requestes, auec plusieurs autres parens des Religieuses, qui vinrent accompagnez d'un grand nombre de carrosses et de bonne escorte de gens à cheual, pour emmener toutes ces saintes filles à Paris, à cause de la guerre qui commençoit à s'allumer auec beaucoup de violence, et qui fit croire qu'elles seroient exposées à la campagne.

Nous voicy donc arriuez à la seconde guerre de Paris, qui s'excita à l'occasion des princes de Condé et de Conty, et du duc de Longueuille leur beau frère, que le cardinal Mazarin fit arrêter (1) et conduire au Bois de Vincennes, de là à Marcoussy, et ensuitte au Haure de Grace en Normandie : d'où étant sortis (2) par les intrigues de la princesse de Cheureuse, ils allumèrent par toute la France le feu d'une guerre intestine, qui auroit pu la faire périr, si le Roy, par la sagesse de son conseil et par l'habileté de ses generaux, et par la force de ses trouppes, n'auoit sceu se soutenir contre un party si puissant, qui se trouuoit appuyé par les ennemis du dehors (3). Il y auoit quelque temps que le duc de Luynes s'étoit retiré du monde, et que, choisissant pour le lieu de sa retraitte l'abbaye de Port Royal (4), il auoit fait commencer, du viuant même de la Duchesse de Luynes, sa premiere femme, qui étoit de la maison d'O (5), une

(1) 18 janvier 1650.
(2) Le 16 février 1651.
(3) Cette Fronde des princes ou des petits-maîtres était soutenue par l'Espagne.
(4) Louis Charles d'Albert, duc de Luines, né en décembre 1620.
(5) « Marie-Louise Seguier étoit fille de Pierre Seguier, marquis d'O, « cousin de celui qui fut chancelier de France. » Premier éditeur. Elle mourut, à vingt-sept ans, le 13 septembre 1651, à la suite d'une couche, où elle avait eu deux enfants jumeaux.

espece de château proche l'abbaye, pour y demeurer dans la solitude auec elle. Mais cette vertueuse dame étant morte en couche dans cet entretemps, il ne laissa pas de continuer à y faire trauailler, en y ajoutant un parc (1). Il étoit encore imparfait, quand la guerre commença, et que l'on nous obligea de sortir des Granges, pour venir nous y retirer, comme en un lieu moins exposé aux insultes des coureurs, tant à cause de la qualité de celuy à qui il appartenoit, que des fossez dont il étoit entouré, et de la garde que l'on y faisoit.

Mais le Duc de Luynes ne se contenta pas de nous retirer dans son château, où nous logeâmes comme à la guerre, c'est à dire dans des chambres à demy faittes, et non carlées, couchant à terre sur des paillasses et des mattelas, que l'on prépara auec grande precipitation, le mieux qu'on put. Il voulut encore mettre l'Eglise et l'abbaye hors d'insulte, et le plus en sureté que le temps pouuoit le permettre. C'est pourquoy il fit venir de tous costez un grand nombre de massons et d'ouuriers pour bâtir des tours éleuées de trente pieds, tout le long des murs. Et la diligence qu'on y apporta fut telle qu'en l'espace de trois semaines au plus, il y en eut onze de bâties (2), qui se flanquoient les unes les autres, et dans chacune des-

(1) Ce château s'appelait *Vaumurier*. Il était bâti en un coin de Port-Royal des Champs, à cent pas seulement du monastère, au Sud-Est.

(2) Dans la Relation (30 mai 1693) d'une visite faite à Port-Royal des champs, par M. Louail, demeurant alors à Meudon, chez Mme de Louvois, et attaché au jeune abbé son fils, on lit : « Tout cela est en-
« touré de murailles où il y a d'espace en espace des tours bâties, à ce
« qu'on m'a dit, pendant les guerres de Paris, pour défendre la mai-
« son contre les insultes des soldats. » M. Sainte-Beuve, *Port-Royal*,
t. V, p. 121. Elles ne figurent pas dans le *Plan de l'Abbaye de Port-Royal des Champs*, Vue à vol d'oiseau, qui accompagne la Relation, dans l'ouvrage de M. Sainte-Beuve, non plus que dans la vignette du *Nécrologe* ni dans celle des *Mémoires de du Fossé*.

quelles il établit un commandant auec quatre ou cinq soldats, qui auoient ordre, au premier son du tambour, de se rendre chacun à leur poste, pour faire peur aux coureurs, et leur montrer par une bonne contenance que l'on étoit en état de les repousser, s'ils auoient tenté quelque violence. Ces soldats étoient la pluspart des habitans même du païs, qui ayant mis tous leurs meubles dans la maison, comme en un lieu seur, auoient interets de bien veiller à sa garde, pour sauuer ce qui leur appartenoit.

On faisoit garde régulierement à l'abbaye comme au château. Il y auoit un gouuerneur et des officiers subalternes, qu'on n'eut pas de peine à trouuer, puisqu'entre les personnes qui étoient alors retirées à Port Royal, il y en auoit plusieurs qui auoient commandé dans les armées, comme M. de la Riuiere, M. de Bussy (1), M. de la Petitiere, M. de Beaumont (2), lequel auoit commandé la cauallerie venitienne en Candie (3). C'étoient des plus braues officiers du royaume (4). Et comme il s'étoit amassé beaucoup de gens de la campagne, on en auoit fait quatre ou cinq compagnies, à qui on auoit donné des

(1) Le Ms dit à tort *Bussy* : c'est bien de *Bessi* ou de *Bessy*, un de ces « pénitents qui, changeant seulement de milice, brisèrent leur « épée au pied de la Croix. » M. Sainte-Beuve, *Ibid.* t. I, p. 410.

(2) « On cite de lui un assez joli mot à M. de Barcos, qu'il était allé « voir en son abbaye (de S. Cyran), et à qui il voulait marquer le « respect qu'on avait pour lui à Port-Royal : « Si un oiseau de Saint- « Cyran passoit par Port-Royal, tout le monde courroit aux fenêtres « pour le voir. » *Id., ibid.,* t. II, p. 311.

(3) Les dix ou douze pages qui vont suivre, où se trouve si bien peint le côté odieux des guerres de la Fronde, ont été supprimées par le premier éditeur.

(4) « Ces vieux militaires se prêtaient à cette reprise d'épée avec « un reste de plaisir permis et un dévouement qui tenait à la fois de « la charité et de la courtoisie même. » M. Sainte-Beuve. *Ibid.*, II, p. 303.

armes, pour faire du bruit, et empescher que les soldats écartez ne s'auisassent de venir piller la maison. Car le duc de Luynes auoit soin de leur faire faire de temps en temps l'exercice, et plusieurs décharges de mousqueteries et de petites pieces de campagne, qui faisoient un si furieux tintamarre dans le vallon, que l'on pouuoit croire facilement qu'il y auoit beaucoup plus de monde. Cela produisit tout le bon effet qu'on en auoit esperé. Car les soldats qui passoient, ou qui alloient au fourrage, preuenus du bruit qui s'étoit repandu partout, que l'abbaye de Port Royal étoit remplie de gentilshommes et d'anciens officiers de guerre, la respectoient de telle sorte qu'ils n'osoient en approcher. Ainsi on eut presque la même facilité de trauailler au mois d'août, et de recüeillir les grains, que si l'on eust été en pleine paix.

Il arriua neantmoins un petit rencontre, qui donna de l'affliction à ces Messieurs, dont le dessein étoit seulement de faire bonne contenance, mais non de répandre du sang. Un vieil officier, des plus expérimentez d'entre eux, s'étoit écarté dans un champ, où l'on trauailloit à la moison, comme ayant dessein de couurir les ouuriers. Etant seul, il vit trois caualliers sortir de derriere une haye, et venir à luy au petit galop. Un officier n'est pas accoutumé à reculer, et la piété dans laquelle celuy cy auoit vécu depuis sa retraitte, n'auoit pu encore abattre ce cœur guerrier, et le réduire à souffrir volontairement de se voir désarmé, maltraitté, et peut estre emmené prisonnier. Ainsy, le party qu'il prit sur le champ, sans consulter d'autre regle que son honneur et sa propre seureté, fut de coucher aussitost en joüe auec son fusil ces trois caualliers, et de leur crier d'un certain ton, qui sentoit encore le commandant, qu'ils eussent à s'arrêter, et qu'ils n'auançassent pas dauantage. Eux, qui crurent qu'un homme seul, qui étoit à pied et au milieu d'une campagne, n'oseroit tenir contre trois hommes à cheual, qui alloient fondre sur luy, négligerent d'obeir à l'ordre qu'il leur donnoit. Mais ils furent étonnez du coup qu'il tira aussitost après, et de la blessure que receut l'un d'eux, qu'ils virent se pancher dans le moment sur son cheual. Et ne songeant plus qu'à sauuer leur camarade, ils le soutinrent et tournèrent bride, pour s'en retourner un peu moins viste qu'ils n'estoient venus. Dans le même temps, et auant que l'officier eust eu le loisir de recharger son fusil, il en vit paroistre deux ou trois autres, qui s'auançoient au grand trot pour vanger l'affront des premiers ; et sans doute que l'officier auroit été insulté, n'étant plus alors en état de les arrêter comme auparauant ; mais un domestique affectionné et résolu, qui l'auoit veu s'auancer et s'éloigner un peu trop, l'auoit suiuy ; et il se trouua proche de luy, quand ces autres caualliers accouroient pour le maltraitter et peut estre pour le tuer. Alors prenant le fusil de ce domestique, qui étoit chargé, et luy recommandant de recharger promptement le sien, il coucha en jouë ceux qui se pressoient si fort de venir à luy, et leur fit entendre que, s'ils s'auançoient dauantage, ils pourroient s'en repentir aussy bien que les premiers. Ceux cy deuenus plus sages, aux dépends des autres, s'arrêtèrent tout court ; et étonnez de sa résolution, ils tournerent bride pour s'en aller. Cette action, qui pouuoit être louée en un homme de guerre, fut blâmée en un homme retiré, qui, ayant quitté le monde, auoit renoncé à l'honneur du monde, et s'étoit mis en état, par la vie de penitence qu'il auoit embrassée, de souffrir plutost une injure que de la faire. Il est vray que l'on en vouloit peut estre à sa vie même. Mais ce fut aussy, à ce qu'on disoit, une faute à luy, de s'estre si fort éloigné : car, « Qui aime « le peril, dit l'Ecriture, a sujet de craindre d'y périr, » et il est de la piété d'un chrétien de se seruir de toute sa sagesse, pour éloigner de soy les violences, et pour n'y estre jamais engagé.

Comme la guerre entraisne après soy nécessairement plusieurs désordres, il arriua par la faute d'un seul homme, qui parla mal à propos, une autre chose bien plus fâcheuse, et qui auroit eu d'étranges suittes, si Dieu, par sa misericorde, ne les auoit arrêtées contre toute sorte d'apparence. On vint dire un jour à ceux qui gardoient l'abbaye, qu'on enleuoit tous les bois, et que si l'on n'y donnoit ordre promptement, il n'y auroit plus de bois pour se chauffer. A cette nouuelle, quelques uns dirent qu'il falloit y enuoyer quinze ou vint fusiliers. Un vieil officier, tres braue et très experimenté, qui se trouua là dans le même temps, demanda à la personne qui venoit dire cette nouuelle, quelles sortes de gens étoient ceux qui enleuoient ce bois. Et sur ce qu'il entendit que c'étoient des caualliers de l'armée, il dit à ceux qui étoient d'auis que l'on marchast : « Qu'il ne pouuoit estre de ce senti-
« ment ; qu'il ne s'agissoit que de quelques bois, et qu'on
« alloit exposer pour bien peu de chose bien du monde à la
« boucherie ; que ces cauralliers de l'armée seroient infail-
« liblement soutenus ; qu'ils ne pourroient enleuer que
« quelques cordes de bois, s'ils étoient en petit nombre ;
« et qu'en ce cas, après qu'ils seroient partis, on enuerroit
» de l'abbaye un grand nombre de charrettes, qui pour-
« roient en charier la prouision ; mais que s'ils étoient en
« grand nombre, c'étoit tenter l'impossible de prétendre
« les repousser, et exposer ceux qui iroient à un danger
« presque inéuitable. » Cet auis étoit sans doute remply de sagesse, et il meritoit d'autant d'estre écouté, que celuy qui le donnoit auoit du cœur et de l'experience plus qu'aucun autre. Cependant un jeune étourdy, qui s'i-maginoit ridiculement que l'on deuoit tout risquer, pour sauuer le bien de l'Eglise, eut l'imprudence de s'échapper

jusqu'à dire de cet officier : « Qu'il auoit peur. » Il est vray que, dans le moment que la parole luy eut échappé, celuy qu'elle regardoit, se sentant blessé jusqu'au vif, ne répondit autre chose, sinon : « Vous croyez donc que j'ay
« peur, et que c'est la crainte qui me fait parler ainsy ;
« mais je m'en vas vous faire voir que je ne crains rien ; et
« puisque vous auez tant d'ardeur pour marcher, je vous
« engageray tous si auant, que vous serez obligez de
« reconnoistre que je n'étois ni moins sage ni plus
« timide que vous. » Dans l'instant il prit des armes, et cria tout haut : « Que ceux qui n'ont point de peur me
« suiuent. » Ce fut là un terrible engagement. Mais il n'y auoit plus de moyen de reculer, après ce qui auoit été dit. Ils marcherent donc au nombre de quinze ou vint, à la suitte de cet officier, qui, comme un lion, ne songeoit plus qu'à aller, auec des yeux étincelans, affronter le péril. Etant arriuez au bois, ils y trouuerent des caualliers, qui se mirent aussitost en deffense, ayant en main leurs mousquetons. Ils se coucherent reciproquement en jouë, et chacun de son costé ne vouloit point tirer le premier, sçachant l'auantage qu'il y a lieu de se conseruer pour la fin. Dans une si grande extrémité, Dieu se seruit de quelqu'un de la compagnie pour préuenir un si terrible malheur. Il parla à ces caualliers d'une maniere honneste, en leur témoignant « qu'il n'étoit pas juste de
« leur refuser quelque bois, dont apparemment ils
« auoient besoin ; mais que ce qui les auoit obligez de ve-
« nir en armes, c'étoit qu'on leur auoit dit qu'on enleuoit
« tous les bois d'une abbaye, qui étoit souz la protection
« de leur general. » Sur cela on commença à baisser les armes et à se parler de part et d'autre. Ainsi l'on vit, en cette seule rencontre, trois choses bien dignes de consideration et pour lesquelles j'ay remarqué cet éuenement ; l'une, que l'experience d'un homme éclairé doit toujours

tenir lieu de loy à ceux qui ont plus d'ardeur que de lumiere; la seconde, qu'il est de la derniere consequence, dans ces sortes d'occasions, de ne pas mettre à l'épreuue l'honneur et le cœur d'un braue officier, lors même qu'il semble qu'un long exercice de piété deuroit auoir modéré et étouffé audedans de luy la violence des sentimens de l'un et de l'autre; parce qu'il est tres aisé que cette sorte de feu se rallume, quand il n'est pas tout à fait éteint; et la troisième, qu'il n'est besoin quelquefois, pour arrêter les plus grands malheurs, que de la parole d'un homme sage, qui, au lieu de se picquer sottement de brauoure, sçait prendre son temps, pour faire entendre raison aux plus emportez; comme, au contraire, une parole dite à l'étourdye, est capable de causer les plus funestes éuenemens. Aussy ces caualliers, à qui on eut affaire alors, dirent depuis que, si l'on auoit tiré un seul coup sur eux, tout le regiment seroit venu le lendemain mettre le feu à l'abbaye et la piller.

Un soir, comme nous venions de nous coucher, et que nous commencions à nous endormir dans nos licts étendus à terre, dans le château du duc de Luynes (1), nous entendismes tout d'un coup battre le tambour et donner l'alarme partout. C'étoit cinq caualliers du régiment d'Apremont, qui venoient de la part de leur colonnel dire au duc que leur régiment étoit logé audessuz de l'abbaye, dans la ferme que j'ay dit, qu'on nommoit les Granges; luy faire des complimens de la part de leur commandant, et le prier de vouloir bien lui enuoyer quelques rafraichissemens, dont il auoit grand besoin. Le duc de Luynes, ayant fait faire bonne contenance à ceux qui étoient alors de garde dans son château, fit charger deux hostes de pain, de vin, de viande, et de tout ce

---

(1) Le château de Vaumurier, près du monastère de Port-Royal. Voir plus haut, p. 218.

qu'il jugea conuenir le plus au besoin pressant de celuy qui luy enuoyoit faire ciuilité; et il pria un officier de conséquence, nommé de Beaumont, « d'aller faire ses
« complimens au colonnel, et le prier d'empescher que ses
« gens ne fissent de desordre dans le lieu où son régiment
« étoit logé, parce qu'il y prenoit un grand interets. »
On ne laissa pas cependant de se tenir toute la nuit sur ses gardes, soit dans le château, soit dans l'abbaye. Mais il n'y eut rien à craindre, parce que le baron d'Apremont fit faire deffense, sur peine de vie, à tous ceux de son regiment, de sortir hors des murailles de cette ferme et de l'enceinte de ses jardins, qui est fort étenduë ; soit qu'il eust eu de la consideration pour la priere du duc de Luynes ; soit qu'il craignist pour luy même, à cause que les trouppes du prince de Condé le poursuiuoient. Aussy le régiment étoit décampé dès le grand matin. Et ayant voulu, le sieur de Villeneuue et moy, voir l'état où étoit un lieu, après que tout un regiment y auoit passé la nuit, nous y allasmes après le disner. Nous ne pûmes, sans étonnement, considerer le dérangement et le desordre, qui est la suitt eineuitable de ces sortes de logemens. Toutes les pailles des granges étoient répanduës dans les cours et dans les jardins, comme si on y auoit tenu le marché aux veaux. Les chambres, où auoient couché les officiers, étoient pleines des restes de leur soupper, c'est à dire d'os de toutes les bestes qu'ils auoient mangées ; en un mot, toute cette vaste étenduë, et de cours, et de jardins, étoit comme une écurie, après que les cheuaux, qui y ont couché la nuit, et à qui on a fait grande litiere, en sont sortis.

Je ne sçaurois m'empescher de parler icy, en passant, d'un paysan de ce canton, qui, après auoir longtemps mené la charuë, deuint fameux à l'occasion de cette guerre, semblable en quelque façon à ces anciens dictateurs, qui, de la queuë de la charuë, alloient prendre froidement la conduitte des armées romaines. C'étoit un grand homme, bien pris dans sa taille, assez bien fait. Quoyque paysan et laboureur de profession, il auoit naturellement le cœur et la teste d'un grand capitaine. Comme il se vit exposé au commencement de cette guerre à perdre tout, et que la campagne étoit pillée tous les jours par les trouppes des deux partis, selon qu'elles se trouuoient tantost en un lieu, tantost en un autre, il songea à se sauuer dans les bois de Cheureuse et des enuirons, auec le peu qu'il auoit. Etant d'un village, qu'on nomme Milon (1), il inspira le même dessein à plusieurs de ses camarades : et résolu de se deffendre contre les insultes des caualliers et des soldats, il prit luy même les armes, et les fit prendre à beaucoup d'autres de sa connoissance. Enfin il composa une compagnie de païsans, tous bien armez et tres résolus, qui le choisirent pour leur capitaine, remarquant en luy beaucoup de conduitte, de résolution et de presence d'esprit, dans toutes les occasions qui se presentoient. Il prit le nom de *Sauuegrain*, marquant par ce nom même qu'il n'auoit dessein que de sauuer et les bleds et les autres grains de la campagne : et sa compagnie étoit connuë souz le nom de *Milonnois*. D'abord ils étoient à pied ; et ensuitte ils trouuèrent le moyen d'en monter plusieurs d'entre eux. Et auec cette cauallerie et cette infanterie, le capitaine Sauuegrain deuint si fameux, et se rendit si redoutable, que les trouppes du Roy craignoient de passer aux enuirons, ou de s'écarter du corps, et que le maréchal de Turenne enuoya dire au duc de Cheureuse (2), de la part du Roy, de

---

(1) Milon-la-Chapelle, dans la vallée de Chevreuse, entre cette petite ville et Vaumurier, au Sud-Est de l'abbaye de Port-Royal.

(2) Claude de Lorraine, duc de Chevreuse, marié à Marie de Rohan, veuve du connétable de Luines, mort le 24 janvier 1657.

donner ordre que ces gens là se tinssent dans leur deuoir, et se contentassent d'empescher qu'on ne les pillast.

Il est incroyable combien cet homme, par son bon sens et par sa résolution, entreprit et exécuta de choses, sans qu'il se trompast jamais dans ses mesures. Il imitoit les plus habile generaux, en enuoyant des partis de tous costez, pour estre auerty de tout ce qui se passoit. Ainsi il venoit surprendre les coureurs, lorsqu'ils pilloient un village, et fondoit sur eux auec une si grande impetuosité, et un tel courage, que ceux qui étoient venus pour piller se voyoient eux mêmes pillez et déualisez, tant la terreur de ce braue homme auoit fait d'impression sur les soldats. Il mit à couuert de cette sorte plusieurs hameaux et parroisses : et il donnoit de ses gens pour accompagner les conuoys, chacun se tenant en seureté, souz la protection d'un homme, dont le nom seul sembloit tenir lieu de sauuegarde.

La princesse de Cheureuse (1), qui estimoit les braues gens, luy fit dire qu'elle désiroit l'aller voir dans le lieu de sa retraitte. Et luy ayant fait répondre qu'elle leur feroit grand honneur, et qu'ils se disposeroient à la receuoir, comme la dame du païs, auec tout l'honneur qui étoit dû à sa qualité et à son merite, il luy prépara, en effet, au fonds de ses bois, une grande collation, d'une manière propre, mais champestre; et il la receut d'un air assuré, accompagné de tous ses gens, dont la mine fiere et guerrière, luy fit bien juger que ce n'étoit pas sans raison, qu'ils s'étoient acquis la réputation de braues.

---

(1) Le texte le dit, par erreur, au lieu de *Duchesse*. La mère du duc de Luines, Marie de Rohan, fille d'Hercule de Rohan-Montbazon et de Magdeleine de Lenoncourt, mariée à Charles d'Albert, duc de Luines, connétable, et en secondes noces à Claude de Lorraine, duc de Chevreuse. Mêlée à toutes les intrigues du temps, comme Mademoiselle, et les duchesses de Longueville et de Montbazon, elle mourut le 12 août 1679.

Elle fut extremement satisfaitte d'auoir veu de ses propres yeux, dans le capitaine Sauuegrain, ce que peut l'excellence du genie dans les gens même de la plus basse naissance, et elle admira combien la nature renferme de thresors cachez, qu'elle produiroit dans les rencontres, si l'occasion s'en presentoit.

Mais ce qui peut paroistre plus admirable que tout le reste, c'est que cet homme si guerrier, et qui fut pendant la guerre le sujet de l'étonnement de tout le païs, rentra, sans la moindre peine, dans son premier état de laboureur, du moment que la guerre fut finie, faisant voir par là veritablement qu'il n'auoit pris les armes que pour la deffense des grains et des biens de ses compatriottes, et qu'il auoit le veritable genie de ces mêmes dictateurs de l'antiquité dont j'ay parlé, qui reuenoient aussy froidement de l'armée, dont ils auoient eu la conduitte, à la queuë de leur charuë, qu'ils auoient été auparauant de la charuë à l'armée. J'en parle ainsy pour l'auoir moy même veu, un jour que je me promenois à la campagne, auec le sieur de Villeneuue, et quelques autres. Ayant approché d'un laboureur qui conduisoit sa charuë, nous entrâmes insensiblement en conuersation auec luy : et nous mettant sur la matiere de la guerre, nous fûmes surpris de l'entendre parler d'une maniere tres judicieuse, et beaucoup éleuée au dessuz du genie ordinaire d'un paysan. Enfin, à force de le questionner, nous découurîmes qui il étoit, et fûmes rauis de connoistre que nous parlions au fameux Sauuegrain, qui, à ses autres bonnes qualitez, joignoit celle d'une modestie qui le rendoit digne d'estre comparé aux plus grands hommes, dont la gloire est de faire de grandes choses, et d'en laisser faire l'éloge aux autres.

CHAPITRE X.

— 1652—1656. —

L'abbaye de Port-Royal des Champs pendant la seconde guerre de la Fronde. — Travaux faits en l'absence des Religieuses transférées à Paris. — M. du Gué de Bagnols converti par M. Singlin. — Il achète les Troux près de l'Abbaye. — Grande charité de M. de Bernières. — Mort de M. de Chavigny. — Cassette confiée à M. Singlin pour faire des restitutions. — Détails sur cette affaire. — Départ du château de Vaumurier après la guerre. — Recrudescence de piété qui peuple les deux maisons de Port-Royal. — Le logement des Granges est augmenté pour servir aux études. — Le marquis d'Abain. — Les fils de M. de Guénégaud. — Les Solitaires accusés de cabale. — Constitution du pape Innocent X contre les cinq propositions extraites du livre de Jansénius. — Soumission de M. Arnauld. — Guerre d'écrits : L'*Almanach* et les *Enluminures*. — Expulsion des pensionnaires. — L'auteur se sépare de son ami M. de Villeneuve et du sieur de Fresle, qui embrassent la carrière des armes. — Ses regrets sur M. de Villeneuve. — Sa liaison avec M. de Tillemont.

Pour reuenir à ce qui regarde l'abbaye de Port Royal, si la guerre, comme je l'ay remarqué, y causa quelques desordres, elle y produisit de grands biens, car elle donna occasion aux Religieuses, et à leurs amis, qui étoient déja en grand nombre, de faire beaucoup d'aumônes et de bonnes œuures. On fit trauailler les pauures gens de la campagne à acheuer entierement l'ouurage que l'on auoit commencé, qui étoit de releuer de neuf pieds le paué de toute l'église, auparauant enfoncée dans terre et tres mal saine. On prit aussy cette occasion de l'éloignement des Religieuses, qu'on auoit toutes conduittes à Paris, pour aggrandir leur dortoir et l'éleuer de plusieurs étages; parce qu'il n'y auoit point de logement pour toutes les personnes qui se presentoient, et qui demandoient auec ardeur d'estre associées à la penitence et à la retraitte de ces saintes filles, dont l'exemple, au lieu de les étonner, leur tenoit lieu d'un saint attrait, qui les excitoit à venir se réfugier et mourir au monde auec elles.

Un de ceux qui contribua dauantage à la charité à cette dépense, étoit M. du Gué de Bagnols, Maistre des Requestes (1). C'étoit un homme qui sembloit auoir, selon l'Euangile, les plus grands obstacles à son salut. Car, outre qu'il étoit tres riche, il étoit naturellement tres fier; et son grand esprit, joint à ses grands biens, contribuant à luy inspirer un certain orgueil, qui le portoit à s'éleuer au dessuz des autres, il paroissoit infiniment éloigné d'abbaisser sa tête souz le joug de l'humilité éuangelique et d'apprendre de Jesus Christ à estre doux et humble de cœur. Mais c'étoit une conqueste digne de la grace toute puissante de celuy qui est venu, non seulement nous apprendre, par son exemple, à nous humilier, pour deuenir vraiment grands deuant ses yeux, mais nous en donner la force par l'onction interieure de son Esprit. Dieu se seruit premierement de l'exemple de la pieté de son épouse (2) pour luy inspirer les premiers mouuemens de sa crainte. Et il acheua de le dé-

(1) Guillaume du Gué, seigneur de Bagnols, né à Lyon, en 1607, conseiller le 21 mars 1637, maître des Requêtes en 1643, puis conseiller d'Etat.

(2) Dame Gabrielle Feydeau, qu'il épousa, le 19 juin 1640, et perdit, le 20 juin 1648.

tacher tout à fait du monde par les sermons de M. de Singlin, qui auoit, comme je l'ay dit, un don merueilleux
pour pénetrer jusqu'au fonds du cœur de ses auditeurs,
et pour y remuer salutairement l'eau de la piscine, où les
pécheurs trouuent la guerison de leurs playes. La
conuersion ne se fit point à demy, et depuis qu'il eut
connu, par la predication de l'Euangile, ce que Dieu
demandoit de luy, il se résolut d'accomplir parfaitement
tous ses deuoirs, n'étant point du nombre de ceux dont
le Seigneur parle par la bouche d'un de ses prophetes,
lorsqu'il se plaignoit qu'ils boitoient également de costé
et d'autre, c'est à dire qu'ils allioient à leur mode Dieu
auec le monde, donnant quelque chose au monde et
à Dieu, et n'étant entierement ni à l'un ni à l'autre,
lorsqu'ils vouloient estre à tous les deux. M. de Bagnols,
au contraire, voulant estre tout à Dieu, jugea d'abord
que le commerce du monde étoit pour luy trop dangereux, et songea à rompre, autant qu'il pourroit, tous les
liens qui l'y tenoient attaché. Il vendit sa charge de
Maistre des Requestes, qui l'exposoit dauantage (1). Il
fit exprès un voyage à Lion, pour porter son pere à
attirer la benediction de Dieu sur sa famille, en faisant
conjointement auec luy une reueuë de tous ses biens. Et
après cette reueuë, il eut la force de l'engager à se
dépoüiller de quatre cent mille liures, dont il ne le
croyoit pas légitime possesseur. Il régla ensuitte sa
propre famille, non selon les maximes de l'ambition du
siecle, qui ne dit jamais, *C'est assez*, mais selon les
règles du christianisme, qui retranchent une infinité de
superfluitez, et qui bornent le necessaire de chaque personne, selon son état, à beaucoup moins que ne le demande la cupidité du cœur humain. Ainsi, de soixante

(1) Après la mort de sa femme, qui eut lieu le 20 juin 1648.

mille liures de rente dont il joüissoit, il en destina quarante mille pour la part des pauures, à laquelle il ne touchoit non plus qu'à un bien sacré. Et les vint mille liures restant lui seruoient pour l'entretient de sa maison et de ses enfans, et pour faire encore ses aumônes journalieres.

Ayant étably cet ordre en ce qui regardoit son bien, il songea à procurer une éducation chrestienne à ses enfans. Il achetta à sept lieuës de Paris une maison fort agréable, pour le logement et les jardins, nommée *les Troux*, à cause de la grande quantité de carrières d'où l'on tire les meules de moulin (1). Il établit là ses enfans auec un précepteur choisi, qui auoit soin de veiller beaucoup sur leurs mœurs, aussi bien que de leur apprendre les humanitez; et il y alloit luy même se retirer de temps en temps pour estre plus en état de penser à soy, et de songer serieusement à l'affaire si importante de son salut, à laquelle la veuë du monde luy étoit un grand obstacle. Il joignoit à ses aumônes, au soin de l'éducation de ses enfans et à sa retraitte, une priere assiduë, une soumission d'enfant pour les auis de son directeur, qui étoit M. de Singlin, et une telle penitence qu'il tomboit quelquefois en foiblesse, par un effet de ses jeûnes et de ses autres austeritez. Ce n'étoit plus cet homme fier et superbe, enflé autrefois par la grandeur de son esprit et de ses richesses. On ne voyoit plus en luy qu'humilité et que douceur. S'étant dépoüillé de l'amour de ses grands biens, il renonça en même temps si parfaittement à son propre esprit, qu'au lict de la mort il eut la consolation de pouuoir dire à son directeur, sans vanité, et par la seule reconnoissance de la grace que Jesus Christ lui auoit faitte : *Vous sçauez, Monsieur, que depuis que je me suis mis sous vostre conduitte,*

---

(1) Village à 4 kilomètres, au nord de Port-Royal des Champs.

je n'ay jamais fait ma volonté; parole aussi admirable, dans la bouche d'un homme de ce caractere d'esprit que j'ay représenté, qu'elle deuoit estre regardée comme sincere, étant proferée par une personne mourante, qui se voyoit sur le point d'aller rendre compte à Dieu de la pureté de ses œuures et de la vérité de ses paroles (1). Ce fut donc ce grand seruiteur de Dieu qui contribua le plus à l'accroissement des bâtimens de l'abbaye de Port Royal, qui deuoient seruir dans la suitte à loger ce grand nombre de saintes filles, dont la piété toujours égale est deuenuë celebre dans toute l'Eglise.

Il y auoit, dans ce même temps, un autre Maistre des Requestes, qui, bien que moins riche, n'auoit pas sans doute une moindre charité pour cette abbaye, et qui même auoit achetté quelques maisons pour aggrandir l'établissement de Port Royal de Paris. C'étoit M. de Bernieres, dont j'ay parlé autre part (2), parent de ma mere, et l'un des meilleurs amis de mon pere. Il auoit épousé la sœur de M. Amelot (3), premier président de la Cour des Aydes, et en auoit eu de grands biens. Mais le plus grand, sans comparaison, étoit elle même; car elle joignoit beaucoup de pieté à une bonté naturelle qui la rendoit tres aimable. Et ainsy l'epoux et l'epouse s'entr'aidoient reciproquement à gagner le ciel, par la multitude des bonnes œuures, qui faisoient leur principal exercice. M. de Bernieres auoit un cœur si remply de charité, que sa grande joye étoit de songer sans cesse à procurer du

---

(1) « M. Guillaume du Gué de Bagnols mourut, le 15 mai 1657. » Premier éditeur.

(2) Voir ci-dessus, p. 138.

(3) Anne Amelot, née le 3 septembre 1620, mariée le 8 mai 1638, à Charles Maignart, seigneur de Bernières, et morte le 12 juillet 1653.

soulagement aux pauures (1). Dans le temps de l'extrême misere, où étoient ceux de Champagne et de Loraine, il étoit tout occupé du soin charitable de faire pouruoir à leurs besoins les plus pressans. Il auoit une tendresse de vray pere pour toutes les bonnes Religieuses, surtout pour celles qui, étant pauures des biens de la terre, paroissoient remplies des dons du ciel. Il les assistoit et leur procuroit des assistances autant qu'il pouuoit ; se tenant heureux de pouuoir contribuer quelque chose au soulagement de celles qui étoient toutes appliquées au seruice de leur Epoux. Aussy il eut la consolation de voir une de ses filles se consacrer à Jesus Christ dans l'abbaye de Port Royal, pour laquelle il a toujours eu une profonde veneration (2). Et je fus temoin moy même de sa joye en cette rencontre, qui étoit assurément beaucoup plus grande que s'il eût marié sa fille à un prince. Car c'étoit un homme qui viuoit veritablement de la foy, et qui regardoit les choses auec des yeux bien differens de ceux des hommes du siecle, dont toute l'ambition se borne icy bas à tres peu de chose : au lieu qu'il songeoit toujours à ce qui regardoit la grandeur de son établissement éternel. Comme j'auray encore à parler de luy autre part, je n'en diray rien dauantage icy, pour reprendre la suitte de mes Memoires.

Ce fut au temps de la seconde guerre de Paris, et en l'année 1652, qu'arriua la mort de M. de Chauigny (3), ministre d'Etat, qui donna aux ennemis la maison de

---

(1) M. de Bagnols et lui, agents dévoués de la maison de Port-Royal dans le monde, étaient appelés à bon droit les *Procureurs généraux des pauvres*.

(2) Mise comme pensionnaire à Port-Royal, à l'âge de quatre ans et demi, elle fit profession, le 19 mars 1658, et devint sous-prieure de cette maison, sous le nom de Mère Françoise de Sainte-Thérèse.

(3) Léon de Bouthillier, comte de Chavigny et de Busançois, con-

Port Royal bien des sujets de la décrier, en la personne de M. de Singlin, confesseur et superieur de cette sainte communauté. Voicy la verité du fait, dont le public jugera luy même. M. de Chauigny ayant contribué, comme j'ay dit, à l'élargissement de l'abbé de Saint Cyran (1), après la mort du cardinal de Richelieu, conserua toujours une liaison fort étroitte, depuis qu'il se fut un peu retiré du monde, auec son neueu M. de Barcos, à qui il auoit fait donner l'abbaye, après la mort de son oncle (2). Et il alloit même passer quelques jours dans la retraitte de cette abbaye auec le nouuel abbé, qui se seruit auantageusement de la connoissance si profonde qu'auoit ce ministre de la corruption et de toutes les miseres du monde, pour en donner à ceux qui étoient alors retirez auec luy, l'idée juste qu'ils deuoient en conceuoir. C'est pourquoy, dans les conferences qu'il faisoit à ses amis et à ses religieux, il l'engageoit de parler, comme il faisoit admirablement, sur la fausse image ou le fantôme que l'on se formoit des grandeurs et des prosperitez du siecle; n'y ayant personne qui en eust fait une plus grande experience que luy, et qu'on en dust plus justement croire. Voyant donc la guerre qui s'allumoit de toutes parts dans le royaume, il résolut de se retirer dans l'abbaye de Saint Cyran, qui est en une situation assez écartée, afin d'y laisser passer tous ces temps de trouble, qui pouuoient estre pour luy un temps de paix, et un temps tres pretieux, puisqu'il deuoit l'employer

seiller au Parlement, en 1627, conseiller d'Etat, puis secrétaire d'Etat, enfin nommé, par le testament de Louis XIII, ministre d'Etat et membre du conseil de Régence, mourut le 11 octobre 1652. — Tout ce qui va suivre, pendant cinq pages, est inédit.

(1) Voir plus haut, p. 34. — Il était gouverneur du château de Vincennes, pendant la prison de l'abbé de Saint-Cyran.

(2) En 1643, Voir plus haut, p. 130.

dans la consideration de soy même, dans la veuë de ses égaremens passez, et dans la conuersation d'un homme parfaittement éclairé de tout ce qui regardoit la conduitte des consciences, et les grands principes de nostre religion. Mais les temps de Dieu ne sont pas toujours ceux de l'homme; et par un effet de ses jugemens que nous deuons toujours adorer, quoyqu'ils nous soient incomprehensibles, il ne permit pas que ce seigneur pust executer les bons desseins qu'il auoit, et l'arrêta tout d'un coup au milieu de sa course. Le duc d'Orléans, qui sceut qu'il étoit party pour un long voyage, lui enuoya un courrier en diligence, pour luy mander de reuenir promptement, parce qu'on auoit affaire de luy. Il en fut surpris, et ne pouuant neantmoins resister à l'ordre qu'il receuoit, il s'en reuint à Paris. Mais c'étoit veritablement un ordre d'en haut, que Dieu même luy enuoyoit, sans qu'il y songeast, pour l'obliger de se préparer à une autre sorte de voyage bien plus grand et bien plus important. Etant appellé dans le conseil (1), un prince, qui étoit picqué contre luy, luy dit quelque chose d'un peu fort; à quoy M. de Chauigny répondit ce qu'il jugea à propos, pour se justifier. Mais ce prince luy ayant donné sur le champ un démenty auec chaleur, il en fut tellement saisi, qu'au sortir même du conseil, il s'en retourna chez luy, frappé dès lors de la maladie dont il mourut (2). Dès qu'il se sentit malade, il enuoya à Port Royal prier

(1) « Que tenoit le duc d'Orléans, » mots biffés dans le Ms, ainsi que ceux de « le prince de Condé, » remplacés par « un Prince. »

(2) La cause de sa mort ne paraît pas avoir été connue des historiens. En tout cas, c'est un trait de plus à ajouter à tous ceux que Voltaire a cités, dans *le Siècle de Louis XIV* (ch. IV et V), pour peindre ces deux guerres de la Fronde, où l'on voit « la gloire des héros « de ce temps-là avec plus de pitié que d'admiration. » Ainsi Condé avait été apostrophé vivement, en plein Parlement, par un conseiller

M. de Singlin de le venir voir : il lui ouurit sa conscience, luy déclara toutes les peines qu'il pouuoit auoir sur le sujet de son bien, et le desir tres sincere qu'il auoit de satisfaire à son deuoir : et le conjurant de l'aider à se sauuer dans ce passage si terrible, il l'obligea de se charger d'une cassette, qu'il luy mit entre les mains, dans laquelle il y auoit pour près d'un million d'effets (1), sur l'employ desquels il se déclara à luy, et luy en laissa, comme je crois, une déclaration par écrit. M. de Singlin étoit assez éclairé pour juger qu'une affaire de cette conséquence ne pourroit manquer de souffrir de grandes difficultez, de la part des heritiers, qui n'entreroient pas aisément dans ces sortes de scrupules. Mais que faire dans l'état où il voyoit le malade, et dans le desir qu'il témoignoit de suiure les sentimens intérieurs de sa conscience ? Ç'auroit été luy plonger une seconde fois le poignard dans le fonds du cœur, de luy refuser ce qu'il demandoit. M. de Singlin se chargea donc, autant qu'il étoit en luy, de suiure ses intentions ; et emportant la cassette, il s'en retourna à Port Royal, dans l'esperance, sans doute, que le malade pourroit bien en reuenir, et qu'alors il auroit lieu de le solliciter de mettre luy même à execution sa derniere volonté qu'il venoit de luy déclarer. Mais comme la maladie de M. de Chauigny venoit de saisissement, le transport se fit bientost au cerueau, et il mourut sans la consolation d'auoir fait luy même,

---

du nom de Quatre-Sous, et il s'oublia lui-même jusqu'à donner un soufflet au comte de Rieux, qui le lui rendit, sans que l'affaire eût d'autres suites.

(1) « Il fit appeler un peu tard M. Singlin, et lui remit en main, à « lui et à M. du Gué de Bagnols, des effets montant à *neuf cent* « *soixante et treize mille sept cent trente-quatre livres*, pour être resti- « tuées comme peu sûrement acquis : il y avoit toutes sortes de *pots-de-* « *vin* là dedans » M. Sainte-Beuve, *Port-Royal*, t. II, p. 22, à la note.

comme il auroit dû, ce qu'il donna ordre seulement qu'on fist pour luy.

Après sa mort, M. de Singlin n'attendit pas que les heritiers le fissent venir. Mais il alla de luy même les trouuer. Il déclara deuant tout le monde ce que le deffunct luy auoit mis entre les mains et les ordres qu'il luy auoit donnez, et leur demanda sur cela leur résolution. Ils demeurerent fort surpris, et témoignerent neantmoins estre prets de faire consulter cette affaire dans une assemblée de docteurs, et d'en passer par leurs auis. Ils le firent en effet. Mais les docteurs qu'ils assemblerent pour cela, étant moins scrupuleux que luy, ou ayant plus de penetration dans ses propres affaires, qu'il n'en auoit eu luy même, ils modérerent l'effet de sa derniere volonté à une somme beaucoup moindre, que l'on employa selon leur commune delibération. Il y eut neantmoins deux celebres curez de Paris, et un docteur tres distingué par son grand mérite, qui appuyerent tout à fait la derniere volonté du deffunct, et loüerent la conduitte de l'executeur. Mais ils n'eurent pas la force de se soutenir jusqu'à la fin, et ils se virent contraints de céder pour sauuer au moins une partie de ce qu'ils croyoient estre de justice, ne pouuant pas la procurer toute entière. Ainsy M. de Singlin, laissant à Dieu le jugement superieur d'une affaire, dont il n'étoit point le maistre, se contenta, en rendant la cassette aux heritiers, de prier le Seigneur de vouloir agréer les bonnes intentions de celuy qui n'auoit point eu le temps d'accomplir luy même ce qu'il jugeoit nécessaire pour le repos de sa conscience.

Cependant une conduitte si sage, si chrestienne et si desinteressée, ne put point estre à l'épreuue de la medisance. Et il suffisoit qu'il fust confesseur de Port Royal et amy de l'abbé de Saint Cyran et de M. Arnauld, pour estre noircy par les plus grandes impostures, comme si ç'auoit été l'intérets qui l'eust fait agir dans cette affaire, et qu'il en eust beaucoup profité : au lieu que la seule charité y eut part, et que, s'il fut affligé de voir les intentions du deffunct frustrées, ce fut seulement par un effet de l'amour tres pur et tres chrestien, qu'il luy portoit pour son salut (1).

Après que la guerre eut été finie (2), nous quittâmes le chateau du duc de Luynes, où nous étions fort incommodez pour le logement; quoyque d'ailleurs la vie que l'on y menoit fust presque aussy reguliere que celle d'une communauté; puisque tout le monde mangeoit en commun dans une salle auec le duc même; que chacun lisoit à son tour de quelque bon liure, et les autres gardoient le silence pendant le repas; qu'on y entendoit la messe et faisoit la priere régulierement dans la chappelle, et que tous ayant leur occupation particulière, ils n'oublioient pas, quoyqu'en un temps de trouble et de guerre, qu'ils deuoient songer à s'acquitter principalement de leur deuoir enuers Dieu, et qu'ils auoient à combattre contre les ennemis de leur salut, qui veilloient encore plus dans ce temps là pour les perdre. C'est à quoy M. de Sacy exhortoit tous ceux qui étoient souz sa conduitte, persuadé qu'un temps de guerre étoit un temps de dissipation, tres dangereux pour des personnes retirées et engagées dans une vie de prière, de trauail et de silence. Aussy, après la fin de cette guerre, chacun songea sérieusement à réparer, par une espece de renouuellement de pieté et de penitence, les fautes presque ineuitables en un tel temps. Et l'on vit les deux maisons de Port Royal de Paris et des

---

(1) Ce récit ajoute bien des détails à ceux que l'on connaissait sur l'affaire de cette cassette, par l'*Histoire* manuscrite d'Hermant et les *Lettres* de la mère Angélique.

(2) Vers le mois d'octobre 1652.

Champs se remplir, tant au dedans qu'au dehors, de personnes de tous âges, et de toutes conditions et professions, qui y accouroient comme en un lieu de refuge, excitées par la grande charité et par la foy admirable de la Mere Marie Angelique Arnauld et de ses Religieuses, et par l'odeur de la pieté de tant de personnes seculières, qui se répandoit de tous costez, et qui auoit la vertu d'en attirer plusieurs autres. On augmenta même d'une maniere considerable le logement qui étoit aux Granges, par un fort grand bâtiment que l'on y fist, et où l'on receut un assez grand nombre d'enfans de qualité, entre lesquels étoit le jeune marquis d'Abain, fils du marquis de la Rocheposay, de l'illustre et ancienne maison de la Chataigneraye (1), et les enfans de Monsieur de Guenegaud, alors secretaire d'Etat. Là ils étoient éleuez auec tres grand soin, dans l'innocence et dans la crainte de Dieu ; et les maistres tres habiles qu'on leur donna pour leurs études s'appliquoient de tout leur pouuoir à les rendre aussi sçauans dans les belles lettres que bons chrestiens. On pouuoit donc regarder comme une chose tres auantageuse que, dans le lieu même où tant de personnes s'étoient retirées du monde, pour y viure dans la penitence, de jeunes enfans y fussent formez dans la pieté et les bonnes-mœurs, et y apprissent parfaittement, non les seules sciences profanes, mais encore plus la vraye science du Christianisme. Aussy l'on en vit sortir de ce lieu qui, dans le monde même et au milieu de l'armée, se distinguerent par leur sagesse. Le jeune marquis d'Abain, dont j'ay parlé, fut un de ceux qui fit plus d'honneur à l'écolle de pieté et de science d'où il

---

(1) Le Ms porte, à tort, *d'Abin*. Son père était Charles Chasteigner, seigneur d'Abain et de la Rochepozay, marié à Charlotte Jousseran de Londigny.

étoit sorty. Se trouuant engagé par sa naissance à suiure la profession des armes, il fut admiré du marechal de Turenne. Car comme il l'interrogea un jour sur tous les Commentaires de Cesar, qu'il aimoit beaucoup luy même, et qu'il portoit presque toujours dans sa poche, étant à l'armée, il fut étonné de la profondeur de l'intelligence, et du jugement qu'il remarqua dans ses reponses, et ne put point s'empescher de dire deuant tout le monde, qu'il y auoit bien des officiers qui, après vint années de seruice, n'en sçauoient pas tant que ce jeune gentilhomme. Il mourut dès sa premiere campagne, et l'on regarda sa mort comme un effet tout singulier de la misericorde de Dieu à son égard; car en partant pour l'armée, il auoit donné une aumône considerable à une pauure damoiselle, qu'il pria en même temps de bien demander à Dieu, qu'il le fist plutost mourir, que de permettre qu'il l'offensast mortellement.

Cependant ce qui édifioit dans Port Royal les personnes non preuenuës, et ce qui étoit une occasion de salut pour bien des gens, qui auoient un cœur droit et un œil simple, selon l'expression de l'Euangile, deuint une occasion de scandale et de jalousie pour quelques autres qui n'aimoient pas cette maison. On commença à faire du bruit, et à traitter de cabales et d'assemblées contre l'Etat, la sainte société de ces personnes unies ensemble par les seuls liens de l'Esprit de Dieu; et on s'efforça de noircir dans l'esprit du Roy, comme des gens qui auoient des sentimens contraires à l'Eglise, ceux qui ne songeoient qu'à s'anneantir deuant Dieu, dans la veuë de leurs péchez; qu'à faire mourir peu à peu leurs corps par de continuelles abstinences et par de rudes austeritez; qu'à offrir] sans cesse leurs vœux au ciel pour l'Eglise, pour la personne sacrée de Sa Majesté et pour l'Etat, et qu'à acheuer la course de leur penitence, dans l'oubly des hommes, au fonds d'un desert affreux. Comme ceux que l'on décrioit étoient éloignez de la cour, et dans l'impuissance de se justifier de ce qu'on leur imputoit, il ne fut pas plus difficile à leurs ennemis de persuader ce qu'ils auançoient contre eux, qu'il l'auoit été dès les premiers siecles aux persecuteurs de S. Athanase, de le faire regarder par l'empereur Constantin, l'un des plus zelez princes pour la foy qui fut jamais, comme un seditieux et un ennemi de l'Etat. La multitude des accusations que l'on répetoit sans cesse contre cette sainte maison et tous ceux qui s'y étoient retirez, fit une forte impression sur l'esprit du Roy, et luy arracha, pour le dire ainsy, un ordre afin de faire sortir les personnes qui demeuroient au dehors de l'abbaye.

Ce fut dans la même année, c'est à dire vers le mois de juillet ou d'août 1653, que parut en France (1) la constitution du Pape Innocent X, contre cinq propositions, qu'on luy presenta comme extraites du liure de Jansenius, éuesque d'Ypres. M. Arnauld et beaucoup d'autres docteurs qui s'attachoient particulierement à deffendre la doctrine de S. Augustin, et qui furent auertis du dessein qu'auoient leurs aduersaires, de donner indirectement une atteinte à cette doctrine par la condamnation de ces propositions, qui pouuoient auoir plusieurs sens, deputérent au S. Siege quelques uns des plus sçauans de leur corps (2), pour presenter à Sa Sainteté un Ecrit en trois

(1) La Bulle, décrétée par le pape, le 27 mai 1653, affichée dans Rome, le 9 juin, autorisée par le roi, le 4 juillet, fut reçue, le 11 juillet, par le cardinal Mazarin.

(2) Les docteurs Saint-Amour, de Lalane, Brousse, le licencié Angran, et plus tard M. Manessier, avec le célèbre P. Desmares de l'Oratoire, se rendirent à Rome et y séjournèrent pour plaider la défense des évêques augustiniens. Le plus infatigable d'entre eux, Saint-Amour, a publié le récit de cette affaire, dans un *Journal,* un volume in-f°, 1662.

colonnes, où l'on expliquoit ces propositions selon le sens heretique et selon le sens catholique que l'on pouuoit leur donner (1), et le supplierent de mettre à couuert la doctrine de S. Augustin, qui auoit toujours été celle de l'Eglise Romaine touchant la grace efficace de Jesus Christ. Le Pape Innocent X ne laissa pas de condamner ces cinq propositions; mais en declarant qu'il ne pretendoit nullement toucher à la doctrine enseignée par S. Augustin touchant la grace efficace. Tous receurent la Constitution du S. Siege. Et M. Arnauld aussy bien que ses amis y rendirent la soumission qu'ils deuoient, étant persuadez que les propositions condamnées étoient en effet dignes de censure, selon le sens premier et naturel qui se presente à l'esprit, comme l'a fort bien expliqué depuis le Pape Innocent XII, à present assis sur le siege de S. Pierre (2). La seule chose qui fit de la peine à M. Arnauld, et à un grand nombre de docteurs qui auoient lu tres exactement le liure de Jansenius, et qui croyoient n'y auoir trouué que la doctrine de S. Augustin, fut de voir qu'on eust dessein de flestrir un liure remply de si excellentes choses. Ce qui augmenta encore leur peine, fut lorsqu'on voulut dans la suitte les obliger, non seulement à reconnoistre, mais à jurer sur les saints Euangiles, que ces propositions, qu'ils condamnoient tres sincerement *in*

---

(1) « On appelle *Ecrit à trois colonnes*, un mémoire qui fut présenté au pape Innocent X (en mai 1653) par les défenseurs de Jansénius, et dans lequel les cinq propositions incriminées étaient retraduites et rédigées, chacune selon trois sens exposés en regard : 1° le sens hérétique et calviniste qu'on répudiait; 2° le sens augustinien et janséniste qu'on soutenait; 3° le sens moliniste qui était l'inverse du second et qu'on ne répudiait pas moins que le premier. » M. Sainte-Beuve, *Port-Royal*, t. II, p. 105, en note.

(2) « Bref du 6 février 1694. » Premier éditeur. « A présent, » en 1697, date de la rédaction de ces Mémoires.

sensu obuio, comme s'explique presentement le S. Siege, étoient veritablement contenuës dans un liure où ils se rendoient ce temoignage de ne les y auoir point trouuées. Ils ne crurent donc pas qu'il leur fust permis de trahir leur propre lumiere, ni de faire un tel serment contre leur conscience, dans une chose purement de fait, et qui ne pouuoit regarder la foy. Tous ceux qui n'ont pas voulu absolument se fermer les yeux, pour ne pas voir la verité des choses, sont demeurez conuaincus que ç'a été là veritablement tout le crime que l'on a pu reprocher à des personnes nourries dans l'amour de la verité, et infiniment éloignées de rien attester contre leur pensée, en quelque maniere que ce puisse estre.

Comme il y aura encore d'autres occasions de parler de ce sujet, je n'en diray rien icy dauantage. Mais j'ajouteray seulement que vers la fin de la même année 1653 (1), ceux qui auoient sollicité la Constitution d'Innocent X, triomphant en quelque sorte de l'heureux succès de leurs intrigues, firent paroistre dans le public cet Almanach si outrageant, qu'ils intitulerent : *La Deroute et Confusion des Jansenistes* (2). On y voyoit, au scandale de tous ceux qui auoient de la pieté et du bon sens, l'*Ignorance, la Tromperie, et le Jansenisme* representé sous la figure de l'Euesque d'Ypres, à qui ils donnoient des aîles de demon, et qu'ils peignoient comme s'enfuyant honteusement deuant l'épée nuë de la Justice royale, et se retirant, auec tous les Jansenistes, vers les ministres du caluinisme, qui leur tendoient les bras, pour les receuoir comme leurs amis. Tous les gens de bien eurent de l'horreur de voir traitter d'une maniere si indigne un

(1) En décembre.
(2) Il fut mis en vente chez Garnière, marchand de tailles-douces, à Paris, rue Saint-Jacques, près l'église Saint-Severin. On en répandit seize mille exemplaires, dit-on.

prelat qui étoit mort, non seulement dans le sein de l'Eglise catholique, mais même en odeur de sainteté, et dans l'exercice actuel de la charité enuers les pestiferez de son diocese ; et qui, de plus, ayant soumis son liure au jugement de l'Eglise, ne pouuoit estre regardé en aucune sorte comme heretique, quand même il auroit été constant que les propositions condamnées eussent échappé à sa plume. Il est vray qu'il parut bientost après un ecrit en vers, souz le titre d'*Enluminures* de cet Almanach (1), qui en faisoit voir d'une manière bien sensible l'extrauagance et le ridicule : en sorte que, si toutes les fautes étoient réparées par de semblables correctifs, on seroit moins, en quelque façon, scandalisé du mal, que satisfait de la réparation.

Pour reuenir maintenant à ce qui regarde l'ordre de la Cour, qui fut enuoyé pour faire sortir de Port Royal tous les pensionnaires, et toutes les autres personnes qui n'étoient pas attachées au seruice de la maison, je fus obligé, comme plusieurs autres, de m'en aller à Paris (2). Ce fut alors que je me vis séparé du sieur de Villeneuue, auec lequel j'auois été si uni, depuis l'année 1643,

---

(1) « M. de Saci en est auteur. Il y en eut dans le temps deux éditions : « la première, du 15 janvier, et la seconde, qui est plus ample, du 8 fé- « vrier 1664. » Note du premier éditeur. — Il faut lire 1654. — Le titre complet est : Les Enluminures du fameux Almanach des PP. Jésuites, intitulé : *La Déroute et la Confusion des Jansénistes*, ou Triomphe de Molina, Jésuite, sur S. Augustin. S. l., 1654, 2 part. en 1 vol. gr. in-8°.

(2) C'est le 6 mars 1656 qu'il fut résolu, au Louvre, d'écarter de Port-Royal les enfants et les solitaires. Les solitaires en sortirent, le 20 mars, et les écoliers en même temps. M. Sainte-Beuve dit : « On « renvoya les enfants (ils n'étaient que quinze), en partie chez leurs « parents, et en partie on les transféra au Chesnai, chez M. de Ber- « nières, » *Port-Royal*, t. III, p. 103. — Quelques uns durent aller aussi à Sevran, d'où ils revinrent ensuite au Chesnai. (Voir plus loin, pp. 258, 260.) — L'abbé de Pont-Château a donné les noms de la plupart des solitaires et des élèves expulsés. Voir l'Appendice X.

que j'allay demeurer la première fois à Port Royal. Car, comme il persista toujours à vouloir embrasser la profession des armes, pour laquelle neantmoins il n'auoit aucune disposition naturelle, il pressa M. d'Andilly, son père, de le luy permettre. M. de Pontis, qu'on connoist assez par ses Memoires (1), étoit alors retiré à Port-Royal. Et touché de l'ardeur que ce jeune gentilhomme témoignoit pour l'armée, il s'offrit de luy donner les premieres teintures d'un mettier, dont il auoit une si longue experience. Il trauailla donc pendant quelques mois à le former, en luy apprenant l'exercice du mousquet et de la demye picque, et luy donnant quelques leçons, pour faire des armes. Quoy que l'on vist bien que son corps ne se faisoit point à cet exercice, qu'il eust la veuë courte, et les membres naturellement peu flexibles, et que ses parents luy representassent qu'il n'étoit point propre pour un mettier qui demande, comme l'on dit, bon pied et bon œil, il regarda les auis qu'on luy donnoit comme de pieuses réflexions de personnes retirées, qui enuisageoient le monde comme un gouffre ; et la forte inclination qu'il sentoit pour la profession des armes, jointe au nom de ceux de sa famille, qui s'étoient rendu (2) tres considérables, et auoient acquis beaucoup de réputation dans la guerre, luy firent croire qu'il pourroit pousser tres loin sa fortune, ne tendant pas à moins qu'à deuenir Marechal de France. Et en cela il suiuoit cette maxime d'un ancien, qu'il auoit fort lû, aussi bien que moy : « Que le moyen de paruenir à une grande éleua-
« tion, est de former les plus grands desseins, et de

---

(1) Publiés en 1676, 2 vol. in-12, et rédigés par du Fossé, d'après les matériaux fournis par *M. de Pontis*, dont Voltaire a eu tort de révoquer en doute l'existence.

(2) Vaugelas et Ménage prescriuaient alors ce participe invariable.

« tendre à ce qu'il y a de plus éleué. *Altius ibunt, qui*
« *ad summa tendent*; etc (1) ». Mais Dieu exauça les vœux de
ses proches, et arrêta tout d'un coup ces grands projets,
l'ayant fait mourir dès sa premiere campagne, lorsqu'il
étoit Enseigne Colonnel du Regiment du Marechal de Fabert, à qui M. d'Andilly, son amy intime, l'auoit tres particulierement recommandé. Et l'on remarqua que, la
même année, trois jeunes gentilshommes, éleués à Port-Royal, sçauoir le marquis d'Abain, le sieur de Villeneuue et le sieur de Fresles, furent enleuez dès leur premiere campagne; ce qui me fit faire bien des réflexions
sur la conduitte que Dieu auoit tenuë à mon égard, en
m'ostant du cœur et de l'esprit, d'une manière si extraordinaire, la résolution que j'auois prise d'abord, comme
eux, de m'engager dans une profession si dangereuse.

Ce dernier étoit fils de la dame de Fresles, dont j'ay
parlé, à l'occasion de la retraitte de mon pere et de ma
mere à Rouuille (2). Son frere aisné, qui auoit beaucoup
d'esprit et qui s'étoit signalé dans ses études, auoit renoncé au monde, auant que d'auoir commencé à le goûter,
et s'étoit retiré auec M. de Barcos dans son abbaye de
Saint Cyran, où il se fit à la fin religieux. Celuy cy auoit
au contraire un esprit pesant et incapable de toute étude.
Mais comme la dame sa mere auoit beaucoup de pieté,
elle tâcha de luy procurer une éducation la plus chrestienne qu'il luy fut possible, et fit agréer au sieur Re-

---

(1) « *Horat. De Art. poetic.* » — Ms. Ces mots ne font point partie de l'*Art poétique* d'Horace. Peut-être du Fossé, citant de mémoire, avait-il en vue le vers suivant qui s'y trouve, et dont la pensée se rapproche de celle qu'il exprime en latin :

Si paulum a summo discessit, vergit ad imum.
v. 378.
Qui ne vole au sommet tombe au plus bas degré.
Boileau, Sat. IX, v. 26.

(2) Voir plus haut, p. 138.

tard, cet excellent curé de Magny dont j'ay parlé (1), de le receuoir dans sa maison, afin que l'exemple d'un si saint homme seruist à le former insensiblement dans la pieté. Il y vécut en effet plusieurs années, dans les exercices les plus bas de la maison, se faisant à tout, et paroissant borner là en quelque sorte toutes ses veuës. Mais quand son esprit fut plus ouuert, et qu'il commença à faire quelques réflexions sur sa naissance, et sur l'état où il se voyoit, il se declara tout d'un coup, au grand étonnement de tous ceux qui le connoissoient, et fit connoistre qu'il auoit dessein d'aller à l'armée. La dame sa mere en fut beaucoup affligée, enuisageant toutes les suittes d'un tel changement. Mais il fallut luy accorder ce qu'il demandoit auec une extrême ardeur. On l'enuoya à Caën apprendre tous ses exercices. Et dans l'espace de six mois qu'il y fut, il s'y attacha auec tant d'application que l'on fut aussi surpris de luy voir le corps formé en si peu de temps à tous ces differens exercices, que le changement de son esprit, et sa prompte résolution de passer de la retraite dans les armées auoit étonné tout d'abord. Il entra dans le seruice, et commença par estre cadet dans la Compagnie aux Gardes, dont M. de la Vaupalliere, son cousin, et frère de M. de Bernieres, étoit capitaine. Jamais on ne vit un jeune homme plus prodigieusement changé en touttes manieres. Celuy en qui on ne remarquoit auparauant qu'une certaine pesanteur d'esprit, qui passoit presque pour stupidité, fit paroistre une ardeur extraordinaire pour tout ce qui regardoit le mettier où il s'etoit engagé. Celuy qui, étant retiré à Magny, marchoit froidement après une asne (2) chargée qu'il conduisoit deuant luy, paroissoit à la teste d'une com-

---

(1) Voir plus haut. pp. 151 et 193.
(2) Peut-être à l'exemple des Latins, mettant ainsi au féminin le

pagnie du regiment des Gardes, dans les plus rudes occasions, auec les principaux officiers, aussi intrepide qu'un lion, et aussi peu étonné du feu et du fracas de toute la mousqueterie et du canon, que s'il eust vécu jusques alors au milieu des guerres. Enfin, dans un des combats les plus opiniâtrez où il se trouua en cette campagne (1), il demeura ferme, luy six ou septième, auprès de M. de la Vaupalliere, lorsqu'il eut plus de quatre vints hommes de sa compagnie tuez à ses cotez : en sorte que le Roy même, qui, d'une éminence où il s'étoit porté, fut témoin de cette action si vigoureuse, voulut, après le combat, le voir et ses camarades, et les assura de sa propre bouche qu'il se souuiendroit d'eux et récompenseroit leur merite. Mais la volonté du Dieu des armées est superieure à celle des princes. Et dès la même campagne, le sieur de Fresles, qui pouuoit tout se promettre, après ces glorieux essais de son courage, et ces premieres épreuues du nouueau mettier qu'il auoit entrepris, fut enleué tout d'un coup en une autre occasion, et emporté d'un coup de canon, qui finit toutes ses esperances, en ce monde, et qui fixa son éternité. Heureux, si, dans ses actions si guerrieres, il n'oublia point que c'étoit Dieu même, qui le soutenoit de sa main et qui le couuroit de son bouclier tout puissant; et si, au milieu de la corruption de l'armée, il se conserua dans l'innocence que sa mere si vertueuse auoit tâché de luy conseruer ! J'en parle, comme ayant été viuement touché de la mort si

nom des animaux, dont il n'était pas besoin de préciser le genre. Ou bien est-ce un de ces « noms douteux », dont le genre n'était pas encore bien arrêté au XVII° siècle?

(1) « Je crois que ce fut à Mardich. » Note marginale du Ms. — Mardyck fut pris, le 25 août 1646, par un des lieutenants de Gaston d'Orléans, pendant la période française de la guerre de Trente Ans. — Tous ces détails, sur deux familles normandes, sont inédits.

prompte d'un de mes proches, dont j'aimois le cœur et le zele ardent pour le seruice de son prince, mais pour qui je n'ay pu ne pas craindre les engagements si perilleux d'un tel mettier.

J'ay marqué auparauant que l'ordre du Roy, qui nous obligea de sortir de Port Royal, me sépara en même temps pour toujours du sieur de Villeneuue, mon ancien amy (1). Et j'auouë que cette séparation fut pour moy le sujet d'une grande affliction, et me laissa dans une tristesse dont j'eus peine à reuenir; car les liaisons qui se sont faittes dès l'enfance sont plus fortes et plus penibles à rompre. Mais il auoit beaucoup plus d'étude que moy. Et sa memoire, jointe à la penetration et à la viuacité naturelle de son esprit, le rendoit capable de soutenir auec éclat la gloire et la grande réputation de tous ceux de sa famille. Il étoit habile en blason et en genealogies. Il sçauoit parfaitement la geographie et l'histoire. Il auoit trouué de luy même des regles certaines pour faire en tres peu de temps toutes les anagrammes qui se pouuoient faire sur chaque nom des personnes. Il déchiffroit tous les chiffres tres promptement. Et un de nos camarades, nommé Berthaut, qui ne pouuoit pas le croire, ayant inuenté et fait un chiffre extraordinaire, il en écriuit deux lignes, qu'il s'imagina estre indéchiffrables; mais il fut bien étonné, quand il vit que le sieur de Villeneuue, à qui il les presenta, luy rapporta au bout de quelque temps son papier, au bas duquel il auoit écrit : *Vous serez bien habile, et vous passerez dans mon esprit pour un veritable Apollon, si vous pouuez déchiffrer cecy;* ce qui étoit justement ce qu'il auoit écrit auec son chiffre. Enfin on peut assurer que ce jeune gentilhomme auoit d'excellentes qualitez, et que, s'il fust demeuré dans les bornes que la na-

(1) Voir plus haut, p. 245.

ture elle même sembloit lui auoir prescrittes, en s'appliquant aux sciences, comme il auoit commencé, il auroit été aussi loin en ce genre qu'on peut aller. Mais j'ose dire, et je le dis à regret, qu'il gasta un si beau genie, en se jettant dans une profession qui ne luy conuenoit point. Et l'on remarqua que, depuis qu'il eut résolu de l'embrasser, son esprit dégénera en quelque sorte pour les sciences, et qu'il recula plutost que d'auancer ; ce que je rapporte exprès pour faire entendre combien il est necessaire de ne point forcer la nature, mais de la suiure dans les inclinations loüables qu'elle nous inspire et qui semblent estre des signes de l'engagement où Dieu nous demande.

Que si je fus viuement touché de la separation, et ensuitte de la mort de ce cher amy, et fidelle compagnon de mon enfance et de mes études, Dieu m'en fit, dans le même temps, retrouuer un autre incomparable dans la personne de M. de Tillemont (1), auec lequel j'ay toujours vécu depuis dans une union intime, comme si nous auions été deux freres. Il est fils de M. le Nain, autrefois Maistre des Requestes, homme d'une probité et d'une capacité connuë de tout Paris, qui vit encore à l'heure où j'écris ces Memoires, et qui, à l'âge de quatre vint neuf ans, ayant l'esprit aussi net, le jugement aussi sain, et la même viuacité de genie qu'à quarante ans, peut estre consideré, au milieu de sa famille tres nombreuse, comme un de ces anciens patriarches, que Dieu combloit de ses benedictions. Car il voit et ses enfans, et les petits enfans de ses enfants, marcher sur les traces de sa pieté et de sa droitture, et faire la gloire de ceux qui leur ont

---

(1) Louis-Sébastien le Nain de Tillemont, fils de Jean le Nain, maître des Requêtes, et de Marie le Ragois, naquit le 30 novembre 1637, et fut mis aux Petites-Ecoles de Port-Royal, en 1647.

donné la naissance, selon cette parole du sage : *Filius sapiens, gloria patris.* Je ne parle point icy de son fils aisné, M. de Guignonuille, qui remplit si dignement la place honorable qu'il occupe dans la grande chambre du Parlement de Paris, auec M. Portail, son beau frere, où ils sont tous deux regardez auec beaucoup de distinction, comme deux juges également éclairez et incorruptibles. Mais je m'arrête particulierement à M. de Tillemont, qui est si connu presentement par son excellent trauail sur l'Histoire de l'Eglise, dont il a déja commencé à donner au public plusieurs volumes (1), où l'on ne sçauroit assez admirer l'exactitude des recherches et la difficulté d'un ouurage si important à l'Eglise.

(1) *Mémoires pour servir à l'Histoire ecclésiastique des six premiers siècles,* 1693-1712, 16 vol. in-4°. Il y en avait plusieurs de publiés en 1697, quand du Fossé écrivait ses Mémoires.

CHAPITRE XI.

— 1655—1657 —

MM. de Tillemont et du Fossé vont habiter Paris. — Promenades et visites de du Fossé au Louvre. — Sa visite à l'école de Sevran. — Son amitié avec l'abbé de Pontchâteau. — Détails sur cet abbé. — Son aventure avec La Quintinie. — Affaire du duc de Liancourt et de M. Picoté, prêtre de Saint-Sulpice. — Lettre d'Antoine Arnauld à cette occasion. — Sa condamnation par la Sorbonne. — M. de Launay le défend. — Lettre d'Antoine Arnauld aux pensionnaires et religieuses de Port-Royal. — Relation d'une peste à Naples. — Pascal et les *Provinciales*. — Leur grand mérite et leur grand succès. — M. Bartet défend l'exactitude des citations contre les adversaires de Port-Royal.

Lors donc que nous fûmes, comme j'ay dit, obligez par l'ordre du Roy de sortir de Port Royal, à cause de l'ombrage que l'union toute chrestienne de tant de personnes rassemblées en un seul lieu donnoit aux ennemis de cette maison, j'allay auec M. de Tillemont demeurer dans une petite maison de la ruë des Postes, au faubourg Saint Marceau. Et comme nous étions encore un peu jeunes, et par conséquent exposez à bien des périls dans une ville comme Paris, M. de Singlin, sur qui mon pere se reposoit de ma conduitte, nous associa un excellent ecclesiastique, nommé M. du Mont (1), neueu de M. le curé de Saint Jacques de Lhospital (2), qui vouloit luy donner sa

(1) Le premier éditeur a mis : *du Mort*, en résumant singulièrement ce passage.

(2) La rue Saint-Jacques-de-l'Hôpital, où se trouvait l'église de ce nom, supprimée en 1790, fait partie du quartier Montorgueil.

cure comme à un homme tres capable de seruir l'Eglise, mais dont luy même, par humilité, se jugea indigne. Nous auions aussy auec nous un des ses frères, nommé M. du Lac, et ils étoient de la famille des Akakias, descenduë d'un medecin de François Ier (1). Là nous continuâmes à nous affermir dans nos études, lisant les autheurs, et tâchant de nous remplir la memoire de ce que nous trouuions de meilleur dans les liures des anciens autheurs. J'auois alors vint ou vint et un an ; et c'est proprement à cet âge que l'on commence à étudier solidement, lorsque l'esprit étant plus ouuert, et le jugement plus formé, et le goust commençant à venir pour les bonnes choses, on se porte de soy même, et par inclination, à faire ce qu'auparauant on ne faisoit, pour ainsy dire, que par obligation. C'est donc un temps prétieux pour ceux qui songent à ne pas perdre tout le fruit de leurs premieres études. Et ils ne peuuent assez ménager ces années, où ils commencent à se connoistre et à connoistre le monde, pour ne pas les consumer en de vains amusemens, dont ils ne retirent dans la suitte qu'un sterile repentir.

J'en parle par experience, et j'auouë, à ma confusion, que je ne fus pas aussi sage et bon ménager que M. de Tillemont, pour profiter comme luy, et autant que je le deuois, d'un temps qui pouuoit m'estre si auantageux. Il est vray que je me seruis de l'occasion de la compagnie de M. du Lac, qui sçauoit l'Hebreu, pour apprendre cette langue (2). Et je l'appris en effet assez bien, pour commenter

---

(1) Ils étaient cinq frères, distingués par un surnom. Trois furent solitaires, et l'un d'eux, Akakia du Mont, né en 1622, avait élevé ses quatre frères et une sœur. Il fut confesseur à Port-Royal, et trois des autres frères s'y retirèrent comme solitaires.

(2) Encore un double démenti à l'assertion de J. de Maistre qu'à Port-Royal « on ne trouvait pas un hébraïsant. » V. plus haut, p. 123.

quelques pseaumes, et pour trouuer quelque goust dans une langue si necessaire pour l'intelligence des liures sacrez. Mais j'étois jeune et curieux, et j'aimois beaucoup le diuertissement de la promenade : j'aimois aussy à aller au Louure, tout jeune que j'étois, pour le seul plaisir de voir le Roy, ne pouuant me lasser de le considerer, soit pendant son disner, lorsque je trouuois le moyen d'entrer dans sa chambre, soit dans la cour du Louure, lorsqu'il y descendoit quelquefois pour assortir des attelages de differens cheuaux de carrosse. Je me croyois tres heureux, quand je pouuois m'approcher assez de luy, pour le voir tout à mon loisir, l'aimant, l'honorant et le respectant parfaittement. Mon Dieu! qu'une telle ardeur pour voir le visage d'un prince, et pour approcher de sa personne, est une leçon admirable pour ceux qui sçauent combien il est plus aisé, et en même temps plus auantageux d'approcher du Roy des Roys, de considerer ses augustes qualitez, et de gouster la douceur de sa presence, les charmes tout diuins de son amour, et l'onction si admirable de son Saint Esprit, répandu par la charité au fonds de nos cœurs. Il n'y a point là de gardes pour repousser ceux qui s'en approchent. Il suffit de le vouloir ; c'est seulement la pureté de nostre cœur qu'il nous demande, pour estre admis au nombre de ceux qui forment sa cour et qui ont part à ses faueurs. Et c'est luy même qui donne cette pureté à ceux qui la luy demandent. Heureux donc ceux qui, persuadez de ces grandes veritez, ne se sont jamais attachez aux figures passageres de ce monde! Mais heureux encore toutefois sont ceux aussy, qui, s'y étant attachez pour quelque temps, ont passé enfin de ces figures à la vérité, et ont compris la vanité de leurs premiers amusemens.

Nous auions, dans notre maison du faubourg de S. Marceau, une porte de derriere, qui nous donnoit communication et entrée, par un grand enclos, dans la maison où logeoit alors l'abbé de Pontchâteau (1). Cet abbé étoit un des plus qualifiez qui fut alors, par les grandes et illustres alliances qu'il auoit dans sa maison. Il étoit neueu, à la mode de Bretagne, du Cardinal de Richelieu et du Cardinal de Lion, beau frere du Comte d'Harcourt, grand écuyer de France, et du Duc d'Epernon, colonnel general de l'Infanterie, oncle du Duc de Coëslin, de l'Euesque d'Orleans, à present Cardinal, et du cheuallier de Loraine. Enfin il tenoit au monde par des liens si considerables, qu'il paroissoit bien difficile qu'un jeune homme, chargé déja de benefices, allié aux plus grandes maisons, et plein d'esprit, d'enjoüement, et de tous les agréments qui peuuent accompagner cet âge, pust s'en détacher, pour se donner tout à Dieu, et renoncer à toutes les pompes du siecle. Cependant c'est ce qu'on vit arriuer, non pas à la verité tout d'un coup, mais à differentes reprises, et après plusieurs combats, plusieurs rechuttes, si je l'ose dire, et bien des démarches opposées les unes aux autres, dont les unes le portoient au monde, et les autres le ramenoient vers Dieu, jusqu'à ce qu'enfin il fut affermi pour toujours dans la voye de son salut (2). Lors donc que je m'allay établir dans son voisinage, ayant commencé à le connoistre, je goûtay extrêmement son esprit, son humeur et ses manieres, qui n'auoient rien que de grand, que de solide et d'aimable. Et dès ce temps là, nous fismes ensemble une liaison qui n'a fini qu'à la mort,

(1) Sébastien Joseph du Camboust de Pontchâteau, fils de Charles, marquis de Coislin et de Philippe de Bourges, né le 17 janvier 1634, était abbé de Saint-Gildas, de la Vieville et de Geniston.

(2) De 1651 à 1668, il eut de fréquents rapports avec Port-Royal, et une vocation mal affermie pour la retraite. — Tous les longs détails qui vont suivre, sur ses rapports avec du Fossé, sont inédits.

quoyqu'elle ait été interrompuë par les petites echappées qu'il fit, si j'ose user de ce terme à son égard, en se retirant pour un temps de la conduitte de M. de Singlin, qu'il auoit choisi pour son directeur, et s'abandonnant au mouuement de son esprit propre, qui l'emporta assez loin, et qui eust pu l'éloigner tout à fait de Dieu, si sa bonté toute misericordieuse ne l'eust enfin rappelé à luy par des attraits encore plus forts que ceux du siecle. Je ne prétends pas, en parlant ainsy, flestrir en aucune sorte la gloire de ce grand homme, mais faire éclatter, en sa personne, la puissance de la gloire de Jesus Christ, dont il fut toujours depuis l'un des plus grands admirateurs, par le souuenir de ses foiblesses, dont il l'auoit déliuré, en le fixant à la fin dans son seruice.

Ayant donc fait une amitié tres étroitte auec luy, je le voyois fort souuent. Et comme il auoit l'esprit fort vif, et qu'une grande solitude luy étoit beaucoup plus penible qu'à un autre, il entroit facilement dans des parties de promenades. Mais, pour les authoriser en quelque sorte, et empescher que l'on n'y pust trouuer à redire, nous y engagions, autant qu'il étoit en nostre pouuoir, le sieur d'Alençon, ce bon prestre de S. Medard, dont j'ay parlé au sujet de ma grande maladie, et M. Burlugay, docteur de Sorbonne (1), auec le S. Verras (2), qui depuis s'est fait camaldule, et a été visiteur general de l'ordre en France. On peut bien juger par là de la qualité de nos débauches, puisqu'il étoit difficile d'estre bien méchant en si bonne compagnie. Nos promenades se faisoient apostoliquement, c'est

---

(1) M. Burlugai, curé de Saint Jean-des-Trous, docteur de Navarre, savant en histoire ecclésiastique.

(2) Il est question de « M. et Mlle Veyras », dans une visite faite, en 1657, par le lieutenant du prévôt de l'Ile, pour saisir M. de Barcos, que l'on supposait s'être réfugié à l'hôtel de Bonair, rue Sainte-Geneviève, au faubourg Saint-Marcel. — Voir Hermant, *Histoire du Jansénisme*.

à dire, à pied, et souuent auec assez de fatigue. Car c'étoit dans les grandes chaleurs de l'été, quoyque nous marchions quelquefois pendant la nuit pour euiter ces chaleurs. Etant une fois arriuez à Villeneuue S. Georges (1), sur le minuit, il s'en fallut peu que nous ne couchassions dehors. Car nous eûmes toutes les peines du monde à nous faire ouurir la porte de l'hostellerie, et, après que nous fûmes entrez, on nous enferma, sans chandelle, dans une chambre où il y auoit un seul lict, sur lequel nous nous couchâmes tout habillez, l'abbé de Pontchâteau et moy, et le sieur d'Alençon sur une table, tout au milieu de la chambre. Une autre fois, nous étant trouuez, sur le minuit, au milieu de la forest de Liury (2), nous allames fraper à la porte d'un bon ermite, qui ne vouloit point nous ouurir, à une heure si induë. Mais, comme il connut la voix d'un de ceux de la compagnie, il nous ouurit à la fin, à demy endormy, et fort étonné de voir tant de monde dans son hermitage, en un temps où nous aurions dû estre tous couchez. Nous chantâmes cependant matines dans sa chappelle. Nous allâmes ensuitte coucher à Clichy (3), et nous chantions tous ensemble des pseaumes, même en marchant, pendant la nuit, dans les bois ; c'est à dire que nos petites débauches auoient toujours quelque air de deuotion. Le matin, comme nous étions peu endormis, étant mal couchez, nous partîmes de bonne heure, pour nous en aller à Seuran, où mes frères étoient en pension chez M. de Flessel (4). Nous y arriuâmes le jour de la feste

(1) Seine-et-Oise, arrondissement de Corbeil, sud-est de Paris.
(2) Seine-et-Oise, arrondissement de Pontoise, canton de Gonesse, au N.-E. de Paris
(3) Clichy-en-Lannois ou sous-Bois (Seine-et-Oise, arrondissement de Pontoise, canton de Gonesse).
(4) Il y avait à Sevran, au N.-O. de Livry, canton de Gonesse, une maison de refuge, où MM. de Port-Royal essayèrent d'abriter leurs

du patron, qui étoit la translation de S. Martin (1). Nous y trouuâmes grande compagnie. Et nous fûmes, je l'auouë, surpris du festin que l'on nous fit, jugeant bien que, sur ce pied là, M. de Flessel ne pourroit pas soutenir une si grosse dépense. Car comme il étoit extrémement genereux, et que les parens des pensionnaires, qui venoient le voir, luy donnoient souuent occasion de faire paroistre cette generosité, il fut enfin obligé de renuoyer les pensionnaires. Mon pere, qui le connoissoit et qui étoit infiniment éloigné d'estre à charge à ses amis, n'alloit jamais voir mes freres qu'il ne fist porter, dans son carrosse, comme j'en ay été moy même témoin, de quoy disner, sans luy causer aucune incommodité. Il auroit été à souhaitter que tous les parens en eussent usé de même. Car cet établissement étoit admirable pour l'éducation de la jeunesse. Ils auoient des maîtres choisis pour la pieté et pour les études. On y veilloit particulierement à conseruer les enfants dans leur innocence, et à les mettre à couuert, tant audedans qu'au dehors, de tous les objets qui auroient pû les corrompre. Ils étoient nourris parfaittement bien chez un tel hoste, qui se faisoit un deuoir de pieté et une vraye gloire que rien ne pust leur manquer, pour le temporel et pour le spirituel. La maison où ils logeoient étoit d'un agrement admirable, pour les jardins et les eaux, et les promenades des enuirons les plus belles du monde. Mais l'économie manquoit à celuy de qui dépendoit l'établissement. Et la génerosité l'ayant emporté audessuz de la prudence, les enfans furent dispersez

---

élèves, de 1656 à 1660. « Elle était au nom de l'abbé de Flexelles, « homme de qualité, licencié de la Faculté de Paris; il s'était fait « comme l'économe de la maison, où se trouvaient en pension une « douzaine d'enfants. » M. Sainte-Beuve, *Port-Royal*, t. III, p. 407.

(1) Cette fête tombait le 4 juillet. Elle se célèbre encore, à cette date, dans le diocèse de Tours.

de costez et d'autres (1). Quelques uns, comme mes deux freres jumeaux, s'en allerent s'établir dans la ville de Beauuais ; d'autres, au Chesnay, chez M. de Bernieres, dans la maison qu'il auoit achettée de M. Destouches, et plusieurs aussy aux Troux, dans le chateau de M. de Bagnolles, de qui j'ay parlé auparauant.

Pour reuenir à ce qui regarde l'amitié étroitte que je fis auec l'abbé de Pontchâteau, et la consolation que je trouuois dans sa compagnie, je n'en joüis pas alors fort longtemps. Il auoit une fieure quarte des plus opiniâtres, dont on ait jamais entendu parler ; puisqu'il l'eut regulièrement six ou sept ans, et qu'il fut treize ans à en auoir toujours quelque sentiment, au jour et à l'heure de son accès. Cela le chagrinoit beaucoup et contribua à le dégoûter de cette vie retirée, qu'il menoit dans le faubourg S. Marceau. Ce fut sans doute ce qui le porta à representer un jour à M. de Singlin que, les Etats de Bretagne allant bientost se tenir, il ne pourroit pas se dispenser de s'y trouuer, comme abbé d'un certain lieu, dont j'ay oublié le nom (2). M. de Singlin, qui auoit un tres grand discernement, vit bien tout d'un coup le piege que le demon luy dressoit. Ainsi il luy fit entendre qu'il y auroit du peril pour luy à se trouuer à ces Etats, et luy temoigna qu'il étoit bien plus à propos qu'il renonçast à ce benefice, que d'exposer son salut à un danger si éuident. Mais la résolution en étoit prise. Et il persista toujours dans le même

---

(1) M. Sainte-Beuve a dit, dans une note du passage cité ci-dessus (p. 259) « : Cette école de Sevrans est vaguement indiquée dans les « *Mémoires* de Lancelot (t. II, p. 437), dans la *Vie de Nicole*, par « Gouget (p. 29), dans les *Mémoires de la Vie de M. de Beaupuis* « (p. 88). » Les détails précis, fournis ici par du Fossé, n'en sont donc que plus précieux.

(2) Saint-Gildas des Bois, Loire-Inférieure, arrondissement de Savenay, dont il était abbé. V. plus haut, p. 256.

sentiment, qu'il ne pouuoit pas se dispenser d'aller en Bretagne. Peut estre, en effet, qu'il ne pouuoit pas s'en dispenser, en conseruant son abbaye. Mais il y auoit sans doute une necessité encore plus grande de s'en démettre, dans les circonstances où il se trouuoit, que de risquer son salut, en tournant la teste en arriere, comme celuy souz la conduitte duquel il s'étoit mis le voyoit bien clairement. Enfin M. de Singlin, ne voulant pas rompre entierement auec luy, ny l'abandonner tout à fait, luy donna au moins cet auis, de ne s'arrêter aux Etats de Bretagne, qu'autant qu'il seroit absolument necessaire, pour remplir sa place, et satisfaire à son deuoir, comme reuêtu d'un tel benefice.

J'eus une veritable douleur de le voir partir dans une telle disposition. Et ce que M. de Singlin auoit preueu ne manqua point d'arriuer. Il s'acquitta en effet dans les Etats de son deuoir auec cette fermeté, et cette grandeur d'ame qui luy étoient naturelles, et qui donnérent de l'étonnement à tout le monde. Mais il fit en même temps liaison auec de jeunes abbez qu'il nommoit luy même, en riant, des abillons, qui l'engagerent à faire auec eux le voyage d'Italie. Il le fit donc (1), non sans des remords secrets de conscience, qui luy reprochoient qu'il étoit sorty de la voye de Dieu, pour rentrer dans la voye du siecle. Et aprez auoir passé un temps considerable à Rome, il reuint en France, et logea à Paris chez l'euesque d'Orléans, son neueu, qui est à present cardinal. Quand je le sceus, je me hazarday de l'y aller voir, m'appuyant sur nostre ancienne amitié. Je trouuay qu'il étoit logé tout à fait à la grandeur, et entre les mains de deux ou trois de ses gens, qui le peignoient et l'ajustoient. Il fut surpris de me voir. Et jugeant bien de mes sentimens sur l'état pre-

(1) Vers l'an 1657.

sent où je le voyois, il ne put estre insensible à ce que ma veuë seule et ma presence luy disoient aussi fortement qu'auroient pu faire mes paroles. Aussi me parut il interdit. Et la visite que je luy rendis se passa honnestement, mais froidement. Il se contenta de me faire voir son appartement, qui étoit magnifique, et le lieu de sa bibliotheque, qui étoit tres beau. Et de mon costé, je me contentay aussy qu'il pust voir, et remarquer dans mes yeux, et dans le serieux de mon entretien, ce que je ne croyois pas qu'il fust temps encore de luy dire. Car ce silence reciproque étoit entendu parfaittement de part et d'autre. Et sans nous rien dire, nous jugions bien l'un et l'autre de ce qu'il y auoit dans le fonds de nostre cœur. C'est ainsy que se passa cette premiere visite, d'où je retournay pénétré de douleur, ayant trouué l'abbé de Pontchâteau, mais n'ayant point reconnu mon amy.

Je n'en demeuray pas là neantmoins. Et ayant sceu d'un de mes amis, qui étoit aussy dans sa confidence, qu'il songeoit tout de nouueau à se retirer, mais qu'il vouloit que la chose fust souz le dernier secret, je sentis dans ce moment mon cœur s'ouurir tout à fait à son égard, et je résolus de retourner le voir encore. Comme il étoit dans de si bons sentimens, sa porte n'étoit point fermée pour moy. Ainsi, quoyqu'il fust indisposé et au lict, il me fit entrer aussitost. Je luy trouuay le cœur plus ouuert, et dans le visage je ne sçay quoy qui me marquoit qu'il etoit alors dans un état violent. Comme il se trouuoit dans les mêmes sentimens où j'étois, il fut bien aise de me témoigner, au moins par la maniere dont il reçeut ma visite, qu'elle luy étoit tres agréable. N'osant cependant s'ouurir tout à fait sur son dessein, il se contenta de me dire, auec bien de l'amitié, qu'on seroit surpris de ce qu'il feroit; mais que l'expérience qu'il auoit de sa misere et de sa foiblesse l'obligeoit de se taire sur cela. Je l'entendis à demy mot. Je respectay son silence, qui étoit un effet de sa sagesse. Et me tenant trop heureux de pouuoir juger de ses dispositions presentes, je le quittay dans une vraye joye de la grace que Dieu luy faisoit de retourner à luy, après ces égaremens. Luy de son costé n'en sentit pas moins de la consolation qu'il m'auoit donnée, en me découurant enygmatiquement son dessein. Car il sçauoit combien je l'aimois ; et que l'amour que j'auois pour luy étoit d'autant plus solide, et digne de son estime, qu'il pouuoit juger que je ne l'aimois que lorsqu'il s'aimoit luy même, selon qu'il deuoit s'aimer, c'est à dire pour Dieu et pour son salut.

Il quitta donc tout d'un coup le monde, lorsque le monde ne s'y attendoit plus : et ayant fait un grand voyage, afin de se dépayser, et de détacher en quelque sorte les yeux du monde de dessuz luy, il se retira d'abord dans l'abbaye de Port Royal (1), et depuis, par un effet de l'enuie de ceux qui n'aimoient pas cette maison, dans celle d'Orual vers Luxembourg, où il vécut d'une maniere admirable, dans tous les trauaux de la penitence, quoyqu'en habit de laïque et de jardinier. Il n'étoit connu, dans cette derniere abbaye, pour ce qu'il étoit, que de l'abbé seul, qui se tint heureux de posseder et de cacher ce thresor, jusques vers la fin de sa vie, qu'il fut obligé de s'en venir à Paris, où il mourut en odeur de sainteté, comme je le marqueray ailleurs (2). Mais pour faire voir l'humilité et l'anneantissement volontaire, où il s'étoit réduit dans sa retraitte, j'en diray icy seulement deux

---

(1) Il s'y établit, dans la ferme des Granges, en 1668, après s'être démis de tous ses bénéfices, en 1665.

(2) A Paris, le 27 juin 1690. — Il y a, dans le *Supplément au Nécrologe de l'abbaïe de Port Royal*, Recueil de Pièces p. 34, un *Mémoire de M. de Pont-Châteaux sur le Père Magnart*, Prêtre de l'Oratoire et Curé de Sainte-Croix de Rouen. Du 12 avril 1684, p. 34.

choses, qui feront juger du reste. Un euesque, qui ne le connoissoit point, étant venu à Port Royal, se trouua un jour dans la court auec M. d'Andilly, lorsqu'il passoit auec un pannier à son bras, et une serpette en sa main, comme un jardinier. Le sieur d'Andilly, soit qu'il eust à luy parler, soit qu'il eust à dessein de faire remarquer à ce prelat quelles sortes d'ouuriers Dieu attachoit à cette maison, l'appella. L'abbé de Pontchâteau, sans estre déconcerté en aucune sorte de paroistre deuant cet euesque, en un équippage qui luy conuenoit si peu, crut ne pouuoir mieux se cacher qu'en agissant tout simplement, comme auroit fait un jardinier ordinaire. Il s'approcha donc, et d'un air simple qu'il sceut fort bien affecter, quoyqu'il ne lui fust guere naturel, il parla et répondit de telle sorte à ce qu'on luy demandoit, que l'euesque ne pust le prendre effectiuement que pour le jardinier de la maison. Une autre fois, le sieur de la Quintinie, intendant de tous les jardins potagers de Versailles, vint aussy à Port Royal, où je crois que l'on l'auoit prié de venir, pour en voir les arbres fruitiers, et donner quelques auis sur la maniere de les tailler. Comme il alla visiter le jardin des Granges, l'abbé de Pontchâteau l'y receut en qualité de jardinier. Le sieur de la Quintinie, qui le prit effectiuement pour un des jardiniers de la maison, le traita de *Mon amy*, comme l'on fait d'ordinaire à l'égard de ces sortes de gens. Celuy à qui il parloit soutint toujours parfaittement son personnage, et luy répondit auec respect, comme à un homme de consideration, sans sortir de son état, et sans se lasser d'estre regardé comme un simple jardinier, luy qui étoit neueu de cardinaux, beau frère et oncle de ducs. Car il auoit veritablement appris de l'exemple de S. Paulin, qui s'étoit réduit comme luy, par principe de charité, à estre jardinier d'un grand seigneur, à n'auoir aucune honte de paroistre méprisable aux yeux des hommes, depuis que le fils de Dieu, s'étant fait homme pour l'amour de nous, auoit bien daigné, ce qui est sans comparaison plus difficile, passer pour pécheur, luy qui venoit pour détruire le péché. Enfin, le sieur de la Quintinie, en quittant nostre jardinier, luy presenta une pièce de quinze ou de trente sols, comme pour récompenser la maniere honneste, dont il luy auoit parlé et répondu à tout ce qu'il luy auoit demandé. Il n'y auoit que l'abbé de Pontchâteau, qui fust capable de pousser sa simplicité jusqu'à receuoir auec témoignage de reconnoissance ce que luy donna le sieur de la Quintinie, lequel dit au sortir de là à une personne qui le conduisoit : « Voyez « un peu, je vous prie, comme le bon sens et le jugement « est partagé aux paysans, aussi bien qu'aux personnes « de qualité. Car je vous assure que ce jardinier là, que « je viens d'entre tenir, en a autant qu'on en peut auoir, « et que tout ce qu'il m'a répondu étoit très solide. » Ces choses peuuent paroistre petites à bien des gens. Mais elles sont grandes, en effet, parce qu'elles partent d'un grand fonds d'humilité, en quoy consiste, dans cette vie, toute la grandeur de l'homme chrestien (1).

Pour reuenir à la suitte de mes Memoires, que j'ay cru deuoir un peu interrompre, pour marquer de suitte ce qui regardoit l'abbé de Pontchâteau, je suis obligé de parler icy d'une nouuelle tempeste, qui s'excita à l'égard de M. Arnauld et de ses amis, et qui fit un étrange éclat dans Paris, et même dans tout le royaume. Voicy quelle en fut l'occasion. Le duc de Liancourt (2), si connu en France par sa piété et par ses grandes au-

(1) Le nom de Jean *de la Quintinie* avait été écrit *de la Quinquinie*, qu'une correction contemporaine a rectifié sur le Ms.
(2) Roger du Plessis, marquis de Liancourt, duc de la Rocheguyon et pair de France, né en 1598 et mort le 1ᵉʳ août 1674.

mônes, alla un jour à confesse à S. Sulpice, sa paroisse.
Et après qu'il eut acheué sa confession, le prestre qui l'entendoit (1) le surprit un peu, lorsqu'il luy dit : « Qu'il ne
« luy parloit point d'une chose de consequence. Hé de
« quoy, mon pere, luy dit le duc? Vous ne dittes point,
« luy repartit le confesseur, que vous auez chez vous
« un abbé qui est janseniste et heretique. » Il parloit
du celebre abbé de Bourzeys, qui s'étoit acquis une
grande reputation dans l'Eglise, par les excellents
ouurages qu'il auoit faits contre les caluinistes (2). Ce
seigneur, étonné au dernier point d'un tel discours, luy
répondit auec toute la douceur et la modestie, qui conuenoit à sa pieté, et à l'état même où il se trouuoit alors,
luy témoignant sa surprise de voir qu'il traistast d'heretique un homme, que l'église de France regardoit comme
un de ses plus illustres deffenseurs contre l'heresie.
« Vous ne me parlez point non plus, Monsieur, ajouta le
« prestre, d'une petite fille que vous faittes éleuer à Port-
« Royal, et du commerce que vous auez auec ces Mes-
« sieurs ; ce qui est tres préjudiciable à vostre salut. Je
« n'ay garde, luy repliqua ce seigneur, de vous en parler,
« et de me confesser d'une chose, que non seulement je
« ne crois pas mauuaise, mais que je crois même tres-
« bonne, puisque je ne sçay point de lieu, où ma fille
« puisse estre éleuée auec plus de piété, connoissant cette
« maison aussi parfaitement que je la connois, et je croi-
« rois aussi me priuer moy même d'un tres grand bien,
« de rompre auec des personnes en qui je n'ay jamais
« remarqué que des sentimens tres purs sur la foy, et une

---

(1) « M. Picoté, » dit le premier éditeur, ou Picotet. Cette scène est du 31 janvier 1655.

(2) Amable de Bourzeis, né à Volvic près Riom, en 1606, abbé de Saint-Martin de Cores, ordonné prêtre à Paris, le 22 décembre 1640, académicien et controversiste abondant.

« grande pureté dans les mœurs. Cependant, Monsieur,
« repartit le confesseur, je ne puis point vous donner l'ab-
« solution, que vous ne congediez cet abbé de chez vous,
« que vous ne rompiez tout commerce auec ces Mes-
« sieurs, et que vous ne retiriez Mademoiselle vostre pe-
« tite fille d'une maison comme est celle de Port Royal. »
Le duc de Liancourt, voyant ce prestre arrêté à son sentiment, se contenta de luy dire, qu'il ne pouuoit consentir
à ce qu'il luy demandoit, sans se rendre indigne d'estre
absouz de la faute qu'il auroit commise ; et en même
temps il se leua, sans marquer aucune chaleur, et se retira paisiblement du confessionnal, où beaucoup d'autres
n'auroient pas souffert auec la même douceur un discours
si peu fondé, pour ne pas dire, si déraisonnable. Il alla
de S. Sulpice trouuer le prieur de S. Germain, grand
vicaire du faubourg, qui blâma beaucoup la conduitte de
ce prestre, et qui, ayant entendu la confession, non seulement ne trouua pas de quoy refuser de l'absoudre, mais
qui fut même extrêmement édifié de sa piété et de sa
parfaitte moderation. Tous ceux qui apprirent ce qui
étoit arriué à S. Sulpice en furent scandalisez. Le curé
même condamna le zele indiscret de son prestre. Et à
l'exception de ceux qui étoient ouuertement déclarez
contre Port Royal, il n'y eut personne qui ne fut aussi
édifié de la conduitte si sage du duc de Liancourt, que
choqué du traitement indigne et si mal fondé qu'on luy
auoit fait (1).

Comme cette affaire fit un fort grand bruit, M. Arnauld
fut prié de faire imprimer une lettre qu'il écriuit sur ce
sujet à un grand seigneur (2), où il s'étendoit beaucoup
pour faire voir que ceux qui crioient le plus contre le

(1) Ce démêlé fut la première occasion des *Provinciales*.
(2) Sous le titre de *Lettre à une Personne de condition*.

liure *De la fréquente Communion*, auoient fait en cette
rencontre un usage tres mauuais, et une application fort
peu juste, pour ne pas dire tres contraire à la vérité, des
maximes si authorisées de ce liure, lorsqu'on auoit refusé l'absolution, non à un pécheur public, non à un
impie, ou à un homme impenitent, mais à un seigneur
dont la pieté et la charité exemplaires édifioient tout le
public. Il y auoit cependant plusieurs personnes, ou preuenuës, ou mal intentionnées, qui prétendoient soutenir
l'injustice de la conduitte du prestre de Saint Sulpice.
Et l'on attaqua même la lettre de M. Arnauld par beaucoup d'écrits injurieux, auxquels il se sentit obligé de
répondre par une seconde lettre, où il faisoit voir les
faussetez et les calomnies de ces écrits (1). Ce fut dans
cette dernière lettre, que ceux qui ne l'aimoient pas chercherent de quoy fletrir sa reputation, en ayant extrait
deux propositions qu'ils presenterent à la Faculté de
Theologie, pour les faire censurer (2). Comme j'ai déja
déclaré que je n'ay aucun dessein, dans ces Memoires,
de parler de Théologie, mais de rapporter seulement
les faits, je me contente de marquer icy historiquement
ce qui se passa alors, dans la Faculté, au sujet de cette
affaire, qui fit un si grand éclat dans tout le royaume.

Beaucoup de docteurs, reconnus pour tres sçauans et
tres pieux, jusqu'au nombre de plus de soixante et dix,

---

(1) *Seconde lettre de M. Arnauld, docteur de Sorbonne, à un duc et pair de France.* — Elle était adressée à M. de Luines, et datée de Port-Royal des Champs, 10 juillet 1655.

(2) 1° Arnauld y justifiait le livre de Jansénius; 2° il y reproduisait une des propositions condamnées sur la Grâce. « Ceux qui veulent
« s'instruire de cette affaire doivent lire les trois premieres Lettres
« Provinciales ; ce qui en est dit dans l'*Histoire abrégée de la vie de
« M. Arnauld*, et l'ouvrage qui a pour titre : *Causa Arnaldina*. » **Premier éditeur.**

persuadez que M. Arnauld leur confrere n'auoit rien enseigné dans l'une de ces deux propositions, qui étoit de fait, que ce qui se trouuoit étably par l'authorité des cardinaux *Baronius, Bellarmin, de Richelieu, Palauicin,* par les Pères *Sirmond* et *Petau,* sçauans jesuistes, et par les autheurs les plus habiles et les plus attachez à l'authorité de l'Eglise et du S. Siege ; et que dans l'autre, qui étoit de droit, il n'auoit rien auancé qui ne fust fidellement extrait des ouurages de S. Chrysostôme et de S. Augustin ; tous ces docteurs, dis je, se sentirent obligez en conscience de ne pas abandonner, en une occasion si importante, celuy qu'ils jugerent bien que l'on vouloit opprimer. Ils luy donnerent en effet toute leur protection, et se déclarerent pour ce grand homme, en soutenant si clairement et si fortement la vérité des deux propositions de sa lettre, que ses aduersaires, dans la peur qu'ils eurent de ne pouuoir obtenir ce qu'ils souhaittoient, eurent recours à des moyens qu'on vit condamner par la voix de tout le public. Premierement, on lui refusa ce qu'on accorde dans les jugemens reglez aux plus criminels, c'est à dire qu'on ne voulut point luy permettre de recuser certains docteurs, qui étoient comme ses parties déclarées. En second lieu, on ne laissa point aux docteurs la liberté d'opiner aussi longtemps qu'ils le jugeoient necessaire, pour bien établir la vérité de leurs sentimens ; mais on les interrompoit et on les empeschoit de parler. Troisiémement, au lieu de deux docteurs de chacun des quatre ordres mendians, qui assistent aux assemblées de la Faculté, selon son usage et ses statuts, confirmez par des arrets du parlement, on en fit venir des prouinces jusqu'au nombre de plus de quarante, afin qu'on pust voir la vérité de ce que quelques uns des plus emportez auoient dit : « Qu'ils feroient venir tant de
« moines qu'ils auroient pour eux le plus grand nom-

« bre. » Enfin on vit auec le dernier étonnement le premier officier de la justice (1), qui ne sort presque de son hostel que pour aller presider aux conseils de Sa Majesté, venir tous les jours pendant un mois en Sorbonne, présider en quelque sorte à une assemblée purement ecclesiastique, et donnant des bornes aux auis des docteurs, leur oster la liberté nécessaire pour établir dans toute sa force la verité de la foy.

M. Arnauld, jugeant bien qu'il n'auoit à esperer aucune justice du costé d'une assemblée, où l'on ne gardoit aucunes formes, et où ses parties auoient toute l'authorité, y fit signifier, le 27 janvier 1656, un acte authentique passé deuant les notaires de Paris (2), par lequel, veû les irrégularitez de cette assemblée, il protestoit de nullité de tout ce qui s'y étoit déja fait et s'y feroit dans la suitte, et de se pouruoir au contraire, ainsy et quand il le trouueroit bon estre. Mais nonobstant cette protestation, on passa outre, sans se mettre en peine de faire vider une telle opposition si bien fondée; et on acheua l'ouurage si desiré par ses ennemis, c'est à dire cette censure, qui ne condamnoit pas seulement sa doctrine, mais encore sa personne, en l'excluant pour toujours de la Faculté (3).

Il semble que, pour bien juger de la qualité de cette censure, il ne suffit pas de dire icy que soixante et onze

---

(1) Il y avait primitivement, dans le Ms, « Un grand chancelier de France; » et, dans l'imprimé : « M. le chancelier Seguier. » — A dater du 20 décembre 1655, il avait reçu l'ordre du roi d'assister aux séances, et il s'y rendit avec son cortége de cérémonie.

(2) Cet acte signifié à « Messieurs les Doyen, Syndic et Greffier de « la Faculté de Théologie de Paris, » se trouve dans l'*Histoire abrégée de la vie et des ouvrages de M. Arnauld*. (Cologne, 1695,) p. 89. Les notaires étaient Le Caron et Galloys; l'huissier, Bierman.

(3) Il fut condamné, sur la question de fait, le 14 janvier 1656; sur la question de droit, le 29, et la censure fut conclue, le 31.

des plus sçauans et des plus vertueux docteurs de la Faculté, aimèrent mieux en estre exclus auec M. Arnauld que d'y souscrire, mais qu'il faut encore ajouter que M. de Launoy, si celebre par ses écrits, ne voulut jamais la signer, tant il la trouuoit irreguliere en toutes choses ; quoyque d'ailleurs il fust connu pour n'estre pas fauorable à M. Arnauld, luy étant opposé de sentimens. Car il fit voir dans des ouurages composez exprès (1), que cette censure ne se pouuoit soutenir, étant comparée à toutes celles qui auoient été faittes jusqu'alors dans la Faculté ; que de tout tems son usage auoit été, que dans des matieres odieuses, comme lorsqu'il s'agissoit d'exclurre et de condamner quelqu'un, il falloit, pour rendre valide le jugement, au moins les deux tiers des voix, ou même un consentement unanime de tous ceux de l'assemblée ; que la personne accusée deuoit auoir la même liberté dans ces sortes de jugemens, que dans les autres, de récuser ceux des juges qu'elle auoit sujet de regarder comme suspects ; que l'on ne pouuoit fermer la bouche aux docteurs, en ces importantes occasions, en les empeschant de parler, autant qu'ils le jugeoient nécessaire pour bien éclaircir leurs sentimens, sans exposer la verité à estre étouffée, et l'innocence à succomber souz la force ; que le seul violement des statuts de la Faculté et des arrets du Parlement, qui auoient si justement limité le nombre des Mendians dans ces sortes d'assemblées, suffisoit pour faire voir la nullité du jugement de celle cy. Enfin ce docteur, quoyque d'ailleurs opposé, comme je l'ay dit, à M. Arnauld en beaucoup de choses, ne soutint pas seulement son innocence par ses ecrits, mais

---

(1) *Notationes in Censuram duarum Antonii Arnaldi Propositionum*, etc., et plus amplement encore dans son Traité *De scholis celebrioribus*, imprimé en 1672, aux chapitres 60 et 61.

encore par la fermeté auec laquelle il aima mieux, lorsqu'on voulut l'obliger de souscrire sa censure, se voir exclurre luy même, par une violence inoüye, du corps de la Faculté, que de condamner un de ses membres, qui luy paroissoit si visiblement opprimé.

On vit donc alors M. Arnauld et soixante et onze des plus celebres Docteurs, exclus de la Faculté de Theologie de Paris, par quarante Moynes, qui deuoient estre réduits au nombre de huit, selon les statuts de cette Faculté et les arrêts du Parlement, et par plusieurs juges recusez pour de tres justes raisons. On a peine à se persuader presentement ce qui eut alors tout le public pour temoin, et ce qui est attesté par des actes si authentiques. Et c'est cependant cette censure, telle que M. de Launoy la vient de representer, qu'on a depuis obligé tous ceux qui prétendent au doctorat, de signer, auant qu'ils puissent estre receus ; c'est à dire que nul n'est admis à estre Docteur de la Faculté, qu'il n'authorise par sa signature un jugement irrégulier et insoutenable en toutes manieres, selon M. de Launoy, et qu'il ne condamne un Docteur, dont le plus grande crime, à parler veritablement, a été d'auoir composé le liure *De la fréquente Communion*, approuué en diuers temps par plus de trente prelats des plus sçauans et des plus saints de l'Eglise.

Que si l'on est curieux de connoistre quelles étoient alors les dispositions interieures de M. Arnauld, on ne peut mieux en juger que parce qu'il en écrit à un éuesque qui luy auoit temoigné, qu'il deuoit leuer les scandales qui pouuoient troubler les personnes foibles, et exposer aux yeux des fidelles les dispositions où Dieu le mettoit par sa sainte grace. « Je sçay, Monseigneur, luy dit il, « que le temps de l'oppression est un temps de larmes (1)

---

(1) L'Imprimé donne : « calme »

« et de silence, et que le sage, selon la sagesse même,
« se doit taire dans les mauuais jours. Je pensois
« n'exposer qu'à Dieu seul, dans le plus secret de ma
« solitude, les justes sujets qu'on m'a donné de me
« plaindre, et ne répandre que dans le sein du Pere
« des miséricordes, et du Dieu de consolation, mes
« gemissements et mes douleurs. » Et après auoir re-
nouuellé les protestations tres sinceres qu'il auoit toujours faittes, de demeurer pour jamais inseparablement
attaché à l'unique Mere de tous les enfans de Dieu, qui
est l'Eglise Catholique, Apostolique et Romaine, il en-
treprend, pour obéir à l'ordre de ce prelat, le recit
fidelle de ses actions, et de sa conduitte dans toute cette
grande affaire, comme on le peut voir dans les trois
lettres apologetiques, auxquelles je renuoye ceux qui
voudront les lire, comme à d'excellentes pieces.

Mais rien n'est plus beau que ce qu'il dit, dans ce
même temps, à un de ses amis, dans une lettre qui est
aussi imprimée, et où l'on peut dire qu'on voit à nud la
veritable disposition de son cœur, plein de charité, au
milieu de l'accablement où l'injustice de ses ennemis
l'auoit réduit, et des calomnies continuelles qu'ils ré-
pandoient contre luy, en l'accusant d'une attache opiniâtre
à des sentimens particuliers et heretiques, « Il y a
« longtems, Monsieur, luy dit il (1), que je suis accou-
« tumé à souffrir de semblables médisances. Après
« auoir eté traitté, en pleine chaire, de pire que Luther
« et que Caluin, sur le sujet de la penitence et de la
« Sainte Communion; après auoir été déchiré comme un
« déiste et un destructeur de l'Euangile et de l'Incarna-
« tion du Fils de Dieu; et après auoir veu encore nou-

---

(1) « Voyez la Lettre XLVI du Ier tome du recueil des Lettres de ce
« docteur, p. 198. Elle avoit été imprimée en 1656. » Premier éditeur.

« uellement (1) un liure, qui porte pour titre: *Port*
« *Royal et Genève d'intelligence contre le S. Sacrement de*
« *l'Autel*, sans qu'on ait lieu d'esperer aucune justice
« contre une calomnie si scandaleuse, il n'y a plus rien
« dont je doiue estre surpris. Je ne m'étonne pas même
« qu'ils inspirent ces sentiments d'auersion contre moy
« à quelques personnes qui, ayant d'ailleurs de la piété
« et du zele pour l'Eglise, ne me persecutent que parce
« qu'ils (2) m'en croyent ennemy. C'est une des plus
« grandes miseres de cette vie, mais qu'il faut supporter
« auec patience, aussi bien que toutes les autres, de ce
« que les gens de bien, ne voyant pas le fonds de nostre
« cœur, et étant trompez par de faux rapports, nous font
« une guerre d'autant plus rude qu'ils s'imaginent qu'en
« nous la faisant ils rendent seruice à Dieu. Il ne faut pas
« laisser pour cela d'auoir pour eux la charité que
« nous leur deuons en Jesus Christ, de les embrasser en
« esprit, comme nos frères, lorsqu'ils nous prennent pour
« des ennemis, et de les benir, lorsqu'ils nous mau-
« dissent. Dieu a voulu que, le priant ce matin, auant
« que de vous écrire, je sois tombé sur un endroit de
« l'Euangile, qui m'a tout à fait consolé. C'est où il est
« dit que S. Joseph fut prets de quitter la Sainte Vierge,
« la voyant grosse. J'ay consideré sur cela que, si Jesus
« Christ a bien voulu permettre que sa mere, la plus
« sainte et la plus pure de toutes les créatures, ait été
« soupçonnée, durant quelque temps d'un crime infâme,
« par le plus juste de tous les hommes qui fust alors sur
« la terre, et qui, selon les Peres, est la figure des
« Euesques, j'aurois grand tort de ne pas me soumettre
« de bon cœur à la conduitte qu'il luy plaist de tenir sur

(1) L'imprimé ajoute: « qu'un jésuite de Poitiers, nommé le Père
« Meynier, a osé publier un livre qui, » etc.
(2) Le Ms porte *ils* pour *elles*.

« moy ; et de trouuer mauuais qu'en punition de mes
« pechez, il me laisse, à l'egard même de plusieurs per-
« sonnes des plus éminentes de l'Eglise, dans l'opprobre
« le plus sensible à un prestre catholique, qui est celui
« de l'heresie. Ne dois je pas imiter la Sainte Vierge en
« cette rencontre, et attendre auec une humble résigna-
« tion aux ordres toujours adorables de la prouidence de
« Dieu, le temps où il lui plaira de leuer les faux soup-
« çons souz lesquels il permet maintenant que mon in-
« nocence soit presque accablée ; de faire connoistre par
« les voyes qu'il sçait, et que j'ignore, combien les dis-
« positions de mon cœur sont éloignées de celles que la
« calomnie m'attribuë...... Quant à cette attache opi-
« niâtre à des sentiments particuliers, qui est le reproche
« le plus ordinaire que me font mes ennemis,..... je ne
« vois pas que, dans la dispute presente, j'aye eu encore
« aucun lieu de témoigner ni docilité, ni opiniâtreté ;
« puisque je puis vous assurer que je ne sçay pas encore
« de quoy il s'agit, ni quel est le sentiment heretique
« qu'on m'accuse d'auoir soutenu, dans la proposition
« qu'on a censurée par des voyes si irrégulières. Car cette
« heresie pretenduë ne pouuant estre dans les paroles de
« cette proposition, qui est toute prise des Peres, il fau-
« droit qu'elle fust dans le sens auquel je les aurois
« prises ; et cependant je suis certain que mes censeurs
« ne sçauroient marquer une verité, dont ils conuiennent
« tous, comme d'un article de foy, qu'ils puissent m'accu-
« ser, auec quelque vraye semblance, d'auoir ruinée par ma
« proposition. Ainsi, Monsieur, vous m'auoüerez qu'il y
« a de quoy gémir, de voir maintenant dans l'Eglise, ce
« qui ne s'y étoit jamais veu auparauant, qui est qu'on
« accuse des prestres d'heresie, qu'on les proscriue
« et les persecute, comme en étant coupables, sans que
« personne veuille ou puisse leur dire quelle est l'heresie

« dont on les accuse, et quel est précisément et distinc-
« tement, sans ambiguité et sans équiuoque, l'article de
« foy reconnu par tout le monde pour article de foy, qu'ils
« doiuent croire pour n'estre plus heretiques. » etc.

Je ne sçaurois m'empescher, pour faire voir de plus en plus combien ce grand homme étoit attaché à Dieu, et affermy dans la plus solide pieté, lorsque ses propres confreres le traittoient si injustement, de transcrire encore en ce lieu une lettre, qu'il se sentit obligé d'écrire aux pensionnaires de Port Royal, qu'il confessoit, quand cette tempeste l'obligea de s'éloigner (1). « Mes très cheres
« sœurs, leur dit il, quoyque je sois tres indigne de me
« seruir des paroles de S. Paul, ayant si peu de sa cha-
« rité, je crois neantmoins pouuoir vous dire ce que ce
« grand apostre disoit autrefois aux fidelles de Thessa-
« lonique ; qu'ayant appris leur foy et leur affection pour
« luy, et le souuenir charitable qu'ils auoient sans cesse
« de luy, desirant de le voir, comme il desiroit aussi de
« les voir, il se trouuoit consolé en eux, parmy toutes
« les persecutions, et les tribulations qu'il souffroit, leur
« foy luy seruant de remede dans tous ses maux. Car
« maintenant, leur dit il, nous respirons et nous viuons,
« si vous demeurez fermes au Seigneur : *Quoniam nunc*
« *viuimus, si vos statis in Domino*. Je vous assure, mes
« tres cheres enfans, que je ressens au regard de vous un
« semblable mouuement de charité et d'affection, quoyque
« beaucoup inferieur à celuy de ce grand Saint. Quel-
« ques trauerses que Dieu m'enuoye, et à quelques per-
« secutions qu'il m'expose pour la deffense de sa vérité,
« je respireray, quand je sçauray que vous estes toutes

(1) « Cette lettre est du 17 juin 1656. Voyez le VIIIe tome des Let-
« tres de M. Arnauld, p. 221. » Premier éditeur. — L'imprimé porte aussi : « J'avois la cadette de nos sœurs qui étoit du nombre; » phrase qui n'est pas dans le Ms.

« à Dieu : ce me sera une nouuelle vie d'apprendre que
« vous demeurez fermes dans le seruice de ce diuin
« Maistre. Je seray trop consolé, de quelque maniere
« que les hommes me déchirent, quand je pourray estre
« assuré que toutes mes filles benissent Dieu, non seule-
« ment de paroles, mais par une vie toute sainte, et digne
« d'enfans de Dieu. Je n'en excepte pas les plus petites.
« Nul âge, dit S. Ambroise, n'est incapable d'estre à
« Jesus Christ. Nous celebrions hyer la feste d'un Saint
« Enfant (1) qui, à l'âge de treize ans (2), merita de re-
« ceuoir de Jesus Christ la couronne du martyre. C'est
« une grace rare et singuliere, que Dieu fait à peu de
« personnes. Mais il y en a d'autres, dont les plus petites
« sont capables, telles que sont l'humilité, la docilité et
« la simplicité, qui sont tellement propres à cet âge,
« que c'est pour cela que Jesus Christ nous a enseigné
« que nous deuions estre semblables à de petits enfans,
« si nous voulions aspirer à son royaume. Il est vray
« neantmoins, mes tres cheres sœurs, que celles d'entre
« vous qui ont le bonheur d'auoir receu la plenitude
« du S. Esprit par l'onction sainte, et de participer à la
« chair diuine de Jesus Christ, sont encore plus obligées
« de témoigner leur gratitude, par une pieté qui corres-
« ponde à de si grandes graces. Si Dieu vous a donné de
« l'affection pour moy, c'est par là que je vous conjure
« de témoigner que vous m'aimez. Toute autre preuue
« de vostre amitié, separée de celle là, me donneroit
« plus d'affliction que de joye. Rien ne doit unir les
« chrestiens que ce qui les fait chrestiens, qui est
« l'amour de Dieu et l'union en Jesus Christ. C'est en

---

(1) « S. Cyr, » intercalé dans le texte par le premier éditeur.

(2) Sans tenir compte de la correction du Ms, le premier éditeur avait mis *trois*, mot biffé par l'auteur lui-même, nous le croyons.

« luy que l'on est present, dans l'absence même, et que
« l'on retrouue plus abondamment ce que l'on croyoit
« auoir perdu. On ne perd point ceux que l'on aime,
« lorsqu'on ne les aime qu'en celuy qu'on ne sçauroit
« jamais perdre. Cela n'empesche pas neantmoins, mes
« tres cheres sœurs, que pour finir par où j'ay com-
« mencé, je ne fasse pour vous la même priere que l'a-
« postre fait au même lieu, pour ceux qu'il a engendrez
« à Jesus Christ, en demandant à Dieu qu'il nous ramène
« vers vous, et qu'il nous donne une pleine et abon-
« dante charité, les uns enuers les autres, et enuers tous,
« comme de vous aussi enuers nous ; afin que nos cœurs
« soient fortifiez, et se conseruent sans reproche dans
« une vie sainte, en presence de Dieu Nostre Pere, en
« attendant la venuë de Nostre Seigneur, auec tous les
« saints (1). »

Voilà quel étoit le fonds du cœur de celuy qu'on décrioit et qu'on traittoit comme un ennemy de l'Eglise.
Il ne respiroit que charité, qu'union, et que douceur,
dans le temps même qu'on l'outrageoit auec le plus d'in-
dignité. Il s'oublioit en quelque sorte luy même, au
milieu de tous ces indignes traittemens, pour ne penser
qu'à établir de plus en plus la pieté dans le cœur de celles
dont Dieu luy auoit donné la conduitte. Il n'y a rien de
plus grand que d'estre ainsi attaché à Dieu, malgré toutes
les injustices des hommes. Et s'il est vray, comme dit
S. Augustin, qu'on n'entre dans la vérité que par la charité : *Non intratur in veritatem, nisi per charitatem*, on doit
dire d'un cœur tout rempli de charité, comme étoit celuy
de M. Arnauld, qu'il étoit bien éloigné de l'erreur et du
mensonge.

(1) Ce texte du Ms. offre quelques légères différences avec celui que
le premier éditeur a donné de cette lettre d'Arnauld.

Que si une vertu aussi affermie que la sienne ne put point estre ébranlée, lorsqu'il se voyoit séparé si injustement d'un corps, dont il faissit le principal ornement, ce coup nous parut à nous autres si sensible que nous auions peine à conceuoir comment Dieu pouuoit permettre que ses plus fidelles seruiteurs fussent outragez jusqu'à un tel point. Mais c'est que nous n'auions pas encore compris, aussi bien que ce docteur, le mystere de la croix de Jesus Christ, qu'il fait porter après luy à ceux qu'il aime, et de son calice qu'il partage charitablement auec eux. Nous auons eu neantmoins toute l'intelligence dans la suitte, par une espèce d'enchaisnement d'afflictions et de trauerses que nous auons éprouuées, et où même nous auons eu part comme les autres.

Mais nous receûmes, vers ce même temps, une relation des fleaux que Dieu exerçoit sur la ville de Naples, dans la même année 1656, qui deuoit sans doute bien contribuer à nous inspirer un vray mépris de la vie presente, par la veuë de tant de maux, que souffroient nos freres dans l'Italie, souz la main de Dieu, qui s'étoit si terriblement appesantie sur eux. Comme cette relation est originale, et tres capable de consoler ceux qui sont dans la souffrance, je crois qu'on ne sera point fâché de la voir ici toute entière.

« Par ce dernier ordinaire, nous n'auons point receu
« de nouuelles de Gennes. Ainsi je manque de la conso-
« lation que je reçois de vos bontez. Je ne sçay si je
« seray assez heureux pour acheuer cette lettre, ni en-
« suitte pour pouuoir esperer qu'elle vous sera renduë,
« ne sçachant à qui la donner pour la mettre à la poste,
« ayant perdu tous mes domestiques, par le malheur
« commun de cette ville. Naples n'est plus reconnois-
« sable que par ses édifices. Tout le peuple y est presque
« mort; et le peu qui reste n'oseroit s'assurer de sa vie

« pour un quart d'heure. La peste s'y connoist aisément,
« par les monceaux de corps morts, dont le nombre est
« si extraordinaire, que, du dimanche à la nuict de mer-
« credy, l'on en brusla plus de trois mille, sans com-
« prendre ceux qui furent enterrez. L'air, qui blanchit
« toujours en cette saison, par le voisinage des neiges
« qui sont sur la montagne voisine, s'y obscurcit par la
« quantité inconceuable de corbeaux, qui y sont attirez
« par les charognes, dont la puanteur fait la plus fatale
« partie de nos maux. L'on n'a plus le soin de tenir
« registre de ceux qui meurent. Ce seroit une chose im-
« possible : car il faut faire tout le tour de la ville, pour
« voir un homme pestiféré, qui puisse résister à la vio-
« lence du venin, qui attaque et tuë dans le même
« moment. Enfin nous mourons tous ; et sans une grace
« particuliere du ciel, personne ne peut euiter ce fleau :
« car qui éuite la peste, il faut de toute nécessité qu'il
« meure de faim. L'on voit les plus honnestes gens, et
« les plus qualifiez de la ville, chercher leur nourriture,
« ayant perdu tous ceux qui les pouuoient seruir à cet
« office. Les uns, sans chapeau et sans manteau, sont
« chargez de bois, comme des esclaues ; et les autres de
« pain et de vin, et de toutes les choses qui peuuent
« contribuer à leur prolonger quelque temps la vie.
« Tout ce qui peut seruir s'y achette au prix de l'or, et
« l'on se donne beaucoup de peine, pour ne viure qu'une
« heure. L'on voit les dames de la plus haute condition
« courir les ruës à demy nuës, ressemblant plutost à
« des spectres et à des ombres, qu'à des corps viuans ;
« elles cherchent auec beaucoup de peine et plus de
« danger quelque morceau de pain, et un peu d'huile,
« pour ne pas mourir dans l'obscurité, et éclairer la
« dernière heure de leur vie. La plus part meurent
« dans leurs maisons, ou de la faim, ou de la peste,

« sans assistance, de pere, de mere, ni d'enfans ; et
« l'amour, qui produisoit autrefois de si belles choses,
« fait bien connoistre qu'il ne s'entretient que dans la
« joye et l'abondance. Enfin l'or et l'argent, les pier-
« reries, et les plus riches meubles ne sont pas estimez le
« peu de pain qu'il faut pour conseruer la vie d'une
« journée entière. Dans une maison prochaine de celle
« où je loge, il mourut dimanche un cauallier, abandonné
« de tous ses gens. Sa mere et sa tante, femmes de haute
« qualité, moururent de faim deux jours après, étant
« tombées de leur lict, enseuelies dans leur ordure ;
« tant il est vray que la charité est morte en un lieu où
« l'inutilité des remedes est foible contre la violence du
« mal. Dans mon voisinage, il y auoit plus de mille per-
« sonnes, entre lesquelles il s'en trouuoit des tres riches :
« presentement le nombre est réduit à cinq femmes,
« quatre enfans et un prestre, lesquels ont tous la peste.
« Ma maison est exposée à tous ces dangers : par la grace
« de Dieu je vis encore ; mais je n'oserois assurer que
« j'aye le loisir d'acheuer cette lettre. Toutes les maisons
« sont marquées auec une croix blanche, qui est un
« signe de la mort des proprietaires, et de l'abandon des
« dittes maisons, après que tous les meubles et usten-
« siles plus sordides en ont été enleuez par les officiers
« royaux, qui ont fait écrire audessuz de la porte :
« CHAMBRE ROYALE. Je vous en écris beaucoup ; mais je
« vous assure que je n'en dis que la moindre partie :
« l'on ne voit que des morts et des mourans ; on n'en-
« tend que des soupirs et des plaintes ; et quand la foi-
« blesse et la langueur ne peuuent faire mourir, la
« puanteur et l'infection achèue l'ouurage. Les chiens
« et les chats ayant perdu leurs maistres courent les
« ruës, pour tâcher à se conseruer la vie : ils se jettent
« auec rage sur les corps morts, ou sur ceux que la peste

« n'a pas encore acheués, et qui par leur foiblesse ne
« peuuent resister à la violence que la faim leur suscite :
« et après auoir déuoré ou les uns ou les autres, de cette
« abominable nourriture, il s'en fait un poison si violent
« et si prompt, qu'ils meurent par la même voye qu'ils
« auoient prise pour se sauuer, et pour laisser en même
« temps un portrait à la postérité de la plus horrible
« misere qu'ait jamais causé la mort, quand elle a dé-
« solé les prouinces et les royaumes entiers. Combien
« voit on de personnes illustres par leur naissance, et
« considerables par leur merite, qui n'ayant pas de quoy
« satisfaire à l'auarice de ceux qui sont préposez par les
« magistrats, pour enseuelir les morts, se vont eux
« mêmes jetter sur les chariots qui emportent les pes-
« tiférez pour estre enterrez à la campagne, ou parmy
« les cadaures qui demeurent sans sépulture dans la
« ville ! Les maisons, les églises, et les boutiques sont
« fermées. Il ne se voit pas de medecins, d'apoticaires,
« ni de prestres : ainsy il faut mourir sans sacremens,
« sans remedes, et sans consolation. Les plus heureux
« sont ceux auxquels on met une corde au cou, parce
« qu'ils sont conduits à la campagne, pour y estre brûlez
« ou enterrez : les malheureux restent dans les ruës,
« pour seruir de pasture aux chiens et aux corbeaux ;
« enfin, pour finir la description de nos miseres, je vous
« diray que nos maux surpassent de beaucoup tous ceux
« que souffrirent les Juifs dans Jerusalem, souz les
« empereurs Tite et Vespasien. Aussi nos péchez ont
« ils éleué plus de vapeurs, dont se forme la foudre :
« et la main du Tout Puissant s'appesantit sur nous
« auec justice. — 1656. Juillet. »

Je ne dois pas oublier que ce fut pendant les assem-
semblées qui se tenoient en Sorbonne contre M. Arnauld,
que parurent les premieres lettres, si connuës sous le

nom de *Prouinciales* (1). M. Pascal (2), qui a été regardé auec raison comme l'un des plus grands esprits et des genies les plus forts de nostre siecle, étoit un laïque, fils de M. Pascal d'Auuergne, qui auoit autrefois la fonction d'Intendant à Rouën (3). Il auoit étudié toute sa vie les mathematiques, et c'est luy qui a inuenté cette celebre machine, qui sert à faire en un instant toutes les regles les plus difficiles de l'arithmétique, et qu'on peut considerer comme le dernier effort de l'esprit humain (4).

(1) La première parut, le 23 janvier 1656, en huit pages in-4° d'impression, sous le titre de : *Lettre écrite à un Provincial par un de ses amis*, titre dû au libraire ou aux amis de l'auteur. « Le public l'appela, « pour abréger, *la Provinciale*, consacrant par cette locution impropre « la popularité de la pièce. » M. Sainte-Beuve, *Port-Royal*, t. II, p. 554. — « Les premières lettres furent tout à fait anonymes; le pseudo- « nyme de Louis de Montalte ne vint que plus tard. » *Ibid.*, II. 78. p. 561.

(2) La conversion définitive de Blaise Pascal paraît être du 23 novembre 1654, époque à laquelle il demeure à Port-Royal des Champs, et ne fait plus qu'un avec les solitaires de cette maison.

(3) Après la révolte de Rouen contre des impôts nouveaux (voir plus haut, p. 19), Etienne Pascal y avait été envoyé, en qualité d'intendant de justice, de police et de finances, en 1640. Il y resta jusqu'au milieu de l'année 1648, où la Fronde supprima tous les intendants. — Son fils Blaise demeura avec lui, à Rouen, de 1640 jusqu'à la fin de l'année 1647.

(4) Pascal l'inventa, à Rouen, pour venir en aide à son père qui, obligé de réformer les rôles de toutes les paroisses de la généralité, n'avait pas moins de 14 Elections, comprenant plus de 1,800 paroisses. C'est en 1641, à dix-huit ans, qu'il s'en occupa et la perfectionna jusqu'en 1645. « Il se trouva qu'elle revenoit à quatre cents livres au « moins, et qu'elle étoit si difficile à faire, qu'il n'y a qu'un ouvrier, « qui est à Rouen, qui la sache faire; encore faut-il que Pascal y soit « présent. » *Les Historiettes de Tallemant des Réaux* (Edit in-12. 1846), t. V, p. 137. Il obtint un privilége, le 22 mai 1649, et le Conservatoire des Arts-et-Métiers de Paris en possède une avec cette espèce de certificat : « *Esto probati instrumenti hoc, Blasius Pascal Arvernus,* « 1652. »

S'étant donc accoutumé, par l'étude de cette science, qui est toute de demonstrations, qu'on ne sçauroit contester, à auoir un amour singulier de la verité, il ne pouuoit supporter les chicanes et les disputes perpetuelles des scolastiques, qui ne seruent tres souuent qu'à l'embroüiller, au lieu de l'éclaircir.

Ce fut ce qui luy donna la pensée (1), en voyant tout ce fracas qui se faisoit en Sorbonne contre un seul docteur, souz pretexte de la foy, quoyqu'il ne s'agist proprement de rien, sinon d'opprimer un tres sçauant Theologien qu'on n'aimoit pas, de faire voir le ridicule d'un tel procédé, et de mettre dans tout son jour la matiere dont il s'agissoit alors; afin que tout ce mystere étant decouuert, et rendu, pour le dire ainsy, sensible aux femmes mêmes, tout le monde se rassurast, dans la crainte qu'il pouuoit auoir, qu'il ne s'agist dans cette affaire de quelque grand point de la Religion. C'est ce qu'il fit auec tant de netteté, d'élegance et d'agrément, dans la premiere de ses Lettres, qu'il fit paroistre, que tout Paris et toute la France fut dans l'admiration de voir qu'on pust mettre dans une si grande éuidence des

---

(1) Elle serait née du récit d'une conférence qui eut lieu entre les frères Perrault, M. Pepin et quelques amis, vers le 15 janvier 1656, à l'époque où la Sorbonne s'assemblait pour condamner Arnauld. « Mon « frère, le receveur, raconta cette conférence à M. Vitart, intendant de « M. le duc de Luynes, qui demeurait à Port-Royal, et lui dit que « messieurs du Port-Royal devaient informer le public de ce qui se « passait en Sorbonne, contre M. Arnauld, afin de le désabuser de la « croyance où il était qu'on accusait M. Arnauld de choses fort atroces. « Au bout de huit jours, M. Vitart vint au logis de mon frère, le rece-« veur, qui demeurait avec moi dans la rue Saint-François, au Marais, « et lui apporta la première Lettre Provinciale, de M. Pascal. « Voilà, « lui dit-il, en lui présentant cette lettre, le fruit de ce que vous me « dites, il y a huit jours. » *Mémoires de Charles Perrault*, en tête de ses *Œuvres choisies*. Edit de Collin de Plancy, 1826, p. XVI.

questions si subtiles, et les faire lire en même temps d'une maniere si agreable. La premiere n'eut pas été plutost luë, qu'on aspiroit auec impatience à voir la seconde ; et ainsy des autres, que les premiers magistrats, comme M. de Bellieure, alors premier president, donnoient ordre qu'on leur apportast, dans l'instant qu'elles paroissoient (1). Mais il falloit bien plus de temps pour les faire, que pour les lire, et il coûtoit infiniment à l'autheur, pour leur donner cette brieueté charmante (2), et cette naïueté inimitable, jointe à une pureté parfaitte de style, qui les ont fait regarder de tous les habiles gens, comme l'ouurage le plus acheué en toutes manieres, qui parut jamais en nostre langue.

Quand M. Pascal vit que ces Lettres, en forme de dialogues, étoient tout à fait au goust du public, il porta ses veuës plus loing : et considerant auec douleur que toute la Faculté de Theologie se donnoit de si grands mouuements, et que tous les Moynes s'agitoient auec un zele si

---

(1) Le 2 février 1656, on avait arrêté Savreux, l'un des libraires et imprimeurs ordinaires de Port-Royal, et on avait mis les scellés sur les imprimeries de Petit et Desprez, les deux autres libraires et imprimeurs de Port-Royal. « Mais, le lendemain, un des garçons de Petit « alla trouver le Premier Président de Bellièvre avec la seconde *Pro-* « *vinciale* toute fraîche, voulant lui prouver par là qu'on n'avait pu « l'imprimer chez Petit, où il y avait le scellé. » M. Sainte-Beuve, *ibid.*, II, p. 555. — Cette seconde lettre est datée : « De Paris, ce « 29 janvier 1656, » et le porteur s'appelait Margotin. — Composées, rue des Poiriers (Poirées?), dans l'auberge du Roi David, à deux pas du collége des Jésuites, rue Saint-Jacques, *les Provinciales* étaient imprimées, rue de la Harpe, dans le collége d'Harcourt, par les soins du principal, M. Fortin, qui en recevait les copies de Picard, laquais de Pascal. Voir le *Recueil d'Utrecht*, p. 278, et M. Cousin, *Blaise Pascal*, pp. 344-345, édit. in-18, Pagnerre, 1849.

(2) Ce passage explique le *Post-scriptum* de la seizième Provinciale, où Pascal dit : « Je n'ai fait celle-ci plus longue que parce que je n'ai « pas eu le loisir de la faire plus courte. »

violent, au sujet de deux propositions, dont l'une, n'étant que de fait, ne pouuoit fort inquieter les fidelles, et l'autre qui étoit de foy, se soutenoit par plus de soixante et dix Docteurs des plus habiles, comme la propre doctrine de S. Chrysostôme et de S. Augustin, il résolut d'exposer aux yeux, non seulement de cette même Faculté, mais encore de tous les éuesques, un sujet plus digne de leur zele pour la pureté de la doctrine de l'Eglise, c'est à dire les maximes si corrompuës de la morale relâchée des casuistes, répanduës dans tous leurs différens liures. C'est ce qu'il executa dans toutes les Lettres suiuantes, d'une maniere qui répondoit si parfaittement à son dessein, que l'on ne craint point de dire que, soit dans les railleries fines, soit dans le style serieux, soit dans le sublime, jamais ouurage n'a égalé celuy là; et que ceux mêmes qui croyoient que leur réputation s'y trouuoit interressée, ne pouuoient presque le blâmer que, de ce qu'étant trop belles, elles imposoient en quelque sorte, à la vérité, par leur incomparable beauté. Il est vray donc qu'ils se plaignirent, et qu'ils se plaignent encore, tous les jours, de l'infidélité de M. Pascal, dans la citation des passages qu'il exposoit à l'horreur de tous les fidelles. Mais c'est de quoy cet autheur se mettoit fort peu en peine, ayant pour garands de sa bonne foy toutes les citations mêmes tres exactes de ces passages dont ils se plaignoient; et ne craignant pas qu'on pust le conuaincre d'en auoir cité un seul faux. Aussy, je me souuiens sur cela de ce qui arriua un jour à Rouën à M. Bartet (1), secrettaire du cabinet. S'étant trouué en une grande compagnie, où l'on tomba sur cette

(1) Isaac Bartet, né au pays Basque, obtint, par la faveur de Mazarin, la charge de secrétaire du Cabinet, sous la régence d'Anne d'Autriche. L'imprimé a mis « Barlet, » et, plus loin, « Bastet, » tant tous les noms propres de personnes et de lieux sont, le plus souvent, défigurés.

matiere, un de ceux qui étoient presens se mit à dire que les lettres prouinciales étoient remplies de fausses citations ; et pour preuue de ce qu'il disoit, il en marqua une en particulier, que l'on voulut verifier sur le champ, sans pouuoir effectiuement trouuer le passage. Sur cela on se mit à triompher, et à traiter M. Pascal de calomniateur. Mais M. Bartet, qui connoissoit la bonne foy de ces messieurs, qu'il auoit été visiter souuent de la part du cardinal de Mazarin, dit tout d'un coup, deuant la compagnie, qu'il gageoit mille écus, qu'il étoit prest de consigner, que ce passage n'étoit point cité à faux. On demeura un peu étourdy, lorsqu'on vit un homme de la cour, et qui étoit tout au cardinal, faire une telle gageure. Mais on le fut dauantage, lorsque, quelques jours après, il presenta une lettre de M. Arnauld, à qui il en auoit écrit, par laquelle il luy marquoit, que l'édition qu'on auoit citée dans la prouinciale, n'étoit pas celle qu'on luy auoit montrée, mais une autre d'une telle année, où il trouueroit le passage cité, ainsi qu'il le trouua en effet, et qu'il le fit voir (1).

Ces lettres de M. Pascal eurent donc dans le public tout le bon succès qu'il s'étoit proposé. Car outre qu'elles donnerent à tous les gens non entestez, la juste idée qu'ils deuoient auoir de ces assemblées irrégulieres de la Faculté et du fruit qu'elles pouuoient produire, elles firent conceuoir à tous les fidelles une sainte horreur de tant de maximes detestables de plusieurs casuistes modernes, qui vouloient passer dans l'Eglise pour de

(1) Ces vingt-deux lignes du Ms. avaient été résumés en dix lignes par l'imprimé (p. 153), qui les fait suivre de ce passage, non conten dans le Ms. : « Les Curés de Rouen vérifierent tous les passages, et « eurent occasion de voir combien on avoit épargné les auteurs, en « ne marquant pas toutes les propositions abominables qu'ils ont « avancées. »

grands maistres en fait de morale ; et elles exciterent en même tems, c'est à dire en l'année 1656, le zele de plusieurs pasteurs, premierement des curez de Roüen, qui auoient à leur teste le sauant abbé d'Aunay, curé de S. Maclou (1), et ensuitte des curés de Paris, de Sens, d'Amiens, d'Eureux, d'Angers, de Lisieux et de plusieurs autres villes considérables. Tous ces curez s'étant assurez par eux mêmes, et auec une entiere exactitude, de la pernicieuse doctrine des casuistes relâchez, en solliciterent la condamnation auprès des Euesques (2). Et les prelats la censurerent publiquement, chacun dans leur diocèse, aussi bien que le Pape et la Sorbonne, lorsqu'elle parut exposée tout de nouueau dans un liure qui portoit pour titre : *Apologie pour les Casuistes* (3) ; ainsy qu'il se voit par le Bref du Pape, les diuers Mandements de ces Prelats, et le Decret de la Faculté.

---

(1) Charles Dufour, curé de Saint-Maclou de Rouen, en 1641 ; député pour le clergé aux Etats de Normandie, en 1643 : abbé d'Aulnay, en 1653 ; trésorier de la cathédrale de Rouen, en 1655. Les curés de Rouen publièrent, vers cette époque, deux requêtes adressées, l'une à leur archevêque, l'autre à l'Official.

(2) Il y a, dans les œuvres de Pascal, un « Factum pour les curés « de Rouen contre un livre intitulé : • *Apologie pour les Casuistes* « *contre les calomnies des Jansénistes* : à *Paris*, 1657 ; et contre ceux « qui, l'ayant composé, imprimé et publié, osent encore le défendre. » Il a pour date : « A Rouen, le 15 février 1658. » — On croit que Nicole et Arnauld ont fourni les matériaux des différents *Factums* des curés de Paris et d'ailleurs, et que Pascal les mettait en ordre. Mais Ch. Dufour était bien en état de se passer de tout secours étranger.

(3) L'*Apologie pour les Casuistes contre les calomnies des Jansénistes*, 1657, est du P. Pirot, jésuite, mort le 6 octobre 1659.

CHAPITRE XII.

— 1657. —

M. Le Maître rentre à Port Royal des Champs, par l'entremise de M. Bartet. — Ses démarches auprès de Mazarin. — M. Le Maître choisit du Fossé pour demeurer avec lui et complète son instruction. — Leurs travaux et leur genre de vie. — La traduction de saint Jean Climaque. — Du Fossé en examine les manuscrits, à Paris. — Sa diplomatie pour celui de la bibliothèque du chancelier Seguier. — Réflexions sur les Curieux. — Traduction nouvelle de ce Père grec par MM. Le Maître et du Fossé. — Ce dernièr songe à se retirer dans l'abbaye de Saint-Cyran. — Il consulte son père et se met en route. — Orléans, le pont de Beaugency, Tours. — Aventures de voyage. — Loches, Châtillon, Saint-Cyran. — Description de cette abbaye. — Caractère de l'abbé, M. de Barcos. — MM. Guillebert, Gédoyn, Destouches, de Flessel, Deslandres. — L'ennui s'empare de du Fossé. — Discussion avec l'abbé de Saint-Cyran. — Projet de retourner à Port-Royal. — Entrevue orageuse avec l'abbé de Saint-Cyran. — M. Guillebert engage du Fossé à quitter Saint-Cyran. — Visite aux forges d'Azay-le-Ferron. — Description des travaux. — Nombreux aspics à Saint-Cyran. — Retour auprès de M. Le Maître.

Après m'estre un peu étendu à rapporter ce qui se passa touchant les affaires generales, je reuiens presentement à ce qui me regarde en particulier. M. Le Maistre, qui auoit été obligé de sortir de Port Royal, aussi bien que nous et que tous les autres, comme je l'ay dit auparauant (1), laissa passer cette espece de tempeste qu'il

(1) Voir plus haut, p. 245.

regarda comme un houragan, qui, pour estre si violent, pourroit bien ne pas durer. M. Bartet, secretaire du cabinet, de qui je viens de parler, homme fort entreprenant, et qui étoit dans l'intrigue du cardinal Mazarin, étoit venu, comme je l'ai dit plusieurs fois à Port Royal, soit que le cardinal se seruist de luy adroittement, pour connoistre si ceux qui y demeuroient n'auoient point quelque intelligence auec le cardinal de Retz, qu'il n'aimoit pas ; soit pour quelque autre raison qui ne m'a point été connuë. Quoy qu'il en soit, il auoit fait, je ne sais comment, une liaison particuliere auec M. Le Maistre, luy qui ne voyoit presque personne de tous ceux qui venoient ainsy du dehors. Car comme il étoit fort entrant, insinuant et souple de son naturel, il auoit trouué moyen de le voir toutes les fois qu'il étoit venu à Port Royal, esperant peut estre que, comme il étoit un des principaux de la maison, il pourroit mieux découurir dans son entretien quelque chose de ce que le cardinal souhaittoit principalement sauoir (1) ; ou cherchant aussy à se satisfaire luy même dans la conuersation d'une personne si remplie d'esprit, luy qui assurément en auoit beaucoup. Mais ce qui n'étoit qu'humain ou politique de la part du sieur Bartet, étoit, dans l'ordre de la diuine Prouidence, un moyen dont elle se seruit dans la suitte, pour procurer le retour de M. Le Maistre dans sa chere solitude. Car ayant quitté le monde, comme il auoit fait, et renoncé si parfaittement à la veuë de tant d'objets qui l'auoient blessé, il ne pouuoit plus qu'auec une extrême peine y retourner. Et c'étoit pour luy y retourner en quelque façon, que d'estre arraché à ce desert où il trouuoit de si grands charmes à porter le joug du Seigneur, dans l'éloignement de tous les hommes du siecle. Après donc qu'il en

(1) C'était, comme on l'a vu plus haut, une créature de Mazarin.

eût été priué pendant quelque temps, et qu'il jugea que les ennemis de Port Royal, satisfaits d'en auoir chassé tous ceux qui les chagrinoient, ne songoient plus à eux, il fit prier M. Bartet, qui lui auoit témoigné tant d'amitié, de vouloir bien luy rendre ce seruice, de demander au cardinal, pour luy et pour un de ses amis, la permission de retourner à Port Royal, où il pouuoit assurer Son Eminence, par la connoissance certaine qu'il en auoit euë luy même, que toute son occuppation étoit de lire l'Ecriture Sainte, de traduire quelques ouurages des Peres de l'Eglise, et de trauailler à la Vie des Saints. Le cardinal, dont l'humeur étoit pacifique, et qui se mettoit assez peu en peine de ce qui ne touchoit point ses interets, luy accorda aisément ce qu'il luy demandoit, tant pour soy même que pour un amy, dont il desiroit la compagnie. Je fus heureusement celuy sur qui M. Le Maistre jetta les yeux, quoyque je fusse encore si jeune(1), pour m'associer auec luy dans sa solitude comme son amy.

Il auoit conceu une bonté toute particulière pour moy, dès le temps que je demeurois aux Granges auec M. de Villeneuue, son cousin germain, mon camarade d'études. Et je me souuiens même que, tout écollier que j'étois, il me faisoit fort souuent venir dès lors dans sa chambre, où il me donnoit des instructions tres solides, tant pour les études que pour la pieté. Je luy eus même l'obligation de ce qu'il me fit connoistre dans ces temps là une chose tres importante pour mon salut, que je ne connoissois pas. Pour tout ce qui regardoit les humanitez et les sciences, il me donnoit en maistre, mais en maistre tres habile, des leçons que je n'ay jamais depuis oubliées. C'étoit une distinction qu'il faisoit de moy dès lors, qui m'étoit bien

(1) En 1657, du Fossé avait vingt-trois ans.

auantageuse, lorsqu'en négligeant en quelque sorte son propre cousin, qui auoit, comme j'ay dit, d'autres pensées, il s'appliquoit à me former peu à peu sur des règles qu'il possedoit si parfaittement (1). Il me lisoit ou me faisoit lire des endroits choisis des poëtes ou des orateurs, et m'en faisoit remarquer toutes les beautez, soit pour la force du sens, soit pour l'élocution. Il m'apprenoit aussy à prononcer, comme il faut, les vers et la prose ; ce qu'il faisoit admirablement luy même, ayant le ton de la voix charmant, auec toutes les autres parties d'un grand orateur (2). Il me donnoit aussy, outre cela, plusieurs règles pour bien traduire, me faisant comprendre combien l'art d'une traduction fidelle, noble et élégante, étoit difficile et important (3). En un mot, il n'oublioit rien de ce qu'il jugeoit le plus propre pour me donner du goût pour l'étude et pour me faciliter les moyens d'y auancer.

Mais s'il m'auoit témoigné, dès ce temps là, un amour de distinction, qui me fut si auantageux ; ce nouueau choix qu'il eut la bonté de faire de moy, en demandant au cardinal la permission que je pusse l'accompagner en un lieu, que je regardois comme mon pays et mon air natal, fut pour moy un auantage encore plus grand. Car il me regarda alors véritablement comme un amy, qui deuoit estre le compagnon de sa solitude. Je quittay

(1) Ces cinq lignes ont été biffées dans le Ms.
(2) M. Le Maître avait aussi donné des leçons au *petit Racine*, comme on le voit par la charmante lettre qu'il lui écrivit, de Bourg-Fontaine, en 1656.
(3) Voir, à l'*Appendice XI*, les « excellentes règles de la traduction « que M. Le Maître fit en sa faveur (de du Fossé), et que Fontaine « trouve si belles qu'il ne peut s'empêcher de les rapporter ici » (dans ses *Mémoires*, t. II, p. 176-178). C'est, en effet, ce qu'on a dit, avant et après Rollin, de plus sensé et de plus judicieux sur la matière. Rien n'a vieilli de ces remarques de M. Le Maître, que du Fossé avait communiquées à Fontaine.

donc notre petit établissement de Paris (1), pour m'en retourner à Port Royal, où je le trouuay qui m'attendoit et qui me receut auec une affection toute singuliere. Nous étions logez en un quartier séparé de tous les autres bâtiments, et qu'on pouuoit regarder comme une nouuelle solitude au milieu de celle de ce desert. Ce quartier se nommoit *de S. Antoine*, patron de M. Le Maistre ; et le logement que nous occupions étoit au dessuz d'un grand jardin assez agréable, qui portoit le même nom (2). Là nous réglâmes tout nostre temps, en sorte que les religieux ne sont gueres plus exacts à tous les deuoirs de leur règle, que nous l'étions à ceux que nous nous étions prescrits (3).

Comme il auoit eû, quelque temps auant que nous sortissions de Port Royal, une maladie dangereuse, qui lui laissa des restes fâcheux, qui ne lui permettoient plus, comme autrefois, de se leuer de si grand matin (4), je trouuay qu'il auoit fixé l'heure de son leuer à quatre heures ou à quatre heures et demye. Après que nous auions fait nos prieres et nos lectures particulieres, et entendu la Messe, nous trauaillions ensemble à quelque traduction. Et il s'attacha si fort à m'en faire bien comprendre et prattiquer en même temps toutes les règles, que je peux dire qu'il me procura une tres grande faci-

(1) La rue des Postes, où il demeurait avec M. de Tillemont. Voir plus haut, p. 253.

(2) Dans un *Plan de l'Abbaye de Port-Royal des Champs*, *vue à vol d'oiseau* (*Port-Royal*, de M. Sainte-Beuve, t. V, p. 121), on voit, vers le nord, un grand bâtiment, marqué D, et, devant, un jardin, marqué F. La légende porte : « D Logement de Messieurs; F Jardin de « Messieurs. »

(3) Voir, dans le *Svpplement au Necrologe de Port-Roïal*, le tableau donné par M. Giroust, des « Exercices de piété des solitaires de Port-« Royal des Champs. » 1735, in-4°, Ire partie, p. 19-29.

(4) Le tableau dit : « Ils se levent tous les jours à 3 heures du « matin. »

lité dans cette maniere d'écrire, dont ceux qui en ont l'experience connoissent la difficulté. Lorsqu'il me jugea en état de le seconder dans ce trauail, il résolut de reuoir la traduction de S. Jean Climaque, qu'on auoit faitte quelque temps auparauant (1). Et comme il sut par M. d'Herouual, homme deuenu celebre parmy les sçauans par son grand zèle pour la découuerte des belles choses de l'antiquité, qu'il y auoit dans la bibliotheque de M. Seguier, chancelier de France, plusieurs manuscrits de ce Pere grec, auec des commentaires du sauant Elie, archeuesque de Crete, qui pouuoient seruir beaucoup à l'intelligence des endroits obscurs de son liure, il me proposa de faire un voyage à Paris, pour aller examiner ces manuscrits, et en prendre ce que je croirois le plus propre pour notre dessein. J'y allay donc et je logeay chez M. de Bernieres, qui m'aimoit comme s'il auoit été mon pere, et qui m'appeloit ordinairement son fils aîné (2). Je trouuay par le moyen de M. d'Herouual, et d'un autre de mes amis, toute entrée dans la bibliotheque tres magnifique du chancelier, qui étant luy même tres sçauant, auoit de la joye que ses liures, et ses manuscrits, qui étoient en fort grand nombre, pussent seruir au public (3). Mais comme je sceus qu'entre les manuscrits

---

(1) Cette traduction était de M. Arnauld d'Andilly.

(2) Charles Maignart de Bernières, conseiller au Parlement de Paris et maître des Requêtes, avait résigné sa charge en 1649, et recueilli, dans sa terre du Chesnai, une partie des élèves de Port-Royal. — Voir plus haut, p. 245 en note et à l'Appendice X.

(3) « Le chancelier, amateur éclairé de bons et rares livres, ayant
« remarqué dans la bibliothèque du chapitre (de Rouen), deux exem-
« plaires des *Conciles d'Espagne*, désira en avoir un; on les lu
« présenta tous les deux, et il en choisit un, qui lui fut donné
« par le chapitre. » *Reg. capit. Eccles. Rothom.*, 12 janvier 1640. —
M. Floquet, *Diaire ou Journal de voyage du chancelier Seguier, en Normandie*, p. 127.

de cette bibliotheque, nouuellement apportez du Leuant par un moyne grec, et scellez, il y en auoit un de S. Climaque, qu'on disoit estre tres beau et tres ancien, j'usay d'adresse, auec le sieur Blaise, bibliothequaire, afin d'engager ce moyne à nous le montrer, quelque grande répugnance qu'il y eust. Nous lui parlâmes d'un autre de la bibliotheque du Roy, que nous jugions pouuoir estre ancien de huit cents ans, et dont nous luy releuâmes beaucoup la beauté extraordinaire et l'exactitude. Il nous dit qu'il en auoit un, et des plus anciens et des plus beaux. Nous lui temoignâmes estre persuadez que celui du Roy surpassoit le sien en antiquité et en beauté, puisque tous ceux que nous auions veûs jusqu'alors, ne pouuoient luy estre en aucune sorte comparez. Enfin nous sceûmes le pousser si viuement, et nous le piquâmes si bien d'honneur, qu'il ne put point soutenir cette espece d'insulte que nous faisions à son manuscrit. Car un curieux d'antiquailles, soit de manuscrits, soit de statuës, de tableaux ou de médailles, est jaloux merueilleusement de ses curiositez, qu'il regarde comme son thresor, et dont il se fait une espece de felicité ; et il est presque toujours prets à liurer des batailles, pour donner la préférence aux differentes pieces de son cabinet, pardessuz celles de tous les autres. C'est ainsy que ces sortes de sçauants sont faits, trouuant le moyen de releuer d'un air pompeux, et d'un ton de voix plein de grauité, des choses qui tres souuent ne sont que des bagatelles (1). Cependant ce moyne, dont je parle icy, auoit plus de raison de faire l'éloge de son manuscrit. Car, après que nous l'eûmes fait enfin résoudre à nous faire voir ce liure, nous y trouuâmes la

---

(1) La Bruyère ne parle pas autrement des divers *curieux* qu'il passe en revue dans ses *Caractères*, au chapitre *De la Mode.*

chose du monde la plus suprenante. Un manuscrit apporté nouuellement du Leuant, se trouue si parfaittement conforme à celuy de la bibliotheque du Roy, venu de la bibliotheque du grand duc (1), qu'il nous parut que non seulement il étoit écrit du même temps, mais de la même main, tant les caractères étoient semblables. Et toutes les leçons qui, dans le manuscrit du Roy, étoient differentes de tous les autres manuscrits, se trouuoient les mêmes dans le manuscrit du moyne grec. En sorte qu'il paroissoit visiblement que ces deux auoient été coppiez sur le même original, ou l'un sur l'autre.

Je fus raui de trouuer cette parfaitte conformité entre ces deux manuscrits, les plus anciens sans comparaison de tous. Et cela nous détermina à nous arrêter plus particulièrement à celui de la bibliotheque du Roy, que nous auions entre les mains. Je lus aussi les Commentaires d'Elie de Crete, dont je transcriuis tout ce que je jugeay à propos. Et ce trauail dura bien quinze jours ou trois semaines. Ce fut une vraye fatigue pour moy. Car je partois le matin de chez M. de Bernieres auec un pain dans ma poche, et je passois la plus grande partie du jour dans la bibliotheque, m'en reuenant, vers le soir, souper chez mon hoste, qui n'étoit pas peu étonné, sans doute, de cette étude si laborieuse et si sèche pour un jeune homme. Mais le plaisir que j'auois de songer à celuy que je donnerois à M. Le Maistre, en lui portant ces commentaires qu'il desiroit auec ardeur, me rendoit douce cette fatigue ; car il n'y a rien de pénible à celuy qui aime.

Nous fismes donc, luy et moy, sur ces manuscrits de S. Jean Climaque, une reueuë ou pour mieux dire une

---

(1) Le Ms. portait primitivement : « Venu de Florence et de la « bibliothèque du grand-duc. »

nouuelle traduction des ouurages de ce Pere. J'auouë que, comme il étoit beaucoup plus accoustumé au trauail que moy, je pensay me tuer à le vouloir suiure, dans ce premier essay de mes forces. Car nous étions d'une grande inegalité; et un jeune homme, comme j'étois, se trouuoit mal assorty auec un homme consommé dans le trauail de l'étude. Mais enfin j'y resistay, et je m'en tiray comme je pus; luy laissant, après auoir acheué sur le grec toute la traduction de cet autheur, qui est souuent tres obscur, le soin qu'il prit de faire sa vie, et d'ajouter, à la fin du liure, ces beaux éclaircissemens des endroits les plus difficiles, où il se seruit beaucoup de l'extrait que j'auois fait des Commentaires d'Elie de Crete sur les ouurages de ce Pere grec.

Cependant, soit qu'un trauail si penible m'eust dégoûté; soit que la legereté si naturelle à la jeunesse, et l'amour du changement se cachast en quelque sorte à moy même, souz le pretexte d'une plus grande ferueur de déuotion, je me sentis pressé interieurement par je ne sçay quel instinct de me retirer tout à fait dans l'abbaye de S. Cyran, où quelques personnes de ma connoissance s'étoient déjà retirées. J'en parle ainsy, parce qu'il parut visiblement par la suitte, qu'il y auoit peu de solidité de ma part dans ce dessein. Comme je sçauois qu'il ne pourroit agréer à celuy qui m'auoit fait cette grace de m'associer auec luy, comme son amy, dans sa solitude, je ne pus point me résoudre de luy en parler. Mais j'en écriuis à mon pere, qui en écriuit à l'abbé de S. Cyran. Il luy fit réponse, par une lettre que mon pere m'enuoya. Et j'auouë que la lecture de cette lettre me surprit fort, et me fit presque changer de dessein. Car il s'expliquoit de telle sorte, sur la bonne volonté nécessaire pour l'état où je voulois m'engager, que je compris qu'encore qu'il ne demandoit que cette bonne volonté, qu'il disoit estre tres rare, il faisoit entendre aussy que, sans elle, on ne pouuoit se sauuer. Ainsy il me paraissoit prouuer, en quelque façon, par un tel raisonnement, qu'il ne falloit autre chose, pour estre religieux de S. Benoist, que pour estre bon chrestien. Je pus bien sans doute me tromper, en expliquant mal le sens de sa lettre, quoy que d'autres l'expliquérent comme moy. Quoy qu'il en soit, je me sentis tout bouluersé, après l'auoir leuë. Et si je ne me fusse point veû si auancé, j'aurois rompu sur le champ la partie. Mais je ne pus m'y résoudre, après que toutes mes mesures auoient été prises auec mon pere, auec M. de Singlin et l'abbé de S. Cyran. Et un certain point d'honneur m'engagea à executer ce que j'auois entrepris; c'est à dire à faire le voyage de S. Cyran, sauf à reuenir, si je ne pouuois m'y accommoder. Ce n'étoit au fonds qu'un voyage qui ne pouuoit qu'agréer à un jeune homme. Et pour la dépense, je ne m'en mettois point en peine, puisque mon pere vouloit bien la faire. Je pris donc congé de M. Le Maistre qui, étant aussi sage qu'il étoit, ne voulut point me rien témoigner du juste sujet qu'il auroit eû de se plaindre de ce secret que j'auois si mal à propos gardé à son égard, et qui eut une vraye douleur de me voir partir pour un voyage, dont il jugeoit bien que le succès ne seroit autre qu'un prompt retour. C'étoit au milieu de septembre de l'année 1657.

Je trouuay à Orleans un de nos amis nommé M. Gedoüin (1), homme d'une rare vertu, et qui s'est jusqu'à la fin de sa vie soutenu d'une manière admirable dans la pieté et la penitence. Comme il s'étoit disposé à aller dans

(1) Etienne Gedoyn, seigneur de l'Ormoys, conseiller et secrétaire du roi, se retira, d'abord à Port-Royal des Champs, et ensuite à Saint-Cyran, où il obtint seul du roi, avec M. Le Pelletier des Touches, la permission de rester, après la mort de l'abbé Martin de Barcos (1678).

ce même temps à Saint Cyran, on l'engagea à m'attendre à Orléans, afin qu'il m'accompagnast dans ce voyage, luy qui auoit beaucoup plus d'experience et de sagesse que moy. Nous baissâmes sur la Loire jusqu'à Tours, et je me souuiens qu'en approchant du pont de Baujency (1), qui est dangereux, tous ceux qui joüoient dans le batteau, et qui se diuertissoient, en faisant grand bruit, n'eurent pas plutost apperceu les batteliers prendre de loin leurs mesures, pour éuiter le péril, en passant adroittement sous l'une des arches du pont, qu'ils quitterent toutes les cartes et cesserent tous les jeux. C'étoit un silence et un interdit, comme de gens qui se regardoient en quelque façon entre la mort et la vie. Car si les batteliers manquent à prendre leurs mesures, comme il faut, en sorte que le batteau, étant emporté par le cours rapide de l'eau, qui va de biais en cet endroit, aille donner contre un des pilliers du pont, il est renuersé dans le moment, auec ceux qui sont dedans, sans qu'il soit aisé de s'en sauuer (2). Dans l'instant que notre batteau fut passé heureusement, chacun oubliant le peril que l'on venoit d'éuiter, reprit le jeu ; et le bruit confus recommença comme auparauant. Et c'est ainsy que, dans les grandes maladies, et aux approches d'une mort que l'on regarde comme presente, il y en a peu qui ne fassent remarquer sur leur visage, et dans leurs paroles, une espece de repentir de leurs crimes, et qui ne témoignent renoncer aux diuertissements criminels du monde. Les cartes leur tombent alors des mains, pour parler ainsy, au passage d'un pont perilleux ; mais re-

---

(1) Beaugency, département du Loiret, arrondissement d'Orléans.
(2) Une lettre de Mme de Sévigné (mercredi 3 mars 1671) nous apprend que le passage du pont d'Avignon n'était pas plus commode, et elle gourmande M. de Grignan d'avoir dit que : « le Rhône n'était « que de l'eau. »

uiennent ils de cette maladie ? aussitost que le peril est passé, on leur voit reprendre le jeu, et retourner à leurs dereglemens, sans se souuenir de ce qui leur est arriué.

De Tours, nous prîmes une cariole d'Huguenots, pour aller à Loches, qui en est éloigné de huit grandes lieuës (1). Ces Huguenots nous tromperent, en nous persuadant que ce lieu où ils alloient ne nous détourneroit pas de nostre chemin. Car ce fut pour nous au contraire un détour considerable, qui pensa estre cause que nous couchassions dans les bois, ou bien au milieu des eaux. Nous étant trouuez à l'entrée d'une forets, au milieu d'une nuit obscure, sans pouuoir juger lequel des deux chemins, également battus, nous deuions prendre, nous demeurâmes assez longtemps sans pouuoir nous déterminer, ni découurir qui que ce fust qui pust nous tirer de cet embarras. Enfin nous abandonnant à la Prouidence, nous fûmes assez heureux pour prendre le vray chemin. Mais après estre sortis du bois, nous nous vîmes engagez dans une route, dont la voye étoit trop étroitte pour nostre cariole. Alors le chartier s'emportant, et jurant, comme un demon, nous désoloit par ses cris, et par ses juremens (2). Ayant mis pied à terre, nous luy fismes comprendre, le mieux que nous pûmes, l'inutilité de tous ses emportemens, et la necessité ineuitable de souleuer à force de bras la cariole, pour pouuoir la faire passer audessuz d'un lieu si étroit. Aussitost dit, aussitost fait. Nous nous employâmes en même temps de toutes nos forces à la souleuer, et prouuâmes à cet homme que cette maniere étoit sans comparaison plus efficace que ses

(1) Indre-et-Loire, chef-lieu d'arrondissement.
(2) Le texte porte *sermens*, par inadvertance sans doute, le mot *juremens* revenant plus loin.

juremens pour nous faire sortir de ce méchant pas. Mais de ce malheur nous tombâmes aussitost après dans un autre, nous étant trouuez à l'entrée d'un gué assez profond, où toutes nos hardes furent moüillées. C'étoit pourtant le veritable chemin ; mais un chemin difficile et dangereux, surtout la nuit, où l'on ne sçait ni ce qu'on fait, ni où l'on va. Nous arriuâmes enfin à Loches, tres fatiguez. Et le lendemain nous ne laissâmes pas, auant que de partir, d'en aller voir le château, qui est gardé, et de monter à la Tour, qui est d'une prodigieuse éleuation, et d'où l'on découure assurément une des plus belles veuës de France. De Loches nous allâmes à Châtillon, et de Châtillon (1) à Saint Cyran (2).

Le temps où nous arriuâmes à cette abbaye étant tres beau, j'en trouuay le païs assez agréable, quoyqu'il soit marécageux et couppé par des étangs, qu'on tient estre jusqu'au nombre de quatre mille dans l'étenduë du païs qui porte le nom de Brenne; et quoyqu'il y ait bien des landes aux enuirons. La situation de l'abbaye est platte. On trouue d'abord une grande basse court, où étoient les bâtiments particuliers des anciens moynes, auant l'établissement de la Reforme ; et cette premiere court étoit en partie entourée d'eau, et en partie des fossez de la seconde, qui est proprement l'enceinte clostrale de l'abbaye. On y entre par un pont leuis, et elle est toute enfermée de bons fossez pleins d'eau, reuêtus et à fonds de cuue. Ce qui est ainsi enfermé de fossez consiste en une eglise assez grande, en un cloistre régulier, en un dortoir, réfectoir, chapitre, et autres lieux clostraux, pour les religieux ; en un bâtiment considerable qui est la mai-

---

(1) Châtillon-sur-Indre, chef-lieu de canton, département de l'Indre, arrondissement de Châteauroux.

(2) Saint-Cyran du Jambot, et quelquefois Saint-Cyran-en-Brenne, à peu de distance N.-O. de Châtillon.

son abbatiale, où il y a une belle bibliotheque et un jardin assez beau et assez grand. Mais de ce premier jardin, on sort de l'enceinte clostrale, et on entre par un autre pont leuis dans un second jardin beaucoup plus grand, qui est borné d'un costé par les fossez du premier; de deux autres par une petite riuiere, qui separe la paroisse de l'abbaye ; et du quatrième par un grand canal, remply de poisson, qui est le réseruoir destiné pour la nourriture des religieux (1). L'on peut donc juger par cette description tres naturelle que je viens de faire de l'abbaye de Saint Cyran, que cette demeure a ses agréemens et ses auantages. Mais il faut auouer que ceux qui s'y étoient renfermez et qui y viuoient alors, ne cherchoient guère la satisfaction de leurs sens ; et que, pour la vie qu'ils menoient, il deuoit leur estre fort indiferent que leur demeure fust belle ou laide ; tant ils étoient appliquez à une continuelle mortification, et occupez de la pensée de l'éternité.

C'étoit M. de Barcos, neueu du celebre abbé de Saint-Cyran, dont j'ay tant parlé au commencement de ces Memoires (2), qui auoit alors cette abbaye. Marchant sur les traces de son oncle, il trauailloit à sa propre sanctification et à celle de beaucoup d'autres, qui venoient se retirer souz sa conduitte. Ceux qui l'ont connu plus particulierement l'ont regardé comme un des plus grands esprits de ce siècle. Il possédoit en maistre la science de

---

(1) Cette description est d'autant plus précieuse que de l'abbaye de Saint-Cyran, détruite vers la fin du XVIIe siècle, il ne reste aujourd'hui que des ruines. Le paysage environnant offre « une lande immense, « parsemée d'étangs, où l'œil se promène sans obstacle jusqu'à l'ho- « rizon, une campagne nue, morne, stérile, silencieuse, coupée de « longs fossés pleins d'une eau verdâtre formant clôture comme ail- « leurs les buissons. » Lettre sur la Brenne à M. Sainte-Beuve, par M. Desplaces; *Revue de Paris*, 21 mars 1841.

(2) Voir plus haut, pp. 22-135.

l'Eglise. Il auoit une intelligence tres profonde des Ecritures, qu'il expliquoit d'une maniere qui charmoit ceux qui l'entendoient. Mais au milieu de ces grands talents, qui le rendoient tres capable des premières dignitez de l'Eglise, il crut deuoir se borner en quelque sorte à l'abbaye, que la Prouidence luy auoit fait tomber entre les mains. Il regarda comme un grand ouurage de pouuoir y rétablir la prattique toute pure de la regle de saint Benoist, dont il auoit une connoissance tres exacte, et il receuoit auec joye et auec une charité tres genereuse tous ceux qui vouloient se retirer dans cette maison, par la confiance qu'ils auoient en la sagesse de sa conduitte. Ce fut luy qui, dans cette veuë, fit bâtir le cloistre, les dortoirs, la maison de l'abbé, auec la bibliotheque, et qui fit de grosses dépenses de son propre bien, pour rendre ce lieu et plus logeable et plus agreable, et même pour en augmenter le reuenu. Mais je ne puis m'empescher de dire qu'il étoit naturellement un peu seuère et rigide; ce qui faisoit dire quelquefois à son oncle qu'il falloit faire cette prière à Dieu pour luy : *Flecte quod est rigidum* (1). Dieu, qui connoist la facilité auec laquelle l'esprit de l'homme se laisse aller au relâchement, permet ainsi que quelques uns de ses plus grands seruiteurs aient la fermeté et la seuerité pour partage, afin qu'ils soutiennent la rigueur de la discipline de l'Eglise, tandis que d'autres, plus compatissans en quelque sorte, et plus condescendans, semblent attirer les âmes par une plus grande douceur de la charité; quoyque ce soit dans le fonds cette même charité, qui se diuersifie de la sorte dans les uns et dans les autres, pour contribuer également au salut des ames. On en a veu des

---

(1) Cette opinion sur M. de Barcos, abbé de Saint-Cyran, est celle de Nicole et de toute la jeune génération de Port-Royal.

exemples parmy les apostres mêmes ; puisque l'on peut remarquer facilement cette difference de conduitte dans saint Paul et dans saint Jean, tous deux neantmoins trauaillant auec une égale ardeur à l'édification du temple spirituel et du corps mystique de Jesus Christ.

Je puis dire que je remarquay aussy la même chose, à Saint Cyran, dans deux personnes qui étoient assurément d'un grand merite. C'étoit l'abbé dont je parle et M. Guilbert, ancien curé de Rouuille, qui, après auoir quitté sa cure, et l'auoir remise entre les mains d'un tres saint prestre nommé Rabasse, choisit de viure soumis dans cette abbaye, et y vecut tres longtemps dans la penitence, sans toutefois se faire religieux. J'ay parlé déja de luy, j'ay déja fait voir que son caractere étoit une charité, une onction, et une douceur admirable (1). Comme il auoit une fort grande confiance en l'abbé de Saint-Cyran ; cet abbé auoit reciproquement pour luy une estime singuliere. Et ce qu'un de ces deux grands hommes auoit peut estre de trop seuere, étoit temperé par la douceur si charmante de la charité de l'autre. J'en parle comme l'ayant éprouué moy même, ainsy que je le diray.

M. Destouches, de qui j'ay parlé auparauant (2), étoit aussy retiré en ce même lieu et y viuoit, comme un simple religieux, à l'exception du seul habit, qu'il ne prit point, non plus que M. Guilbert, ny M. Gédoüin, qui m'accompagna dans ce voyage, mais qui demeura toujours depuis attaché à cette maison, jusqu'à ce qu'on l'en fit sortir, après la mort de l'abbé, auec tous les autres. J'y trouuay encore M. de Fresles, mon cousin, fils aîné de la dame de Fresles, auec laquelle ma mere se retira à Rouuille. Il n'étoit pas encore religieux ; mais il se l'est

---

(1) Voir plus haut, p. 138.
(2) Voir plus haut, p. 114.

fait depuis. Il y auoit aussy un des fils de M. Deslandres, dont j'ay parlé au sujet de Rouuille (1). C'étoit un des plus reguliers et des plus saints religieux que j'aye jamais connus. Car dans tout le temps que je fus à Saint Cyran, c'est à dire pendant l'espace d'un mois, je ne crois pas l'auoir entendu parler. Il paroissoit tellement mort à tous les objets des sens, qu'il sembloit ne viure plus que pour l'autre monde. Et sa veuë seule étoit capable d'inspirer du recüeillement aux esprits les plus dissipés et de faire conceuoir aux impies mêmes qu'il falloit necessairement que quelque objet, sans comparaison plus grand que celuy de tous les hommes ensemble, l'occupast et le possedast entierement, puisqu'il négligeoit toute autre chose, pour s'y appliquer de tout son cœur.

Voila à peu près quel étoit l'état de l'abbaye de Saint-Cyran, quand j'y arriuay, c'est à dire que c'étoit une maison qui commençoit à s'établir, et qui auoit à sa teste deux des plus saints hommes qui fussent alors dans l'Eglise (2). Quoyque je m'en fusse dégoûté, comme je l'ay dit, auant que d'y arriuer, je ne laissay pas d'être exact, dans tout le temps que j'y fus, à tous les saints exercices de la maison. Et, à l'exception du premier jour, que j'étois trop fatigué, je n'en laissay pas passer un seul sans aller auec tous les autres à matines, sur les deux heures de la nuit. Je demeurois retiré dans ma chambre, hors les heures de l'office, et je m'occupois à lire de quelques liures que l'abbé m'auoit prestez. Je trouuois même bien des charmes dans ses entretiens et ses conferences, admirant dans luy une tres grande étenduë d'esprit; une science presque uniuerselle; une merueilleuse facilité à s'énoncer

---

(1) Voir plus haut, p. 140.
(2) Du Fossé cite, en 1657, les noms de six personnes. En 1660, il y en avait cinq, dont les noms sont différents, et, en 1678, à la mort de l'abbé, M. de Barcos, on comptait douze religieux à Saint-Cyran.

et à dire les plus belles choses ; une pénetration surprenante pour expliquer les plus grandes difficultez de l'Ecriture, et une onction de piété qui accompagnoit tous ses discours.

Mais ce qui se passoit au dedans de moy ne répondoit pas au dehors. Et je commençay, assez peu de temps après que j'y fus arriué, à estre cruellement tourmenté par le chagrin et l'ennuy de m'estre venu confiner en un tel lieu. Cette vie d'un silence perpetuel m'effrayoit si fort, que je ne pouuois conceuoir comment je pourrois la soutenir dans toute la suitte. Le souuenir de la vie de Port Royal et de la compagnie de M. Le Maistre, que j'auois quitté si legerement, sans en connoistre, ou au moins sans en estimer assez tous les auantages, diminuoit dans mon esprit tous ceux que je remarquois à Saint Cyran. En un mot, je ne me crus nullement destiné pour estre religieux en cette abbaye, et mon cœur se portoit entièrement du côté de la solitude d'où j'étois sorty, sentant un penchant extraordinaire pour y retourner. O cœur de l'homme! quel abyme impenetrable ne renfermes tu point au dedans de toy! Tu veux et tu ne veux pas. Tu rejette un jour ce que tu embrassois un autre jour, et tu embrasse aujourd'huy ce que tu auois rejetté auparauant. Quel abyme, encore une fois, que le cœur humain! Qu'il se connoist difficilement luy même! Et qu'il a besoin de la lumiere de Dieu, pour découurir la verité de ce qui se passe au dedans de soy! et encore plus de sa grace, pour en applanir toutes les inégalitez et en guérir toutes les foiblesses, après qu'il a pu les découurir.

Cet ennuy et ce chagrin que je sentois causerent en moy un trouble extraordinaire. Je tâchay, au commencement, de le surmonter le mieux qu'il me fut possible. Et je trauaillois à m'éleuer audessuz de moy même, pour calmer cette tempeste, que je regardois d'abord comme pouuant se passer. Je me condamnois de legereté et d'inconstance, et je trouuois ma conduitte trop ridicule, et extrauagante, pour l'exposer à la veuë de tous ceux qui me connoissoient. Ainsy me forçant et me rendant sourd, autant qu'il m'étoit possible, à la voix interieure de mes propres peines, je gagnay sur moy d'étouffer, durant plusieurs jours, ce trouble de mon esprit. Mais enfin ma peine s'augmentant encore, par les efforts mêmes que je faisois contre moy, je me sentis obligé de m'en ouurir à M. Gedoüin, le compagnon de mon voyage, qui couchoit dans la même chambre, où je couchois, et auec lequel j'entretenois une liaison particuliere. Je ne luy eus pas plustost fait connoistre mon trouble et ma peine, que je m'apperceus de la sensibilité auec laquelle il y compatit, et de la douleur qu'elle luy causa. Il fut touché jusqu'au vif de me voir ainsy dégousté d'un lieu et d'une vie, où il ne trouuoit luy même que des charmes ; et je luy faisois sans doute pitié, lorsqu'il comparoit mon chagrin auec sa joye, et qu'il en enuisageoit les differentes causes. Mais enfin, reconnoissant, comme un bon chrestien, que toute cette difference venoit en luy de la grace de Jesus-Christ, il se garda bien de s'éleuer audessuz de moy, et se contenta de me soutenir le mieux qu'il put, m'exhortant en même temps de me faire un peu violence pour m'ouurir à l'abbé de S. Cyran, et luy déclarer mes peines, parce qu'il auoit un grand don pour la conduitte des âmes.

Je le priay de vouloir bien rompre le premier la glace, en luy disant quelque chose de ce que je m'étois donné l'honneur de luy déclarer, afin que j'eusse moins de peine à luy en parler ensuitte. Il me le promit, et me tint parole : et m'ayant depuis témoigné que l'abbé seroit bien aise de me parler, je l'allay trouuer. Je luy exposay mes peines. Et il me fit voir, d'une maniere si forte et si pressante, combien la crainte que j'auois de la vie qu'on menoit à S. Cyran, étoit mal fondée, et l'idée que je me formois de la facilité de me sauuer ailleurs me trompoit, que je me trouuay en effet tout renuersé. Car il me representa, auec cette éloquence viue et sainte, qui luy étoit comme naturelle, les grandes et ineuitables obligations qu'a un chrestien de viure selon les régles étroittes de l'Euangile, en quelque état où il puisse se trouuer ; et la facilité beaucoup plus grande qu'il y auoit dans un lieu, comme S. Cyran, de s'en acquitter, qu'en beaucoup d'autres, où l'on ne s'imaginoit faire son salut plus aisément, que parce qu'on y trouuoit moins de contradiction à sa volonté. Enfin la maniere dont il me parla m'étonna si fort que je demeuray persuadé que tout mon trouble et toutes mes peines n'étoient qu'une illusion, et qu'une tentation. Ainsy, je m'en retournay dans ma chambre, sinon consolé, au moins plus calme qu'auparauant, et résolu de faire tout mon possible, pour ne me plus abandonner à mon trouble, comme j'auois fait jusques alors.

Mais ce n'est pas sans raison que S. Paul dit : « Qu'il ne « dépend ni de celuy qui veut, ni de celuy qui court, mais « de Dieu, qui fait miséricorde à celuy à qui il luy plaist » Car quelque belle résolution que j'eusse prise de ne me plus écouter, je connus bientost que tout l'effet de cet entretient, que j'auois eû auec l'abbé de S. Cyran, auoit été d'estre étonné dans l'esprit, mais non touché dans le cœur. Ainsy mon trouble recommença, et plus fort qu'auparauant. Je retournay donc, quelques jours après, trouuer encore celuy qui m'auoit rendu le calme à l'esprit. Mais, moins soumis que la premiere fois, je ne me contentay pas de l'écouter ; et je commençay à disputer même sur plusieurs choses qu'il me disoit, trouuant quelquefois qu'il poussoit trop loin ce qu'il vouloit me persuader. Enfin neantmoins il m'abbatit encore, pour cette fois, par la force des veritez qu'il me fit entendre, et auxquelles je ne pus répondre. Mais il ariue rarement que la force toute seule des raisons, et de la verité même, emporte une entiere victoire sur le cœur de l'homme. Les veritez, que le fils de Dieu annonçoit luy même aux Juifs, étoient annoncées auec toute la sagesse et toute la force que l'on pouuoit desirer. Et cependant nul presque d'entre eux n'en étoit touché : au lieu que cette simple parole : *Suivez moy* ; ou cette autre : *Hâtez vous de descendre ; parce qu'il faut que je loge aujourd'hui dans votre maison* ; prononcées par cette voix toute puissante, qui fait faire ce qu'elle commande, auoient la vertu de changer le cœur de ceux à qui elles s'addressoient, et d'en faire tout d'un coup, ou des apostres, ou des disciples tres parfaits, comme Zachée. Je quittay donc encore une fois l'abbé de S. Cyran, étant renuersé, mais non changé. Et mes peines se redoublerent aussitost après.

Alors jugeant bien que je pourrois difficilement soutenir ces sortes de combats interieurs, capables de me renuerser l'esprit, par la violence du trouble qu'ils me causoient, et faisant réflexion sur la legereté auec laquelle j'auois quitté l'établissement, où la prouidence m'auoit mis depuis tant d'années, pour me venir engager en un autre, dont le dégoust m'auoit pris, auant même que je partisse pour y venir, je résolus tout à fait de retourner en mon ancienne demeure. J'eus de la peine à le déclarer à l'abbé, qui, par un effet de sa grande charité pour les personnes qui étoient venuës se retirer dans sa maison. auoit toutes les peines du monde à les en laisser sortir. Mais mon deuoir, et la reconnoissance de ses bontez, m'y engageoit. Je le fis donc, quoyqu'auec toutes les répugnances possibles, dans la crainte que j'auois de ce tonnerre de paroles foudroyantes, qu'il opposoit ordinairement aux raisons de ceux qui se dégoûtoient de sa retraitte. Il ne manqua pas de me parler encore auec toute la force qu'il crut necessaire, pour exorciser en quelque sorte le demon qu'il enuisageoit comme l'autheur de mes peines. Mais, par ce que je ne me regardois plus dès lors moy-même comme étant de sa maison, je me sentis une plus grande liberté, pour luy dire franchement et fortement mes pensées sur plusieurs petites préuentions, que quelques personnes, ou mal informées, ou mal intentionnées, luy auoient données contre Port Royal. Car une des choses sur lesquelles je remarquay qu'il insistoit dauantage, pour me détourner de sortir de S. Cyran, étoit celle cy : « Que chacun, à Port Royal, viuoit à sa mode, et faisoit sa « volonté (1). » Il est vray que ceux qui ne vouloient point s'assujettir à aucune regle, pouuoient suiure le caprice de leur esprit. Mais il n'est pas moins vray que ceux qui s'abandonnoient ainsy à leur humeur, agissoient directement contre une des principales regles, que M. de Sacy prescriuoit à ceux qui étoient sous sa conduitte, leur recommandant sur toutes choses de suiure, le plus exactement qu'il étoit possible, le plan de vie qu'ils s'étoient fait dans la veuë de Dieu; afin que cet assujettissement volontaire à la loy qu'ils s'étoient prescritte, leur tînt lieu d'une espece d'assurance qu'ils suiuoient Dieu, et non pas leur esprit propre. Mais quand d'autres auroient pu se soustraire à cette regle de sagesse et de pieté, comment la chose auroit elle été possible à mon égard; puisqu'amy comme j'étois, auec M. Le Maistre, je ne pouuois, pour le dire ainsy, me déranger tant soit peu,

---

(1) Nous avons là une des dissidences qui séparaient les solitaires de Port-Royal des religieux de Saint-Cyran, qui renchérissaient en sévérité sur Port-Royal même.

que je ne fisse une espece de violence à mon état, et que je ne rompisse en quelque sorte auec une personne pour qui j'auois le dernier respect.

Je parlay donc sur cela auec assez de chaleur à l'abbé, luy faisant entendre qu'il étoit mal informé de ce qui se passoit dans une maison, où la régularité monastique n'étoit pas, à la verité, obseruée parmy les hommes, comme dans son abbaye; mais où une charité admirable se faisoit sentir à tous ceux qui en approchoient. Nostre entretient, ou, pour mieux dire, nostre dispute, dura fort longtemps. Comme le sujet m'étoit sensible, s'agissant d'une maison que je cherissois, et que j'honorois au dernier point, nous parlions, luy et moy, d'un ton fort haut, qu'on n'auoit pas accoutumé d'entendre en un lieu, comme celuy là, consacré au silence. Mais enfin, si je fis une faute, comme quelques uns m'en accusèrent, en me reprochant d'auoir querellé l'abbé de S. Cyran dans sa chambre, d'une maniere à estre entendu de toute la maison, la cause me paroissoit bonne : et si je manquay dans la forme, je pouuois auoir raison dans le fonds. Quoyqu'il en soit, comme il étoit ferme dans son sentiment, il ne put point conuenir auec moy que je fisse bien de sortir de S. Cyran; et il m'ouuroit, si je l'ose dire, l'enfer, en m'ouurant la porte de sa maison. Mais c'étoit, comme j'ay dit, par un mouuement de charité, et par un vray zele pour mon salut, qu'il employoit des expressions un peu fortes, pour me persuader ce qu'il croyoit me deuoir estre plus auantageux. Et je ne sçaurois ne pas témoigner icy l'obligation que luy ay d'auoir trauaillé, de tout son pouuoir à me procurer le même bonheur, dont il joüissoit dans sa solitude.

Cependant le trouble nouueau, que me causa cet entretient, dont tout le but, du costé de ce charitable abbé, tendoit à me retenir dans sa maison, pour laquelle neantmoins je sentois plus de répugnance que jamais, m'engagea à aller trouuer M. Guilbert, qui a toujours eu pour nostre famille une bonté singuliere. Je lui contay tout ce qui s'étoit passé entre l'abbé de S. Cyran et moy, et ce qui se passoit interieurement au dedans de moy même, dont je m'étois dès auparauant ouuert à luy; et je luy fis assez connoistre la résolution où j'étois de mettre fin à tous ces troubles, n'y voyant point d'autre remede que de retourner à Port Royal, d'où j'étois sorty un peu trop legerement. Alors ce grand seruiteur de Dieu, m'ouurant son cœur, et m'embrassant, pour le dire ainsy, auec l'apostre, dans les entrailles de la charité de Jesus Christ, me témoigna que non seulement il ne croyoit pas que je fisse mal de m'en retourner à Port Royal; mais même qu'il auoit eu peine à se persuader que j'eusse bien fait d'en sortir, parceque, quand il paroissoit certain que Dieu auoit établi une personne en un lieu, elle deuoit extrêmement prendre garde de n'en pas sortir, à moins que Dieu même ne l'en retirast pour aller ailleurs, en l'appellant tres fortement pour cela, et d'une maniere si sensible, qu'on ne pust presque en douter : ce qui tres assurément ne s'étoit pas remarqué à mon égard. Ensuitte il me fit l'éloge de Port Royal, où je voulois retourner, en me disant et me repétant qu'il n'auoit jamais connu de maison où il y eust une plus grande charité, tant au dedans, parmy les religieuses, qu'au dehors, parmy les personnes seculieres qui y étoient retirées. Il appuya sur cela auec tant de force, et même auec une si grande chaleur, que je ne pus point douter que ce sentiment ne fust graué au fonds de son cœur.

J'auouë que je fus charmé de l'entendre ainsy parler de cette maison, qu'il m'assuroit connoistre encoro mieux que moy; quoyque je la dusse si bien connoistre, depuis tant d'années. Toute la tempeste de mon pauure esprit, auparauant si agité, se calma dans le moment. La douceur de sa charité, remplie d'onction, appaisa tout. Et au lieu qu'au sortir de l'entretient de l'abbé, j'auois cru voir presque l'enfer ouuert deuant moy, je vis, au contraire, au sortir de la chambre de M. Guilbert, comme le paradis ouuert en quelque sorte à mes yeux, par la maniere dont il me parla de la sainteté du lieu, où je voulois retourner. Il faut pourtant reconnoistre que l'un et l'autre de ces deux grands hommes alloient, quoyque par des voyes differentes, au même but. L'un, en considerant les auantages de la sainte solitude de son abbaye, craignoit pour mon salut, lorsqu'il m'en voyoit sortir. Et l'autre, qui connoissoit, mieux que luy, la charité si admirable et la solide piété des personnes auec qui je retournois, et qu'il croyoit que je n'auois pas dû quitter, ne pouuoit que louër mon dessein. C'est ainsy qu'il est raisonnable de juger des intentions droittes des grands seruiteurs de Dieu, n'étant pas permis de leur attribuer d'autres sentiments que ceux de la charité qui remplit leur cœur.

Il arriua fort heureusement pour moy que, dans ce temps même, une affaire de consequence obligea l'abbé de S. Cyran, M. Guilbert et M. Destouches, d'aller à Orléans. M. Destouches me dit donc que je ne me misse point en peine de mon retour, et qu'il me remeneroit dans son carrosse, au premier jour, jusqu'à Orleans, d'où il me seroit facile ensuitte d'aller par le messager ou par les carroses publics jusqu'à Paris. J'eus bien de la joye d'une occasion si auantageuse en toutes manieres pour moy, et, ne sentant plus aucune peine, je songeay uniquement à me disposer à reuenir. Mais, comme je sceus qu'il y auoit, à quatre ou cinq lieuës de S. Cyran, des forges de fer, en une parroisse nommée Hazé (1), et que je ne pus m'empescher de témoigner le desir que j'aurois eu de les voir, auant mon depart, M. Guilbert, non seulement le fit agréer à l'abbé, mais voulut luy même m'y accompagner auec M. Gedoüin. Nous y allâmes donc tous à cheual. Et par ce moyen, le saint abbé trouua le secret de me faire voir, en effet, comme une image de l'enfer, au sortir de son abbaye; puisque rien n'est plus affreux que ce lieu, où l'on voit tout à la fois differentes forges embrasées d'une terrible maniere, et des hommes qui font peur à voir, trauaillant auec un épouuentable bruit, les uns à couper le fer de longueur, les autres à l'allonger ou à l'applattir. Il y a, entr'autres choses, un ou deux marteaux monstrueux, attachez chacun au bout d'une poutre, que des moulins à eau font leuer à chaque tour de rouë, et qui retombent sur des enclumes proportionnées à la grosseur prodigieuse de ces marteaux. Ils seruent pour donner la premiere préparation aux grosses barres de fer, après qu'elles sont sorties de la fonte de la fournaise, qui est en un autre endroit. Comme ces barres sont alors trop grosses, pour pouuoir estre forgées sur des enclumes ordinaires, et auec des marteaux que la main de l'homme puisse manier, on a inuenté cette autre sorte de marteaux, qui étant d'un poids extraordinaire, et venant à tomber sur les barres de fer rouges, quelque grosses qu'elles soient, les allongent peu à peu, et les mettent en état de pouuoir estre ensuitte trauaillées plus aisément par les forgerons à coups de marteau. Mais la grande difficulté est de tenir, comme il faut, ces grosses barres sur l'enclume, quand le marteau, attaché à la poutre dont j'ay

---

(1) Azay-le-Ferron, département de l'Indre, arrondissement de Le Blanc, canton de Mézières, à vingt kilomètres sud de Saint-Cyran.

parlé, vient à tomber tout d'un coup dessuz. Car si c'est un apprenty, qui ne sçache pas encore son mettier, il court risque d'auoir le bras ou démis, ou rompu, ou d'y souffrir quelque grand effort. Le tout consiste dans l'addresse, plus que dans la force. Et cette addresse consiste toute à poser la barre bien à plomb sur l'enclume, afin que le gros marteau, en tombant dessuz, ne donne point de contre coup au bras de celuy qui tient la barre, mais que tout son poids tombe bien droit sur la barre même. Un des maistres de la forge nous en fit voir l'experience. Car ayant d'abord fait trauailler un des ouuriers, qui n'auoit point encore toute l'addresse necessaire pour cet ouurage, nous remarquâmes qu'il souffroit beaucoup, à chaque chutte du marteau, et que son bras en receuoit d'étranges secousses. Mais lorsque luy même prit sa place, il manioit de telle sorte la même barre, qu'il sembloit s'en jouër, tant il le faisoit facilement.

Quant au fourneau, où le fer se fond, il est hors de cet endroit, où sont les forges. C'est un fourneau ordinaire, dans lequel on met la terre qui vient des mines de fer. A la grande ardeur du feu, le fer se fond ; et se séparant de la terre, il tombe au fonds du fourneau, au bas duquel il y a une petite porte, vis à vis d'un petit canal, proportionné à la grosseur et à la longueur qu'on veut donner aux barres de fer. En ouurant donc cette porte, on voit couler tout d'un coup ce fer fondu, ainsy qu'un fleuue de feu. Et on la referme, dans l'instant que le canal est remply. C'est là ce que les gens du metier appellent *la gueuse*. Je ne crois pas inutile de marquer ces choses, qui découurent en même temps, et les secrets de la nature, qui renferme dans le fonds de ses entrailles les plus durs metaux, mélangez auec de la terre ; et la grandeur de l'esprit de l'homme qui a sceu, et découurir ces secrets, et trouuer tous les moyens de les faire seruir à ses usages : heureux !

si, dans les usages qu'ils en font, ils auoient soin d'éleuer toujours leur esprit jusqu'au Créateur, et s'ils ne les employoient pas, comme ils le font trop souuent, contre luy même et contre l'obeïssance qu'ils luy doiuent.

Comme il fit beau temps, dans l'espace d'un mois ou enuiron, que je demeuray à Saint Cyran, l'abbé, M. Guilbert, et M. Destouches eurent la bonté de me mener plusieurs fois promener, non seulement dans les jardins, mais encore à la campagne, à differentes mettayries, ou prieurez, ou vignobles, ou étangs de la dépendance de l'abbaye. Et ce fut pour moy un auantage considerable, de joüir ainsy de la conuersation de ces grands hommes, qui joignoient beaucoup d'esprit à beaucoup de pieté. Ces promenades me paroissoient donc fort agreables. Mais il y auoit une chose dans le païs, qui me déplaisoit beaucoup, et qui même m'y causoit une assez grande inquietude. C'étoit le grand nombre d'aspics qu'on trouuoit partout, et dans la campagne, et dans les jardins, et jusques dans les maisons. Je me souuiens, en me promenant un jour, dans une allée du bois du second jardin de l'abbaye auec M. Guilbert, j'apperceus une de ces bestes ; et comme je courus aussitost pour prendre une pierre et tuer l'aspic, j'allois justement mettre la main sur un autre aspic, sans le voir, si M. Guilbert, qui s'en apperceut, ne m'eût crié, et ne se fût dans l'instant jetté à mon bras, pour m'arrester : car ces animaux sont extrêmement venimeux et dangereux ; ce qui me donna une telle horreur, que je croyois en trouuer à chaque pas. Mais cette horreur s'augmenta beaucoup, lorsqu'un jour que je montois à la chambre de l'abbé, je trouuay un de ces aspics, qui étoit presque au haut de la montée ; et qu'une autre fois, comme on allumoit un fagot pour me chauffer, j'en vis tout d'un coup sortir un du milieu de ce fagot, comme on auoit veu anciennement la vipere, qui mordit S. Paul dans l'isle de Malthe, sortir du milieu des sarmens de vigne, que l'on auoit allumez pour le sécher, après son naufrage. Ce n'étoit pas là assurément pour me ragoûter d'un lieu, dont j'auois déja de l'éloignement. Et si au moins j'auois eu un grain de cette foy, qui fit secoüer sans crainte à S. Paul sa vipere dans le feu, des sujets de si petite consequence n'auroient pu sans doute produire en moy d'autre effet, qu'une grande horreur du demon et du péché, dont ces aspics étoient la figure ; et j'aurois, selon la parole d'un saint roy, appris à marcher sur l'aspic et le basilic, et à fouler sous mes pieds le lion et le dragon, quoyque sans comparaison plus redoutables que tous ces serpens visibles.

Mais je m'apperçois qu'autant que j'auois alors d'impatience de sortir de Saint Cyran, autant j'ay peine presentement à en sortir dans ces Memoires. C'est sans doute que le souuenir des choses mêmes qui nous ont fait de la peine, nous plaist, selon cette celebre parole du poëte : *Et hæc olim meminisse juvabit* (1). Le jour étant pris pour nostre départ, vers la fin du mois d'octobre de la même année 1657, nous montasmes en carrosse ; et au sortir presque de l'abbaye, c'est à dire à un petit pont, qui en est à trois ou quatre cents pas, le cocher, qui paroissoit plus habile pour la charuë, que pour le carrosse, nous mit en un aussi grand péril de nostre vie, que chacun de nous se fust jamais veû. Car, pour auoir pris son tournant trop court, l'une des roües du carrosse porta à faux, en sorte que nous pensâmes estre tous précipitez. La vitesse, auec laquelle il alloit, contribua peut estre à soutenir le carrosse en l'air un moment. Et la sainteté des trois seruiteurs de Dieu, qui étoient dedans, put bien aussy nous sauuer ; comme la presence de S. Paul, dans

---

(1) Virgile, *Enéide*, chant I, v. 207.

le vaisseau qui fit naufrage, sauua la vie à tous ceux qui
auoient le bonheur de l'accompagner. Tout le reste du
voyage fut fort heureux. Et j'admirois le recüeillement
du saint abbé, et son application continuelle à mediter la
parole de Dièu ; car il n'auoit point de plus grande joye
que d'auoir sa Bible, soit dans le carrosse, soit quand il
étoit à l'hostellerie, de lire dedans, et d'y goûter l'onction
toute diuine des veritez saintes, qui faisoient la nourriture de son cœur, et le soutient de sa pieté. Il ne faut pas
s'étonner qu'un homme ainsy recüeilly, et tout appliqué
à Dieu et à soy, se plust dans la solitude, et qu'il souhaittast aux autres le même auantage qu'il possedoit. Car
les seruiteurs de Dieu n'aimant que luy dans le monde, et
n'y trouuant rien qui soit aimable hors de luy, ne peuuent
souffrir que ceux qu'ils aiment sincerement attachent
leur cœur à d'autres objets moins dignes de leur amour :
et comme ils connoissent mieux que d'autres le grand
danger, où la veuë du monde les met, de partager au
moins l'amour de ce cœur ; ce que Dieu ne peut souffrir ;
ils leur inspirent, autant qu'ils peuuent, l'éloignement de
tous ces objets contagieux, et la retraitte. C'est ce que je
ne sçaurois assez repeter, pour justifier de plus en plus
cette sainte vehemence, auec laquelle l'abbé de Saint
Cyran m'auoit parlé, pour me retenir dans son abbaye,
et auec laquelle il parloit de même à tous les autres qui
auoient la tentation, comme moy, de le quitter (1).

Nous trouuâmes à Orleans M. de Singlin, qui voulut

---

(1) « Il s'étoit renfermé dans son monastère pour y vivre selon ses
« maximes et selon son esprit, à quoy il ne trouuoit rien de compa-
« rable. Ce fut par cet amour de la retraite qu'il se rendit recomman-
« dable dans un party où l'on recherchoit l'éclat même par l'obscurité
» d'une vie humble et cachée. » *Mémoires du P. Rapin*, t. I, p. 339. —
Cette partie des *Mémoires* de du Fossé ajoutent quelques traits au portrait de l'abbé de Saint-Cyran, et fait mieux connaître son abbaye.

me faire une petite reprimande de ma legereté. Mais je la connoissois assez, et j'en étois trop honteux, pour auoir besoin qu'on me la representast. Ainsy je couppay un peu court, lorsqu'il me demanda pour quelle raison je reuenois si promptement de S. Cyran. Car proprement je n'en reuenois que parce que je n'aurois pas dû y aller. Je luy dis donc, en deux mots, que je ne pouuois en aucune sorte m'y accommoder. Il jugea bien, étant aussy sage qu'il étoit, qu'il ne falloit pas me presser plus fortement sur cela. Et d'ailleurs, comme je m'en retournois à Port Royal auec M. Le Maistre, pour qui il auoit une estime toute singuliere, il ne croyoit pas que je courusse grand risque en la compagnie de ce saint homme, dont il sçauoit que j'étois aimé.

Nous prîmes donc, M. de Singlin et moy, le chemin de Paris pour nous en retourner ensemble. Il y auoit, entre autres personnes, dans le carrosse public, un autre religieux (1), qui nous parut, dans tout le chemin, estre fort en peine, qui pouuoit estre M. de Singlin. Car il remarqua en luy une certaine grauité, et un fonds d'esprit et de pieté, qui luy faisoient juger que c'étoit quelque personne de distinction. Et la maniere respectueuse dont j'en usois à son égard, aussi bien qu'un autre de nos amis, qui l'auoit accompagné dans ce voyage, augmentoit encore le soupçon et la curiosité de ce religieux sur son sujet. Il ne laissoit pas cependant de prendre toujours dans l'hostellerie la premiere place au repas, et de dire le *Benedicite* auec une certaine hauteur, que je ne pouuois assez admirer, et qui me faisoit connoistre, ou que ce bon père n'auoit pas beaucoup lu l'Euangile, ou qu'au moins il n'en auoit pas beaucoup profité. Il paroissoit toutefois

---

(1) « C'étoit un Jésuite. » Ces mots, mis à la marge du Ms, ont été biffés.

fort inquiet sur la personne qu'il eût bien voulu connoistre. Il nous sonda tous ; c'est à dire cet amy, et moy, auec un valet que nous auions. Mais il nous trouua tous tres serrez sur ce sujet : et plus les réponses qu'on luy faisoit étoient generales, plus sa curiosité croissoit. Nous le laissâmes ainsy deuiner jusqu'à la derniere disnée, c'est à dire jusqu'à Châtres (1), où l'on crut qu'il ne seroit pas mauuais de luy découurir qui étoit celuy pour lequel il auoit eu si peu de consideration, afin qu'il eust honte de sa sotte vanité, qui luy auoit fait toujours prendre le pas au dessuz d'un homme, dont il connoissoit fort bien le nom, quoyqu'il n'en connust pas le visage, et dont la réputation le rendoit alors celebre dans tout Paris et parmy même les personnes de la premiere qualité, à cause de ses sermons et de la sagesse consommée de sa conduitte. Il en fut surpris, et un peu confus ; car l'humilité sied toujours bien à toutes sortes de personnes, principalement à un prestre, et encore plus à un religieux.

Je quittay, à Châtres, M. de Singlin, qui retourna à Paris, et pour moy, j'allay à cheual, par un chemin de trauerse, à Port Royal des Champs retrouuer M. Lemaistre. La maniere dont il me receut et m'embrassa, fut pour moy le sujet de renouueller le respect et la tendresse que je sentois pour sa personne. Mais le compliment qu'il me fit, en me disant agreablement, qu'il ne pouuoit estre surpris de me reuoir, parce qu'il m'auoit attendu tous les jours, depuis que j'étois party, me fit rire, et me couurit en même temps de confusion. Il ajouta que, si je m'en fusse ouuert à luy, et que je luy eusse demandé conseil, il n'auroit pu me le conseiller, me connoissant comme il faisoit : mais qu'il étoit neantmoins bien aise que je ne luy eusse point donné occasion de m'en dé-

(1) Seine-et-Marne, arrondissement de Melun, canton de Tournan.

tourner, pour les raisons que je pouuois bien juger moy même. Je l'entendis à demy mot : je luy donnay telle excuse que je pus, du resserrement de cœur que j'auois eu sur ce sujet à son égard. En un mot, ne songeant plus qu'au bonheur que j'auois alors de me reuoir auec ce grand homme, je ne songeay qu'à me rendre de plus en plus digne de son amitié (1).

(1) Le récit de ce voyage à l'abbaye de Saint-Cyran, donné par du Fossé en vingt-cinq pages du Ms., est mentionné en une seule ligne par le premier éditeur (p. 159), qui de plus a sèchement résumé les détails précédents.

Mais sur le retour à Port-Royal des Champs, dû à l'entremise de M. Bartet (p. 293), il a ajouté la note suivante, qui a son utilité : « On voit par ce qui est dit ensuite de M. Pontis et de M. Hamon, « et l'on sait d'ailleurs, que M. le Maître et M. du Fossé ne furent « pas les seuls d'entre les solitaires qui revinrent habiter de nouveau « Port-Royal. Presque tous ceux qui avoient été obligés de se dis- « perser, et quelques autres, voyans la Cour assez bien disposée, y « retournèrent peu à peu en l'année 1657. » Note de la p. 157.

APPENDICES

ET

PIÈCES JUSTIFICATIVES.

I

Lettres de provision pour l'office de Conseiller et Maître ordinaire en la Chambre des Comptes de Normandie, accordées par Henri IV à Gentien Thomas, le 26 avril 1594, pour remplacer celles qui lui avaient été données par le duc de Mayenne, pendant la Ligue.

Henry par la grace de Dieu roy de France et de Nauarre, A tous ceulx qui ces presentes lettres verront, Salut. Ayant par les articles par nous accordées pour la reduction de nos villes de Rouen Haure de Grace Verneuil et autres places en notre obeissance dont elles estoient distraites promis en faueur d'icelle reduction maintenir et conseruer jusques a certain nombre d'officiers pourueus durant ces troubles par le duc de Mayenne par mort dequoy leur seront expédiées nos lettres de prouision necessaires pour la jouissance d'iceulx sans qu'ils soient tenus paier aucune finance demeurant celles dud. duc de Mayenne nulles et de nul effect.

Scauoir faisons que nous deuement informez nostre cher et bien aimé Me Gentian Thomas secretaire de nostre cousin le s^r de Villars admiral de France estre de ce nombre et auoir este pourueu et receu en l'estat et office de nostre conseiller et M^e ordinaire en nostre Chambre des Comptes de Normandie vaccant par le trespas de Me Jacques Hardouin, etc. (Le Roi Henri accorde les lettres de provision.)

Donné à Paris le 26 d'auril l'an de grace 1594 et de notre regne le cinquieme.

II

Décharge à Gentien Thomas des sommes qu'il avait levées dans le pays de Caux, pendant la Ligue, au nom de Villars-Brancas, 29 janvier 1597.

Décharge à Maitre Gentian Thomas qui auoit faict entendre que depuis le 25e jour d'auril 1590 jusques au 24e aoust 1593 que les troubles estoient, il auroit pour et au nom de feu nostre cousin et le sr de Villars admiral de France duquel il estoit secretaire receu d'auance nos comptables du païs de Caux et d'autres personnes plusieurs sommes de deniers montant ensemble la somme de cinquante huit mil cent soixante dix huit escus vingt huit sols trois deniers.

Donné à Rouen le 29e jour de janvier de l'an de grace mil cinq cens quatre vingt dix sept.

III

Don fait à Gentien Thomas du fief, terre et seigneurie de Pierrepont, le 15 janvier 1601, par Henri IV, pour le récompenser de ses bons services.

A nos amez et feaux conseillers de la Cour de nos Comptes a Rouen salut et dilection, nous vous mandons et ordonnons qu'il soit fait don à Gentien Thomas du fief terre et seigneurie de Pierre Pont (1) tenu et mouuant de nous à cause de nostre vicomte de Neufchastel et chastellenie de Mortemer. — Et ce a quelque somme valleur et estimation que le tout soit et se puisse monter dont nous auons fait don par ces presentes signées de nostre main et faisons don et octroy au dit Thomas en faueur et consideration des bons et agreables seruices qu'il nous a faits et continue chacun jour.

Le 15e jour de febvrier l'an de grace mil six cens ung.

(1) Hameau de la commune de Grandcourt, canton de Londinières, arr. de Neufchâtel, Seine-Inférieure.

IV

Quittance des droits dus par Gentien Thomas fils, pour la résignation de l'office de Conseiller du Roi et de Maître des Comptes de Normandie, faite par son père en sa faveur, le 15 février 1622.

J'ay receu de Mre Gentian Thomas fils la somme de deux mil liures pour la resignation de l'office de conseiller du Roy et Maistre ordinaire en sa Chambre des Comptes de Normandie aux gaiges et droits y apartenant faicte en son proffict par feu M. Gentian Thomas son père decedé l'année dernière qui avoit payé l'annuel, duquel office led. Thomas fils a ete pourueu.

Faict à Paris le 15e jour de feurier. — Signé DE LIGNY.

V

Lettres de provision de Gentien Thomas fils, nommé Maître des Comptes à la Chambre de Normandie, le 30 mai 1622.

Lettres de prouision de Me Gentian Thomas a l'office de Conseiller et Maistre ordinaire en cette Chambre par la résignation de Maistre Gentian Thomas son père.

Le 30e jour de may 1622. — Signé TESSON.

Archives de la Seine-Inférieure. — Registres de la Chambre des Comptes de Normandie.

VI

Extrait de Baptême de Pierre Thomas, sieur du Fossé.
1634. Avril.

Le xi jour fut baptize pierre filz de noble homme Grentiam (Gentian) Thomas conseiller du roy et maistre des contes a Rouen et de dame Magdalenes Beuzelin son epouse. Parrain noble home pierre Puchot sieur du plessis et thresaurier des finances du roy en Normandie. Sa maraine dame Marie le souier v^e de feu M^r de la poterie.

Archives de la Mairie de Rouen.

Registres des Naissances et Décès de la Paroisse de Sainte-Croix-Saint-Ouen.

VII

Sur les noms des Correspondants auxquels l'abbé de Saint-Cyran adressait les lettres citées pages 35, 104 et 105.

Il n'est peut-être pas impossible de soulever le voile dont l'abbé de Saint-Cyran était dans l'habitude de couvrir le nom des personnes auxquelles il adressait ses lettres.

Du Fossé a respecté, p. 34 et ailleurs, ces scrupules, nés de la doctrine du « moi haïssable, » qu'il partageait lui-même. Mais il existe un précieux *Recueil de plusieurs pièces pour servir à l'Histoire de Port Royal; ou Supplément aux Mémoires de MM. Fontaine, Lancelot et du Fossé.* A Utrecht, aux dépens de la Compagnie, M.DCCXL. 1 vol. in-12. — La pièce III donne une « Indication des « personnes à qui sont adressées les Lettres de Messire Jean du Ver- « gier de Hauranne, abbé de S. Cyran; » et on y lit, p. 159, cette indication se rapportant au tome II, lettres 9 et 10, dont parle le Ms. :

« Première édition. To. II.

« 9. A l'un de ses amis intimes.

« 10. A une Dame de condition, [peut-être Madame de Chazé.] »

Pour les deux fragments des lettres 5 et 6 du 2ᵉ vol, cités à la p. 104, du Fossé a donné de lui-même le nom d'Arnauld, qui ne figurait pas dans l'édition de ces Lettres, puisque l'*Indication* porte, p. 159 :

« Première édition. To. II.

« 5. A un Docteur de Sorbonne de ses amis, [M. Arnauld.]

« 6. Au même. »

Les Fragments des lettres 20 et 22, cités à la page 105, sont tirés de lettres dont le titre était :

« A un Ecclésiastique de ses amis. [M. Arnauld.] »

Pour une foule d'autres lettres les indications, plus explicites, seraient fort utiles à consulter.

VIII

Epitaphe de Henri Thomas, dont la mort est rapportée à la page 216.

« Ce même jour (22 avril) 1652, mourut Henri Thomas, fils de
« Messire Gentien Thomas, seigneur du Fossé, Maître des Comptes à

« Roüen..... Il est enterré à l'entrée de notre chapitre avec l'épi-
« taphe suivante; n'aïant pu l'être dans notre Eglise, où l'on tra-
« vailloit alors-pour la relever.

EPITAPHE.

« *Hic jacet* Henricus Thomas, *in hoc Monasterio à pueritiâ lacte virtutis ac pietatis nutritus, Post hæc fallaciis hujus mundi per pusillum tempus tentatus est ; sed timore mox divino confixus, dùm duros pro re agresti hujusce Monasterii labores libens fervensque sustineret, ab hâc subito periculosâ vitâ raptus est, ne malitia hujus corruptissimi seculi mutaret intellectum.*

Ici repose Henri Thomas, qui dès son enfance aïant été élevé dans ce Monastère, y prit les premières teintures de la vertu et de la piété. Depuis, il se laissa un peu aller aux faux attraits de ce monde trompeur ; mais bientôt une crainte salutaire l'en retira heureusement. Pendant qu'il s'appliquoit dans l'ardeur d'une bonne volonté aux travaux pénibles d'une vie champêtre pour le service de cette Maison, une mort précipitée l'enleva aux dangers de cette vie ; de peur que son esprit ne fût corrompu par la malice de ce monde pervers. »

Nécrologe de l'Abbaïe de Notre-Dame de Port Roïal des Champs. Amsterdam, 1723, pages 172-173.

IX

Port-Royal et la destruction du château de Vaumurier.

Sur le château de Vaumurier, bâti par le duc de Luines, dont il est question aux pages 217 et 218, le Recueil d'Utrecht (1710) contient cette note, qui se rapporte à un passage de la IXe Pièce, *Mémoire dressé par M. Le Maître*, etc.

« M. Louis Charles Albert, duc de Luines, ayant perdu son épouse,
« vécut plusieurs années dans une grande piété, au château de Vau-
« murier, qu'il avoit fait bâtir. Cette retraite nous a procuré les tra-

« ductions données sous le nom de M. de Laval. Mais enfin il re-
« tourna au monde, épousa une de ses proches parentes, après la
« mort de laquelle il se maria une troisième fois, et mourut en 1690.
« On ne sera sans doute pas fâché d'apprendre ici ce qui arriva au
« Château de Vaumurier, que M. de Luines avoit donné à Port-Royal.
« Un jour que Monseigneur (le Dauphin) chassoit autour de cette Ab-
« baye, il s'apperçut qu'on ne faisoit aucun usage de ce Château, et
« il resolut de le faire demander par le Roi, comptant y mettre une
« personne qu'il aimoit. A peine la Mere Angelique de S. Jean, qui
« étoit alors Abbesse, en fut-elle avertie, que pour éviter ou de mé-
« contenter le Prince, ou de se prêter au mal, elle envoya sur le
« champ des ouvriers qui le renverserent entierement. (Il y a seule-
« ment aujourd'hui un cabaret en la place.) Le Roi ayant appris cette
« action généreuse, la jugea digne de ses louanges. » (p. 219.)

X

Noms de Solitaires et d'Elèves chassés de Port-Royal, en 1656.

La Xe Pièce du Recueil d'Utrecht contient des *Remarques de M. de
Pontchâteau sur ce qui est arrivé à Port-Royal en l'année 1656*.

On y lit : « Le 20 (mars) on délogea de Port Royal des Champs, et
« on renvoya les enfans les uns chez leurs parens, les autres au
« Chesnai, chez M. de Bernieres. M. Wallon de Beaupuis y demeu-
« roit, et je crois que M. de Bascle y alla alors. » Pages 230-231.

L'éditeur a donné la note suivante sur ce passage :

« Il ne resta à Port Royal que ceux qui avoient des emplois néces-
« saires, comme M. de Saci qui étoit Confesseur, et sans doute
« M. Hamon Médecin. Il paroît que M. le Maître s'étoit déja re-
« tiré. Nous voudrions bien donner ici une Liste exacte de ceux qui
« sortirent alors ; au moins nommerons-nous les principaux, sçavoir :
« MM. de Luzanci, de Pontis (qui vint à Port-Royal en 1653); de
« Beaumont, de Bessi, de la Riviere, de la Petitiere, d'Espinoy, de
« S. Gilles d'Asson, Des Landes, de Pontchâteau (qui n'y demeuroit
« pas encore tout-à-fait), Moreau, Fontaine, les frères Akakia, etc.
« Les jeunes gens qu'on élevoit alors à Port Royal, n'étoient guères
« plus de quinze, et les principaux étoient : MM. d'Abain, de Ville-
« neuve, du Fossé, de Tillemont, etc. »

XI

Règles de la Traduction française composées par M. Le Maître pour du Fossé.

« Règles de la traduction françoise.

1. La premiere chose à qui il faut prendre garde dans la traduction françoise, c'est d'être extrêmemement fidele et litteral, c'est-à-dire, d'exprimer en notre langue, tout ce qui est dans le latin, et de le rendre si bien, que si, par exemple, Ciceron avoit parlé en notre langue, il eût parlé de même que nous le faisons parler dans notre traduction.

2. Il faut tâcher de rendre beauté pour beauté, et figure pour figure; d'imiter le stile de l'auteur, et d'en approcher le plus près qu'on pourra; varier les figures et les locutions, et enfin rendre notre traduction un tableau et une représentation au vif de la pièce que l'on traduit; en sorte que l'on puisse dire que le françois est est aussi beau que le latin, en citer avec assurance le françois au lieu du latin.

5. Il faut distinguer la beauté de notre prose d'avec celle de nos vers. La beauté de nos vers consiste en partie dans les rimes, au lieu que la prose françoise affecte de n'en avoir point; car c'est une regle générale d'éviter les rimes dans la prose. Les vers veulent une certaine mesure, et dans la prose il faut prendre garde de ne finir jamais une période par un vers entier ou par un demi vers, qui consiste en six sillabes, s'il est masculin, et en sept, s'il est féminin. Il n'y a qu'une seule exception pour la rime, à savoir, qu'encore que ce soit une regle générale de n'en faire point, néanmoins, c'est quelquefois une beauté, lorsqu'il y a antithese entre deux membres, d'y joindre aussi la rime : mais elle ne se sauroit souffrir en notre langue en toute autre occasion qu'en celle là. Quant aux demi vers, on est obligé d'en laisser un à la fin d'une période, lorsqu'on ne peut tourner la phrase autrement, et que, si on l'ôtoit, l'elocution en seroit moins juste et moins naturelle.

4. Il ne faut, dans notre traduction, ni faire de longues périodes, ni aussi affecter un stile trop concis. Et comme notre langue est de soi plus longue que le latin, et demande plus de mots pour exprimer tout le sens, il faut tâcher de garder un juste milieu entre l'excessive abondance de paroles qui rendroit le stile languissant, et la brièveté excessive qui le rendroit obscur.

5. Tous les membres d'une période doivent être tellement justes, et si égaux entre eux, qu'ils se répondent, s'il est possible, parfaitement les uns aux autres.

6. Il ne faut rien mettre dans notre traduction dont on ne puisse rendre raison, et que l'on ne puisse dire pourquoi on l'a mis ; ce qui est plus difficile qu'on ne pense.

7. On doit prendre garde à ne jamais commencer deux périodes, et encore moins deux membres par une particule, comme *car, mais*, ou autres semblables.

8. Il faut tâcher aussi de ne point mettre de suite des mots qui commencent de la même façon ; comme *qu'on confisque, qui querelle* ; et bien qu'il y en ait qui ne commencent pas de la même sorte dans l'écriture, comme dans le premier exemple qui est marqué, il suffit qu'ils se prononcent de même pour les rejeter, parce que toute l'harmonie du discours est pour plaire aux oreilles et non aux yeux.

9. Le plus beau membre est celui qui est au-dessous ou au-dessus de la moitié d'un grand vers héroïque, c'est-à-dire qui est de cinq ou sept sillabes. Les huit sillabes sont bonnes aussi : mais il faut prendre garde que si la période finit par un mot masculin, il est bon que le précédent soit un féminin, comme par exemple, *sur la montagne de Sinaï*. On a mis *montagne*, qui est un mot féminin, à cause de *Sinaï*, qui est masculin et qui finit la période. Car on ne considère pas ce petit mot *de*. Au reste il ne faut pas s'assujettir à finir toujours par quelqu'un de ces beaux membres qui ne sont proprement que pour la fin des grandes périodes, parce que le discours en paraîtroit moins naturel par cette affectation perpétuelle.

10. Lorsqu'une période est trop longue et trop embarassée dans le latin ou dans le grec, il faut, en la traduisant, la couper en plusieurs petits membres : ce qui fait d'une part, qu'au lieu qu'elle auroit été languissante, on la fortifie de sorte qu'elle se soutient mieux ; et de l'autre qu'on rend clair et intelligible ce qui auroit été rempli d'une obscurité vitieuse. »

Mémoires pour servir à l'Histoire de Port-Royal, par M. Fon-

taine. A Cologne, Aux dépens de la compagnie. M DCC XXX VIII. Tome II, pp. 176-178.

Fontaine a fait précéder la reproduction de ces excellents et judicieux préceptes sur la traduction des lignes que voici : « M. le Maître « commença, avant que de pousser M. du Fossé à la composition, à « le former aux traductions, où il prit à tâche de le rendre très par- « fait. C'est même à lui que nous sommes obligés de ces excellentes « règles de la traduction que M. le Maître fit en sa faveur, et que je « trouve si belles que je ne puis m'empêcher de les rapporter ici. »

Ibid, p. 175.

On a fait honneur à M. Gueroult, professeur d'éloquence au collège d'Harcourt, d'avoir le premier donné, en France, le modèle d'une traduction exacte et élégante dans ses *Morceaux extraits de l'Histoire naturelle de Pline* (1785). Il n'avait fait qu'appliquer les règles de M. Le Maître, et suivre l'exemple donné par les traductions sacrées ou profanes dues à la plume des écrivains de Port-Royal.

La seconde partie du *Traité de la Traduction* de Dom Gourdin (1789) reproduit les mêmes idées que les règles de M. Le Maître, en les développant, sans rien y ajouter de substantiel.

TABLE

DU TOME PREMIER.

Avertissement . . . . I-VI

CHAPITRE I.
— 1589—1640. —

Principes religieux de l'auteur. — Son but en composant ses Mémoires. — M. Le Maître. — Illustres amitiés. — Utilité des présents Mémoires. — La famille Thomas, originaire de Blois. — Sa généalogie. — Dévoûment du grand-père, Gentien Thomas, à Henri III et à Henri IV. — Il est nommé maître des Comptes en Normandie. — Son établissement définitif à Rouen. — Détails sur le père de l'auteur. — Son voyage et son séjour en Italie. — Il remplace son père comme maître des Comptes. — Son mariage avec Madeleine Beuzelin, sœur de M. de Bosmelet. — Détails sur cette famille. — Vie de la famille Thomas, à Rouen. — Courage de Thomas père dans l'affaire de Montgommery. — Ses nombreux enfants. — Education de Pierre Thomas. — Révolte à Rouen. — Expédition de Gassion. — M. Le Tellier, l'un des commissaires du roi, loge chez la famille Thomas du Fossé 1-21

CHAPITRE II.
— 1638—1645. —

Du Verger de Hauranne, abbé de Saint-Cyran, et la famille Thomas du Fossé. — Eloge de cet abbé. — Avances que lui fait Richelieu.

— Sa brouille avec lui. — Sa prison à Vincennes. — Un Mémoire en est la cause. — Origine et contenu de ce Mémoire. — Rigueurs de sa captivité. — Historiette de Jean de Werth. — L'abbé de Saint-Cyran et le baron d'Ekenfort. — Intervention de M. de Chavigny. — Mise en liberté. — Lettre à ce sujet. — Nécessité de tous ces détails sur l'abbé de Saint-Cyran. 22-38

CHAPITRE III.

— 1643. —

Le Père Maignart, de l'Oratoire, curé de Sainte-Croix-Saint-Ouen, consulte l'abbé de Saint-Cyran. — Il se démet de sa cure. — Déplaisir qu'en ressent Thomas le père. — Son voyage à Paris pour en faire des reproches à cet abbé. — Il est converti à son tour. — Leur entretien. — Résolutions de Thomas du Fossé père sur l'éducation de ses enfants. — Visite de son épouse à l'abbé de Saint-Cyran et à la mère Marie-Angélique Arnauld. — Sa conversion. — Etonnement de toute la ville de Rouen. 39-53

CHAPITRE IV.

— 1643. —

M. du Fossé met ses enfants Gentien, Henry et Pierre à Port-Royal des Champs, pour y faire leur éducation. — Voyage de Rouen à Paris. — Les Grottes de Saint-Germain. — Les motifs pour aller à Paris. — Détails sur M. Singlin. — Situation de l'abbaye de Port-Royal des Champs. — Solitude affreuse. — Séparation pénible. — Le sieur Selles, précepteur des jeunes du Fossé. — Le sieur Bascle les instruit dans la piété. — Historique de l'abbaye de Port-Royal des Champs. — Marie-Angélique Arnauld en devient abbesse, à onze ans. — Rigidité précoce de son caractère et combats intérieurs de la future réformatrice. — Elle réforme aussi l'abbaye de Maubuisson. — Les religieuses affluent à Port-Royal des Champs. — L'insalubrité du lieu porte l'abbesse à les établir à Paris. — Elle y connaît l'abbé de Saint-Cyran et M. Singlin. 54-80

CHAPITRE V.

— 1643. —

Solitaires que du Fossé trouva à Port-Royal des Champs. — M. Le Maître (Antoine). — Sa conversion par l'abbé de Saint-Cyran. — Rigueurs de sa pénitence. — M. de Séricourt. — Le sieur Bascle. — Ses infirmités, sa guérison. — Le frère Charles de La Croix converti par l'abbé de Saint-Cyran. — M. Choisnel, chapelain de l'abbaye de Port-Royal des Champs. — Leur apologie. — Education des enfants. — Instruction religieuse. — Fausses imputations. 81-100

CHAPITRE VI.

— 1643—1645. —

Du livre *De la Fréquente Communion*, par Antoine Arnauld. — Comment la princesse de Guemené est mêlée à l'origine de cet ouvrage. — Détails sur sa composition. — Bruit qu'il fait dans le monde. — Intervention d'Anne d'Autriche. — Les évêques et les docteurs en Sorbonne protestent contre la violence des sermons dont il est l'objet. — M. Bourgeois, abbé de la Merci-Dieu, envoyé à Rome par les prélats pour le défendre. — M. d'Asson de Saint-Gilles confond un détracteur de Port-Royal. — Prétendue assemblée de Bourg-Fontaine. — Censure du *Jansénisme confondu*, ouvrage du père Brisacier. — Les enfants quittent Port-Royal des Champs pour le Chesnay. — M. Le Pelletier des Touches, converti par l'abbé de Saint-Cyran, leur donne un asile. — Sa liaison avec du Fossé. — Retour à Port-Royal des Champs. 101-116

CHAPITRE VII.

— 1643—1646. —

Mort de l'abbé de Saint-Cyran. — Ses funérailles à Saint-Jacques-du-Haut-Pas. — Attaques de ses ennemis. — Sa défense par ses amis. — Nombreuses conversions, après sa mort, dues au livre *De la*

Fréquente Communion. — MM. de la Rivière, Pallu, de la Petitière se retirent à Port-Royal des Champs. — Retraite de Litolfi Maroni, évêque de Bazas. — Sa piété à Port-Royal. — Sa mort à Toulouse. Arnauld d'Andilly (Robert). — Ses emplois. — Sa considération en Cour. — Sa liaison avec Saint François de Sales et l'abbé de Saint-Cyran. — Sa retraite à Port-Royal des Champs. — Ses travaux manuels et intellectuels. — Jardinage et ouvrages de piété 117-134

CHAPITRE VIII.

— 1645—1646. —

M. du Fossé père vend son office de conseiller maître à la Chambre des Comptes de Rouen. — La difficulté de l'accès et le voisinage de Forges l'empêchent de se retirer dans le pays de Bray, au Fossé. Il préfère Rouville, dans le pays de Caux. — M. et Mme de Fresle. — M. Guillebert, curé de Rouville. — Son caractère, son influence sur les gentilshommes des environs. — Les sieurs Deslandes et de la Bouteillerie. — Charité de M. du Fossé père envers un juif qu'il fait baptiser. — Il est trompé. — Mariage de Mlle Marie du Fossé avec M. de Durdent, au pays de Caux. — Fâcheuse querelle entre le sieur Deschamps et le sieur de Beuzemare, dans le même pays. — Assassinat de ce dernier. — L'affaire est renvoyée au Parlement de Bretagne. — Elle cause bien des peines à M. de Durdent. — La famille du Fossé songe de plus en plus à son salut. — Les jeunes du Fossé font leur éducation avec les enfants du sieur Deslandes, au pays de Caux, sous la direction de M. Diroys. — Ils sont conduits à Beauvais. — Retour de M. du Fossé à Rouen. — Madeleine et Anne du Fossé se font religieuses à Port-Royal des Champs. — Désintéressement de cette maison. — Divers exemples remarquables. — La sœur Briquet, nièce de l'avocat-général Bignon 135-161

CHAPITRE IX.

— 1645—1650. —

Lancelot vient à Port-Royal des Champs. — Ses ouvrages. — Sa piété. — Il dirige les études. — Les enfants sont établis à Paris. —

Petites-Ecoles de Port-Royal, dans le faubourg Saint-Jacques. — Les Maîtres et les Etudes. — M. de Beaupuis, supérieur. — Les du Fossé et M. de Villeneuve sous la direction de M. Le Fèvre. — Eloge de la science, de la méthode et du caractère de ce maître. — L'aîné des du Fossé, Gentien, est mis au collége de Beauvais, à Paris. — Henry s'occupe de culture à Port-Royal des Champs. — Pierre reste aux Petites-Ecoles. — Ses condisciples Deschamps, de Boishebert, Gafarelli. — Exercices de mémoire. — Défis en vers latins. — Passe-temps belliqueux. — La fête des Rois dans les Petites-Ecoles. — Les élèves suivent les sermons de M. Singlin, à Port-Royal de Paris. — Le P. Desmares, de l'Oratoire. — Son éloquence et son portrait. — Débuts de la Fronde, au Mont-Parnasse. — Barricades dans le faubourg Saint-Jacques. — Grave maladie de l'auteur des Mémoires. — Pantiot et Maître Jacques. — Détails sur ces deux serviteurs des Petites-Ecoles. — Mort de Gentien Thomas du Fossé, enterré à Saint-Jacques-du-Haut-Pas. — Services rendus aux Petites-Ecoles par maître Jacques, pendant la première Fronde. — L'auteur croit au changement des métaux en or. . . 162-228

CHAPITRE X.

— 1652—1656. —

L'abbaye de Port-Royal des Champs pendant la seconde guerre de la Fronde. — Travaux faits en l'absence des Religieuses transférées à Paris. — M. du Gué de Bagnols converti par M. Singlin. — Il achète les Troux près de l'Abbaye. — Grande charité de M. de Bernières. — Mort de M. de Chavigny. — Cassette confiée à M. Singlin pour faire des restitutions. — Détails sur cette affaire. — Départ du château de Vaumurier après la guerre. — Recrudescence de piété qui peuple les deux maisons de Port-Royal. — Le logement des Granges est augmenté pour servir aux études. — Le marquis d'Abain. — Les fils de M. de Guénégaud. — Les Solitaires accusés de cabale. — Constitution du pape Innocent X contre les cinq propositions extraites du livre de Jansénius. — Soumission de M. Arnauld. — Guerre d'écrits : L'*Almanach* et les *Enluminures*. — Expulsion des pensionnaires. — L'auteur se sépare de son ami M. de Villeneuve et du sieur de Fresle, qui embrassent la carrière des armes. — Ses regrets sur M. de Villeneuve. — Sa liaison avec M. de Tillemont. 229-252

CHAPITRE XI.

— 1655—1657 —

MM. de Tillemont et du Fossé vont habiter Paris. — Promenades et visites de du Fossé au Louvre. — Sa visite à l'école de Sevran. — Son amitié avec l'abbé de Pontchâteau. — Détails sur cet abbé. — Son aventure avec La Quintinie. — Affaire du duc de Liancourt et de M. Picoté, prêtre de Saint-Sulpice. — Lettre d'Antoine Arnauld à cette occasion. — Sa condamnation par la Sorbonne. — M. de Launay le défend. — Lettre d'Antoine Arnauld aux pensionnaires et religieuses de Port-Royal. — Relation d'une peste à Naples. — Pascal et les *Provinciales*. — Leur grand mérite et leur grand succès. — M. Bartet défend l'exactitude des citations contre les adversaires de Port-Royal. 253-288

CHAPITRE XII.

— 1657. —

M. Le Maître rentre à Port Royal des Champs, par l'entremise de M. Bartet. — Ses démarches auprès de Mazarin. — M. Le Maître choisit du Fossé pour demeurer avec lui et complète son instruction. — Leurs travaux et leur genre de vie. — La traduction de saint Jean Climaque. — Du Fossé en examine les manuscrits, à Paris. — Sa diplomatie pour celui de la bibliothèque du chancelier Seguier. — Réflexions sur les Curieux. — Traduction nouvelle de ce Père grec par MM. Le Maître et du Fossé. — Ce dernier songe à se retirer dans l'abbaye de Saint-Cyran. — Il consulte son père et se met en route. — Orléans, le pont de Beaugency, Tours. — Aventures de voyage. — Loches, Châtillon, Saint-Cyran. — Description de cette abbaye. — Caractère de l'abbé, M. de Barcos. — MM. Guillebert, Gédoyn, Destouches, de Flessel, Deslandres. — L'ennui s'empare de du Fossé. — Discussion avec l'abbé de Saint-Cyran. — Projet de retourner à Port-Royal. — Entrevue orageuse avec l'abbé de Saint-Cyran. — M. Guillebert engage du Fossé à quitter Saint-Cyran. — Visite aux forges d'Azay-le-Ferron. — Description des travaux. — Nombreux aspics à Saint-Cyran. — Retour auprès de M. Le Maître 289-321

APPENDICES ET PIÈCES JUSTIFICATIVES.

I. Lettres de provision accordées à Gentien Thomas, par Henri IV, en 1594 323

II. Décharge donnée au même des sommes levées au nom de la Ligue, en 1597 324

III. Don fait au même de la terre de Pierrepont, en 1601. . 324

IV. Quittance des droits dus par Gentien Thomas le fils, nommé maître des Comptes de Normandie, en remplacement de son père, en 1622 325

V. Lettres de provision accordées au même en 1622 . . . 325

VI. Extrait de baptême de Pierre Thomas du Fossé. 325

VII. Sur les noms des Correspondants de Du Verger de Hauranne, abbé de Saint-Cyran. 325

VIII. Epitaphe de Henry Thomas, frère de l'auteur 326

IX. Sur Port-Royal et la destruction du château de Vaumurier. 327

X. Noms de Solitaires et d'Elèves chassés de Port-Royal, en 1656 328

XI. Règles de la traduction française, composées par M. Le Maître, pour Pierre Thomas du Fossé 329

ERRATA.

Page et ligne.	Au lieu de :	Lisez :
P. 4, l. 20,	*plus odieux*,	supprimer : *plus*.
P. 6, l. 23,	après : *pour*,	*trauailler à*.
P. 15, l. 15,	*seureté*,	*sa* seureté.
P. 22, l. 20,	devant : *connoistre*,	*le plus*.
P. 23, l. 1,	*tenir à luy*,	tenir *liez* à luy.
P. 106, l. 20,	*quy estoit refuté*,	qui *y* estoit refuté.
P. 112, l. 2,	où *il* furent,	où *ils* furent.
P. 121, l. 11,	*sa* solitude,	*la* solitude.
P. 136, l. 31,	Terrier, du Chapitre,	Terrier du Chapitre.
P. 142, l. 20,	Et d'ailleur*c*,	Et d'ailleu*rs*.
P. 147, l. 32,	après : 25 novembre,	ajouter : 1640.

www.ingramcontent.com/pod-product-compliance
Lightning Source LLC
Chambersburg PA
CBHW060324170426
43202CB00014B/2655